国際学入門
言語・文化・地域から考える

佐島 隆・佐藤史郎・岩崎真哉・村田隆志 編
Sashima Takashi　Sato Shiro　Iwasaki Shinya　Murata Takashi

法律文化社

はしがき

　本書は、大学生が将来的に国際人として活躍できるために、国際社会のなかで生き抜くために必要な知識を学び、理解し、国際感覚を磨くことができるように企画したものです。

　現在、日本にいる者は（国籍を問わず）一個人としても、集団としても、否応なく国際社会のなかで、世界の動向に、地球規模の動きのなかに巻き込まれています。そのことを認識しながら考え、行動しなければならないことにかんがみ、学生が国際学を学ぶ手がかりを示したいと考えました。英語、中国語、日本語等による国際コミュニケーション、言語と国際社会、言語のグローバル化、地域理解と国際社会との関係、国家とグローバリゼーション、人権などの人間性と国家やグローバリゼーション、文化の価値とその流通、個人と国家と移動、そして国際関係・国際交流、文化とその価値をめぐる社会的関係を考慮に入れた国際的な教養を学ぶ手がかりを得ることを目的として、編集しました。

　ところで、2015（平成27）年の正月のことです。日本に生まれ育った大阪のひとは、想像できたでしょうか。大阪の中心部、道頓堀や心斎橋で買い物をしている人の7～8割が外国人でした。中国語、台湾語、韓国語、ベトナム語、インドネシア語など日本語以外の言葉が飛び交っていたのです。国際交流が盛んになっていることを実感してしまいます。2014（平成26）年度の訪日旅行客数が200万人を超えたこともそれを示すものでしょう。

　また、日本の新年の風物詩である「初売り」にヨーロッパから少女たちが来て、多数、初買いをしているニュースが流れました。そこでは日本アニメの服装で買い物をしていました。「クール・ジャパン」の影響でしょうか。日本文化が世界へと広がっている影響でしょうか。日本という「地域」の文化がグローバルな広がりをみせているのです。このような国際化をみるにつけても、いまや、国際的な知識や感覚、感性を修得することは必須であり、国際教養は必要不可欠の知識となってきていることを痛感します。

国際という言葉が使われる前、明治時代には「万国」という言葉が使われました。万国博覧会にその名残があります。それがのちに、同じような意味として「国際」という言葉が、すり替わるように使われるようになりました。そして現在では、国際とともに、グローバルという言葉も使われるようになってきました。

　グローバリゼーションによる均質な地球「村」にむけた動向はよいことももたらしましたが、弊害もまた大きなものがありました。その功罪を明らかにするためにも、実際には国家や地域社会が1つの単位となって世界が動いていることを把握する必要があります。

　またグローバリゼーションについてみてみると、ある「地域」の技術や製品や制度や様式などが、他の地域に広まり、国家の枠組みに関係なく広がる現象であることもあります。それは、ある特定の特徴を持ったものが、関係諸地域における特徴や特性を変容させながら変形させていくことでもあります。しかしその場合には、現地に接触すると、そこで生じる相互作用によって、さまざまな変化が生じることがあります。グローバリゼーションは、国家や地域と人間などとの相互作用のなかに定着すること、影響を及ぼすことを忘れてはいけません。地域や人間の織りなす生活文化が、新たな価値を生み、世界とつながっていることを想起すべきです。

　このような認識のもと、本書では学生たちが考え、検討し、何らかのこれからの指針なりを見出すために必要な情報を提供したいと考えました。しかし、結果としてそれにとどまらず、広く国際社会のことや国際学に興味を持つ人々にも役立つ書物になりました。現代の東南アジア、東アジア、ムスリムの世界（イスラーム世界）、アフリカ、そして移動する「動いている自分」（ある意味ではno place）という「世界」などを補うものはほとんど見当たりません。その点では、テキストとして利用するだけにとどまらず、資料として、また新たな視点を得るきっかけとして、活用していただければ幸いです。

　このように、境域を越えるものになったのも、ひとえにご寄稿してくださった諸先生方のご協力の賜物であると感謝しています。執筆者としては、大阪国際大学の非常勤講師・学部や学科の講演会を引き受けてくださった諸先生方、そして日頃お世話になっている諸先生方にもお声がけさせていただきました。

快く応じてくださり心より感謝しています。

　本書作成にあたり、大阪国際大学の理事長、学長をはじめ、教職員の皆様にはもちろんのこと、執筆してくださった諸先生方には深謝申し上げます。今回原稿をいただく予定にしていた先生方もおりましたが、種々の制約もあり、今回は、そのお志のみいただいたこともありました。さまざまな形でご協力くださった方々全員に感謝申し上げたいと思います。

　最後になりましたが、本書の出版を引き受けていただき、本書作成に多大なる労力を惜しまずご尽力くださった法律文化社の小西英央氏、上田哲平氏には大変お世話になりました。心より感謝申し上げます。

　2015年3月

編者を代表して　佐島　隆

目　次

はしがき

1章　人文科学系国際学の世界へようこそ……………………… *1*
　❖ コラム① 国際政治学の展開と深化　*12*

I 部　言語・文化から国際社会を考える

2章　コミュニケーションとは何か…………………………… *14*
3章　日本語と英語にみられる捉え方の違い………………… *21*
　❖ コラム② 中国語の学習と文化背景の理解　*27*
4章　アジアにおける児童英語教育…………………………… *29*
　❖ コラム③ 中学校・高校の英語教師になるためには？　*36*
5章　リンガフランカとしての英語…………………………… *38*
　❖ コラム④ ポライトネス(politeness)理論―円滑な人間関係を築くために　*46*
6章　文化的覇権としての英語………………………………… *48*
　❖ コラム⑤ スワヒリ語の生成と展開　*53*
7章　先住民マオリの言語・文化と教育運動………………… *58*
8章　日本語の敬語表現を使いこなす………………………… *63*
　❖ コラム⑥ マニュアル敬語　*68*
　❖ コラム⑦ 世界で一番難しい言語は何語だろうか？　*69*

目次

II部　地域から国際社会を考える

■ アジアから考える

 9章　他宗教と共に生きる―インドネシアを中心に………………… 76

 10章　タイの社会と稲作―地域に根差した生き方と知恵…………… 82

 11章　東南アジアの生態と社会……………………………………… 90

  ❖ コラム⑧　京都の西陣織とフィリピンの織物産業　97

 12章　「不可触民」の仏教改宗運動………………………………… 99

 13章　ガーンディー主義…………………………………………… 106

 14章　南アジアの生態と社会……………………………………… 112

 15章　古代の日韓交流史…………………………………………… 119

  ❖ コラム⑨　世界遺産と日本　125

 16章　旅する日本の画家―海外経験と作風の確立……………… 128

  ❖ コラム⑩　学芸員という仕事―その人口と役割　133

 17章　貨幣が語る中央ユーラシアの歴史―モンゴル帝国の貨幣………… 135

■ イスラーム空間から考える

 18章　トルコの「イスラーム」と「呪術」の世界……………… 142

 19章　イスラーム社会の女性たち―トルコを事例に…………… 152

 20章　湾岸産油国における安全保障と国際関係………………… 158

  ❖ コラム⑪　安全保障のジレンマ　166

  ❖ コラム⑫　オリエンタリズムと中東　167

  ❖ コラム⑬　アラブの春　168

v

21章　拡大するイスラーム圏とのビジネス─イスラーム金融とハラール市場……169

■ 移動空間から考える

22章　移　　民……………………………………………………………176

23章　難民と国内避難民…………………………………………………184
　❖ コラム⑭　難民条約と難民議定書　191

24章　インバウンド観光と日本の旅行業………………………………192
　❖ コラム⑮　旅行会社の添乗員になるためには？　198
　❖ コラム⑯　日本の温泉観光地と地方創生─黒川温泉を事例に　198

25章　サービスとホスピタリティの観光ビジネス─航空輸送事業の事例から…201
　❖ コラム⑰　航空業界で活躍しよう！　208

■ アフリカから考える

26章　「宗教の大地」の〈これまで〉と〈いま〉─西アフリカを中心に……212
　❖ コラム⑱　怖い「妖術師」の話　220

27章　コーヒーと文化─エチオピアを事例に…………………………222

28章　健康格差とユニバーサル・ヘルスケア─エチオピアを事例に……231
　❖ コラム⑲　国際連帯税　236

29章　天然資源の恵みと呪い……………………………………………237
　❖ コラム⑳　「オランダ病」と北海油田　244

30章　アパルトヘイトの歴史と終焉……………………………………245
　❖ コラム㉑　アパルトヘイトとネルソン・マンデラの生涯　250

執筆者紹介

1章　人文科学系国際学の世界へようこそ

☞ 考えてみよう

　この本は、みなさんを人文科学系国際学という学問の世界へと招待します。将来、英語や中国語などを用いて、日本を含む国際社会の舞台で活躍したいと思う人は、国際学の知識を身につけておく必要があります。

　けれども、国際学って、いったい何を学ぶのでしょうか？　「国際」という文字から考えると、「国と国の関係」を学ぶと思いますか？　それとも、国と国の関係だけではなく、私たちが住む「国際社会」そのものについても学ぶのでしょうか？

　この章では、これから私たちが学ぶ国際学とは何か、また、その特徴とは何かについて考えてみます。

1 国際学とは何か

(1) 国際学＝国際社会を総合的に考える学問

　さあ、みんなで一緒に、国際学という学問の扉を開いてみよう。私たちが学ぶ国際学とは、いったいどのような学問なのであろうか。

　国際学（International Studies）とは、国際社会とは何かはもちろんのこと、国際社会で生じているさまざまな現象や問題を、さまざまな視点から考えることで、総合的によりよく理解・説明しようとする学問である。この定義から、私たちが確認しなければならないのは、①国際社会とは何か、②国際社会で生じている現象や問題とは何か、③国際社会を総合的によりよく理解・説明するためにはどうすればいいのか、という3点である。以下、1つひとつ、確認していくことにしよう。

(2) 国際社会とは何か

　本書では、**国際社会**とは、個人・地方・政府・非政府組織（NGO）・企業・国家・地域・圏・地域機構・国際機構といったさまざまな行為体によってなされる営みの「場」と定義しておきたい。

国際学の「国際」は、英語では「国家と国家の間の」を意味する「International」を用いる。それが原因なのか、国際学は多くの人から「国家間関係のみを考える学問」と捉えられがちである。しかしながら、国際学が国際社会をよりよく理解・説明するための総合的研究である以上、国家間関係を考えるだけでは不十分であるといわざるをえない。というのは、国家だけでなく、上述したような国家以外の多様な行為体も、国際社会に大きな影響を与えているからである。国際社会という舞台では、さまざまな主人公たちが、さまざまなストーリーを展開しているのだ。

（３）国際社会における現象と問題とは何か
　国際学は、大きく分けて、国際社会に関する２つの事柄を研究している。まず、国際学は国際社会そのものを研究対象としている。たとえば、国内社会と国際社会とでは、何が異なり、何が同じなのだろうか。また、グローバル化の進展によって、国際社会は変容したのだろうか。さらにいえば、将来において、国際社会に代わる社会は存在しうるのか。国際学は、このような問いかけと、その回答を模索することで、国際社会の全体像をつかもうとしているのである（なお、社会学の観点から、国際社会を研究する学問として**国際社会学**がある）。
　次に、国際学は国際社会の政治・経済・法・思想・哲学・倫理・歴史・文化・環境・災害などをめぐる複雑な現象や問題を研究対象としている。一般的に、国際学は政治、とりわけ外交や安全保障をめぐる問題を研究する学問とみなされることが多い。国際学＝国際政治学というイメージである。なぜ、国際学＝国際政治学というイメージを、多くの人が抱いているのであろうか。また、そもそも、国際学＝国際政治学というイメージは正しいのであろうか。次に、学説史を簡単に振り返ることで、国際学が国際政治学や国際関係学と何が異なり、何が同じなのかを確認していこう。

（４）国際学・国際政治学・国際関係学
　まず、**国際政治学**（International Politics）という学問が誕生した。1919年、英国のウェールズ大学アベリストウィス校（現アベリストウィス大学）において、世界で最初の国際政治学の講座が開かれた。国際政治学は、1800万人の死者を

出した第一次世界大戦を契機として、「戦争を防止するという熱い願望こそが、この学問のそもそもの進路と方向をすべて決めたのである」（E・H・カー（原彬久訳）『危機の二十年』岩波書店、2011年、34頁）といわれている。このとき、カーの『危機の二十年』の副題で「国際関係研究の入門（An Introduction to the Study of International Relations）」と示されているように、国際政治学＝国際関係学（International Relations）であった。

現在でも、国際政治学＝国際関係学というイメージが強く残っている。たとえば、日本国際政治学会の「国際政治」の英語表記には「International Relations」が用いられているし、また、日本学術振興会では政治学の一分野として国際関係学が分類されている。なにより、国際政治学＝国際関係学は、国家を国際社会における最も重要な行為体としてみなしたうえで、外交や安全保障をめぐる政治の現象と問題のみを研究している、とのイメージが強い。

1960年代になって、国際政治学＝国際関係学は大きな転換期を迎えた。国際社会における行為体と現象・問題の多様化が認識されるようになったからである。ここでいう行為体の多様化とは、国家に加えて、個人・企業・NGO・地域・圏・地域機構・国際機構などが重要な行為体として国際社会の舞台に登場したことを意味する。また、現象・問題の多様化とは、外交や安全保障といった政治問題のほかに、経済・文化・環境・人権などをめぐる問題も重要であると認識されるに至ったことを意味する。

このような状況のもと、国家を最も重要な行為体とみなし、外交と安全保障の現象・問題をもっぱら取り扱う国際政治学＝国際関係学では、国際社会におけるさまざまな行為体や現象・問題をうまく理解・説明できないことから、1960年代に新たな学問として国際学が生まれたという（川田侃・大畠英樹編『国際政治経済辞典〔改訂版〕』東京書籍、1993年、220-221頁）。

ただし、国際政治学＝国際関係学は、国際社会における行為体と現象・問題の多様化に対応しながら、その学問的展開と深化を遂げている（コラム①参照）。したがって、いまや「国際関係論（学）と国際学の境界線はあいまいなまま」（小田英郎「序　国際学への招待」細谷雄一・矢澤達宏編『国際学入門』創文社、2004年、7頁）であるといえよう。

要するに、国際学と国際関係学は同じ学問であり、そのサブカテゴリーとし

て国際政治学という1つの専門分野がある、とイメージしておきたい。

(5) 総合的によりよく理解・説明するためにはどうすればいいのか

　国際学は国際社会を総合的に研究する学問である。それでは、どのようにして、国際社会を総合的に研究するのだろうか。国際学は、広領域の専門分野から、学際的に捉えることで、国際社会を総合的に理解・説明しようと試みるのである。以下、**広領域性**と**学際性**という2つのキーワードを意識しながら、国際学の特徴である研究の**統合性**について確認しておこう。

　まず、国際学は広領域的研究である。国際学には、そのサブカテゴリーとして、国際政治学・国際経済学・国際政治経済学・国際法・国際政治史・国際関係史・国際思想・国際倫理・国際文化学・国際社会学などの諸専門分野がある。わかりやすくいえば、国際学は、多様な視点から国際社会の全体像やさまざまな現象・問題を考えるのである。

　ここで注意しなければならないのは、国際学は諸専門分野の「寄せ集め」ではない、という点である。国際学は**学際的研究**（interdisciplinary studies）であるからだ。すなわち国際学は、「諸学のたんなる算術的な総和ではないことはもちろん、諸学の国際関係への応用以上の内容」をもち、「諸学の専門性を後退させて『一般教育』的に『横並べ』したものではなく、研究の先端の所では、総合と専門化を同時進行させている」（百瀬宏『国際関係学』東京大学出版会、1993年、278-279頁）のである。

❷ 人文科学系国際学で国際社会を学ぶ

(1) 人文科学系国際学の構築をめざして

　国際学のテキストには、日本であれ海外であれ、主として政治学・経済学・社会学・心理学・教育学などの社会科学をベースとしたものが多い。つまり、国際学＝社会科学系国際学となっているのである。だが、国際学の特徴が総合的研究という点にあるかぎり、社会科学系国際学だけでなく、人文科学系国際学、社会科学と人文科学の協働による文系国際学、自然科学系国際学（理系国際学）、文系と理系の協働による文理融合型国際学といった多様な国際学が存在していてもいいはずである。

そこで、本書は、国際学のさらなる発展と深化のために、その一石として、主に人文科学の諸専門分野から、国際社会を考えてみたい。本書は、言語学・人類学・民俗学・宗教学・史学・芸術学といった人文系広領域の専門分野から、国際社会を考えるための入門書である。具体的に本書は、言語・文化と地域をキーワードに、国際社会の**多様性**（diversity）を伝えたい。

表1　国際社会の地域別言語数

地　域	言語数	割合（％）
アフリカ	2146	30.2
アメリカ大陸	1060	14.9
アジア	2304	32.4
ヨーロッパ	284	4.0
太平洋	1311	18.5
合　計	7105	100.0

出所：https://www.ethnologue.com/statistics
（2014年3月26日アクセス）。

（2）言語・文化から国際社会を考える

　本書の第1の特徴は、言語・文化から国際社会を考える、という点である。人類は、それぞれが住む地域の自然環境や社会環境に適応しながら、さまざまな生活様式をつくりあげてきた。このつくりあげられてきた生活様式のことを**文化**といい、具体的には、言語・宗教・習慣・規範などがあげられる（なお、文化を軸に国際関係を考える学問として**国際文化学**がある）。

　ここで、文化の1つである言語を取り上げてみよう。人類にとって言語は、きわめて重要なコミュニケーションの手段である。それだけではない。言語の重要性はアイデンティティの共有をもたらすという点にもある。すなわち、同じ言語を話す者たちは、同じ仲間のグループであるというアイデンティティをもつようになる。同時に、自分たちと異なる言語を話す者たちは、自分たちとは異なるグループであるという認識をもつようになる。このように、言語といった文化的特色によって人類を分類したものを**民族**という（なお、人類を身体的特徴から分類したものを**人種**という）。文化の1つである宗教は、この民族という意識を高めるとともに、人々の生活を大きく規定する。

　私たちの国際社会には多くの言語が存在している。たとえば、2013年に刊行された『エスノローグ（Ethnologue）』の第17版によれば、国際社会には7105の言語があるという。国際社会は多様な言語で彩られているのだ。そして、国際社会の言語数を地域別でみた場合、アフリカには2146、アメリカ大陸には

表2　国際社会の言語と母語話者数

順位	言語	話者数
1位	中国語	11億9700万人
2位	スペイン語	4億600万人
3位	英語	3億3500万人
4位	ヒンディー語	2億6000万人
5位	アラビア語	2億2300万人
6位	ポルトガル語	2億200万人
7位	ベンガル語	1億9300万人
8位	ロシア語	1億6200万人
9位	日本語	1億2200万人
10位	ジャワ語	8430万人

出所：https://www.ethnologue.com/statistics（2014年3月26日アクセス）。

1060、アジアには2304、ヨーロッパには284、太平洋には1311の言語がある（表1）。ここから、アジア・アフリカ地域の言語が、国際社会の言語数の約60％を占めていることがわかる。

また、国際社会の言語を母語話者の数のトップ10でみたら、中国語を話す人は11億9700万人、スペイン語は4億600万人、英語は3億3500万人、ヒンディー語は2億6000万人、アラビア語は2億2300万人、ポルトガル語は2億200万人、ベンガル語は1億9300万人、ロシア語は1億6200万人、日本語は1億2200万人、ジャワ語は8430万人となっている（表2）。中国語は、国際社会の母語人口において、最も多くの人口を占めている言語となっているのである（ただし、国際社会の国のなかで最も使用されている言語は英語である）。

果たして、言語とその話者の多様性という絵の具は、国際社会の多様性というキャンバスに、どのような彩り豊かな絵を描いてくれるのだろうか。この本を通じて一緒に考えよう。

（3）地域から国際社会を考える

本書の第2の特徴は、地域から国際社会を考える、という点である。ここで、私たちの住む国際社会を区分してみよう。まず、国際社会を「大陸」で区分すれば、ユーラシア大陸・アフリカ大陸・北アメリカ大陸・南アメリカ大陸・オーストラリア大陸・南極大陸の6つに分けることができる。また、国際社会を「州」で眺めてみると、アジア州・ヨーロッパ州・アフリカ州・北アメリカ州・南アメリカ州・オセアニア州の6つに区分できる。これらの州を「地域」でみれば、さらに細かく区分することができる。たとえば、アジア州は北アジア・東アジア・東南アジア・南アジア・中央アジア・西アジアに、ヨーロッパ州は北ヨーロッパ・東ヨーロッパ・南ヨーロッパ・西ヨーロッパに、ア

フリカ州は北アフリカ・東アフリカ・南部アフリカ・中央アフリカ・西アフリカに区分することができる。

　本書では、紙幅に限界があることから、主としてアジア・アフリカ地域から、国際社会を眺めてみたい。地域から国際社会を考えるためには、地域研究の知見が必要不可欠である。**地域研究**（Area Studies）とは、研究対象とする地域の固有性を明らかにするとともに、それを他の地域の固有性と比較することで、研究対象である地域の固有性をさらによりよく理解・説明しようと試みる総合的研究である。

　国際学と地域研究は総合的研究という点で同じ特徴をもつ。異なるのは、前者の研究対象の地理的空間が主に国際社会であるのに対して、後者のそれは地域であるという点にすぎない。国際学は「森」を理解・説明しようとするが、森を構成する「木」の存在をときおり見落としてしまう可能性がある。他方で、地域研究は「木」の理解・説明を試みるものの、木で構成される「森」の存在を時に見落としてしまうおそれがある。国際学と地域研究は、森と木をよりよく理解・説明するために、お互いの存在を必要としている学問といえよう。

（4）言語・文化と地域から国際社会を考える

　本書は、国際学という学問を通じて、私たちの住む国際社会はさまざまな特色と個性をもつ言語・文化と地域で彩られている、ということを示すものである。言い換えれば、国際社会における多様性をみる眼を提供するのである。

　本書は、比喩的にいえば、国際社会というモザイク画を描こうとしているのだ。モザイク画は、ガラス・石・貝殻など欠片を1つひとつつなぎ合せることにより、1つの模様や1枚の絵を制作する装飾美術である（図1）。

　モザイク画は、近くでみた場合、単なる欠片の寄せ集めにしかみえない。しかしながら、遠くからみれば、1つの美術品として、私たちの目に美しく映るのである。本書は、国際社会における言語・文化と地域という欠片を1つひとつつなぎ合せることで、国際社会という色彩豊かなモザイク画を描いてみたい。

図1　ノーマン・ロックウェルのモザイク画

このモザイク画は、米国の芸術家であるノーマン・ロックウェルによる「黄金律」の絵画をもとに制作されたものである。1985年の国際連合の創立40周年を記念して、米国の大統領夫人ナンシー・レーガンより国連に寄贈された。国連広報センターのホームページによれば、ロックウェルは、絵のなかに刻まれた一文「おのれの欲するところを人に施せ」という黄金律が、「世界中の主な宗教すべてに共通なテーマであることを訴えたい」と考え、「尊厳と尊敬を込めてすべての民族、信教、人種」を描いたとされている。
出所：http://www.unic.or.jp/untour/subnor.htm
（2014年4月1日アクセス）。

（5）本書Ⅰ部の構成と概要

　ここで本書の構成と概要を述べておこう。本書は、主に人文科学の諸専門分野から国際社会を考える試みである。ただし、いくつかの章では、政治学・経済学・社会学・心理学・教育学などの社会科学系の諸専門分野からも国際社会を考察している。

　Ⅰ部は、言語・文化から国際社会の多様性を考えるために、8つの章で構成されている。私たちは、コミュニケーションをとることで、初めて国際社会を理解・説明することができる。そこでまず、2章（小牧一裕）において、コミュニケーションとは何かについて学ぶ。そのうえで、文化が異なる人々の間でコミュニケーションをとるためには何が重要なのかを考える。3章（岩崎真哉）は、日本語と英語を事例に、異なる言語の間で生じる「捉え方」（解釈、事態把握）の違いについて考える。この章を通じて、さまざまな言語における捉え方の違いを理解することにより、私たちはコミュニケーションを円滑に行うことができる、ということを学ぶであろう。

　つづく4章（山本玲子）と5章（多田昌夫）は、国際社会における共通のコミュニケーション・ツールである英語について、そのリージョナル化とグローバル化を考える。4章は児童英語教育に焦点をあてて、アジアにおける英語教育の現状と課題を明らかにする。5章は「世界諸英語（World Englishes）」などを取り上げることで、国際共通語としての英語、すなわち「リンガフランカ」

としての英語を身につけることの重要性を述べる。

　これに対して6章（清水耕介）は、リンガフランカとしての英語の重要性を認めつつも、コミュニケーション・ツールとしての英語のグローバル化には文化的覇権が伴っていると指摘する。私たちは、この章を読むことで、英語圏で生まれた国際学を学ぶということは一体どういうことなのか、あらためて考えさせられることになろう。

　英語教育をはじめとする西洋文化の強制は、他の言語・文化を滅ぼす危険性がある。7章（中村浩子）は、ニュージーランドの先住民マオリの教育運動から、マオリの人々が自分たちの文化・歴史・伝統をどのように守ってきたのかを考える。8章（村田菜穂子）は、リンガフランカとしての英語の重要性が増すなかで、日本人が日本人としてのアイデンティティを保持するために、日本語の敬語表現を身につけることの大切さを述べる。

（6）本書Ⅱ部の構成と概要

　Ⅱ部は地域から国際社会の多様性を考える。このⅡ部は22の章で構成されており、「アジア」と「アフリカ」という地理的空間と、「イスラーム」と「移動」という脱地理的空間に、それぞれの章が分けられている。

　まず、「アジア」の地域から国際社会を考える。9章（木村敏明）は、さまざまな宗教が共存するインドネシアの事例から、宗教における多様性の大切さとその共存のための知恵とは何かを考える。10章（渡辺一生）は、タイ東北部の農村社会から、地域に根差した生き方や知恵を学ぶとともに、私たちの生活における合理性とは何かを問いかける。11章（河野泰之）は、東南アジア地域に住む人々が、多様な自然環境のもとで、さまざまな宗教を信じながら、さまざまな言語を用いて、さまざまな歴史を形成していることを描写する。

　つづく12章（舟橋健太）は、インドのカースト制度の最下層に位置する「不可触民」の人々たちが、ヒンドゥー教から仏教へと改宗している現状とその意味を考える。13章（石坂晋哉）は、インドのマハートマ・ガーンディーの思想と実践を受け継ぐ「ガーンディー主義者」を取り上げる。具体的には、ガーンディー主義の非暴力・不服従という運動は、森林保護運動においてどのように実践され、どのような効果をもたらしているのかを考える。14章（佐藤孝宏）

は、インド南東部に位置するタミル・ナードゥ州の農業と人々の暮らしをみることで、自然環境と開発の望ましい関係について考える。

　15章（笠井敏光）は、古代日韓交流の歴史、とりわけ当時の倭と百済の関係を振り返ることで、古代の東アジアにおける国際関係とその現代的意味合いを考える。16章（村田隆志）は東洋で独自に発展した山水画を取り上げる。具体的には、中国と台湾を旅することで日本の画壇に新風を巻き起こした、明治初期の人気南画家である安田老山の作風の確立過程を追う。17章（安木新一郎）は、13～14世紀の中央ユーラシアで発行された貨幣を通じて、モンゴル帝国時代の活発な東西交流の軌跡を追う。

　現在、グローバル化が進展する国際社会において、イスラームを理解することが強く求められていることはいうまでもない。ハラールといった言葉をよく聞くように、イスラームは私たちの日常生活に大きく関わっているからだ。そこで本書は、18章から21章を通じて、「イスラーム空間」から国際社会を考えたい。まず、18章（佐島隆）において、イスラームを知るために、トルコの人々のイスラームや思考様式とはどのようなものなのかを考える。19章（中山紀子）は、政教分離とスカーフの着用をめぐるトルコの女性たちの暮らしをみることで、イスラーム社会の女性たちを考える。20章（中村覚）は、アラブ首長国連邦、オマーン、カタル、クウェート、サウディアラビア、バハレーンの6か国で構成される「湾岸協力会議」の安全保障と国際関係を考える。そして、21章（宮崎哲也）は、イスラーム圏とのビジネスを考えるために、イスラーム金融とハラール市場を取り上げる。

　次の22章から25章までは国際社会を「移動」から考える。私たちは、移動から国際社会を考えることで、政治と経済だけでなく、自らの文化とともに異なる文化をもしっかりと理解することが重要であると再認識することであろう。まず、22章（石川真作）は、主にヨーロッパ移民の歴史と現在をみることで、移民の受け入れのあり方を考える。23章（池田丈佑）は、主としてアフリカ地域から、強制的に移動させられた人々である難民と国内避難民の問題を取り扱う。上記で述べた移動する人々のほかに、観光客やビジネスに携わる人たちといったように、自らの意志で一時的に外国を訪れたり滞在したりする人々がいる。そこで、24章（北邦弘）は日本の旅行業を事例に、25章（久保由加里）は航

空輸送事業を事例に、グローバル化する国際社会における移動を考える。

　26章から30章までは、再び地理的空間の視点に戻って、国際社会を「アフリカ」の地域から考える。26章（落合雄彦）は、アフリカの人々がさまざまな生業の形態にもとづいて自らの宗教を発展させてきた一方で、アフリカ地域の外部から多くの宗教を受容してきたことを描く。27章（伊藤義将）は、エチオピアのコーヒー文化を紹介しながら、コーヒーをめぐる国際関係とそれがコーヒー生産者に及ぼす影響を考える。28章（西真如）は、エチオピアを事例として、低所得国で暮らす人々の「健康格差」をなくすために、誰もが手の届く医療を提供する仕組みである「ユニバーサル・ヘルスケア」のあり方を考える。29章（出町一恵）は、天然資源に恵まれながらも人々の生活が豊かにならないという現象、いわゆる「資源の呪い」について、その原因を考える。30章（佐藤誠）は、南アフリカ共和国で行われていたアパルトヘイトの実態と終焉を振り返ることで、国境を越えたグローバル市民運動の重要性を提起する。

☞ あらためて考えてみよう

　最後に、本章で出てきた「多様性」という言葉をあらためて考えてみよう。私たちは、新聞やテレビのニュースなどで、生物の多様性と保全、文化の多様性と共生といったように、多様性という言葉を耳にすることがあります。しかし、多様性とはどのような意味なのでしょうか。また、多様性は「いい言葉」なのでしょうか。言い換えれば、多様性を語ることに、メリットとデメリットはないのでしょうか。みんなで一緒に調べて、議論してみよう。

【Questions】
1．国際学とはどのような学問なのだろうか？
2．国際学は、国際政治学や国際関係学という学問とでは、何が異なり、何が同じなのだろうか？
3．文化とは何か？　また、文化と文明の違いとは何か？　みんなで調べてみよう。

【読んでみよう】
1．眞淳平『世界の国　1位と最下位——国際情勢の基礎を知ろう』岩波ジュニア新書、2010年。
　　人口、税金、軍事力、天然資源、貧困率、食料自給率といったさまざまな項目から、私たちが住む日本と国際社会を眺めてみよう。

2．山本紀夫『梅棹忠夫―「知の探検家」の思想と生涯』中公新書、2012年。
　　「知の探検家」である梅棹忠夫とともに、アジア・アフリカの世界を覗いてみよう。

[佐藤史郎]

❖ コラム① 国際政治学の展開と深化

　伝統的な国際政治学は、国家を主要な行為体とみなし、主に外交や安全保障をめぐる問題を取り扱う。しかし国際政治学は、時を経るにつれて、その内容を展開・深化させている。

　たとえば、国際政治学は**国際政治経済学**（International Political Economy）へと派生した。伝統的な国際政治学は、外交や安全保障に関する問題を「高次元政治（high politics）」として捉える一方で、金融や資源などをめぐる国際経済の問題を「低次元政治（low politics）」として位置づけていた。しかし、1970年代以降、オイルショックなどのように、国際経済の問題が国際政治に大きな影響を与えることが明らかとなった。そこで生まれたのが、国際政治経済学である。国際政治経済学は、国際政治の現象・問題と国際経済の現象・問題の関係性を対象とする学問として、その産声をあげたのであった。

　また、私たちの住む国際社会には、国家だけでなく、個人・企業・NGO・地域・圏・地域機構・国際機構といったさまざまな行為主体が存在している。さらに国際社会には、外交、安全保障、経済のほかに、文化・環境・人権などをめぐるさまざまな問題が生じている。国際政治学は、このような行為主体の多様性と問題領域の拡大を取り扱う学問として、**世界政治学**（World Politics）へと脱皮した。そして、1990年代には、グローバル化という時空間の圧縮現象を深慮して、世界政治学は**地球政治学**（Global Politics）へと深化したのである。

（佐藤史郎）

Ⅰ部
言語・文化から国際社会を考える

インドネシアのバリ島でのバリ舞踊。花に蜜蜂が戯れる様子を表現している＝撮影：Shin Ya

2章 コミュニケーションとは何か

☞ **考えてみよう**

「コミュニケーション能力が高い」「コミュニケーションがうまくいかない」など、私たちのまわりでコミュニケーションという用語はよく使われます。また、私たちの日常生活そのものがコミュニケーション行動であるともいえます。

この章では、はじめにコミュニケーションとは何かについて、さまざまなコミュニケーションとその構造を学び、日本におけるコミュニケーションの特徴や変化に続いて、言葉によるコミュニケーションの問題点、さらに異文化でのコミュニケーションの違いについて学んでいきましょう。

1 コミュニケーションの基礎知識

(1) コミュニケーションとその分類

コミュニケーションという言葉は、ラテン語の communis（common）が語源とされており、「共通の」「共有の」を意味している。コミュニケーションとは、私たちが思想、意見、情報を伝達し合い、心を通じ合わせることである（『ランダムハウス英和辞典』第2版）。

コミュニケーションは、その過程のどこに注目するかによって分類できる。送り手や受け手の規模に注目すると、コミュニケーションが個人の頭のなかで行われるときは、個人内コミュニケーションでの独り言などがこれにあたる。個人間のコミュニケーションの典型としては、二者間のコミュニケーションがあり、私的な立場と内容からなるものは対人コミュニケーションと呼ばれる。また、集団内で相互作用している場合は集団内コミュニケーション、文化レベルでは異文化間コミュニケーションとなる。

次に、コミュニケーション過程のメッセージそのものに注目すると、言葉によるバーバル・コミュニケーションと、身振りや表情、声の高さや会話での距離など、言葉によらないノンバーバル・コミュニケーションに分類できる。

(2) コミュニケーションの構造

コミュニケーションが成立するための構成要素は、①送り手、②メッセージ、③チャンネル、④受け手、⑤効果の5つである。送り手と受け手が存在しないとコミュニケーションは成立しないし、メッセージが存在しないと情報そのものがないことになる。また、チャンネルが存在しないとメッセージは受け手に届かないし、効果が生じなければ、コミュニケーションは成立していないことになる（深田博己『インターパーソナルコミュニケーション』北大路書房、1998年、10頁）。

送り手は、受け手にむけてメッセージを発信する人で、受け手はそれを受け取る人のことである。メッセージは、通常ことばというバーバルメッセージと、表情や身振りなどのノンバーバルメッセージを通して表現される。チャンネルは、紙と鉛筆や電波などさまざまである。

送り手がいくら受け手に伝えようとしても、受け手がそれをきちんと理解してくれないと効果は生まれない。たとえば、親や先生が子どもに大事なことを伝えているつもりでも、子どもにとってその言葉が雑音にしか聞こえなければ効果はみられず、コミュニケーションがとれているとはいえない。

2 日本におけるコミュニケーションの特徴と変化

(1) コミュニケーションの特徴―「察する」力

日本におけるコミュニケーションの特徴として、コミュニケーションの手段である言葉をあまり必要としないということがあげられる。欧米との比較から考えてみると、個人と個人が違うことを前提にする社会でのことばは、差異と対立が前提にあり、その2人が同化するには言葉が必要不可欠である。一方、個人と個人に違いがないことを前提にする社会では、言葉はあまり必要とされなかった（田中國夫『人が見え社会が見え自分が変る』創元社、1987年、188-189頁）。

こうしたなかで、言葉に頼らない「**察する**」文化が発展してきた。この文化のおかげで送り手が何を考えているのかを推察したり、気持ちをくみ取ったりする能力を高めることができるようになったといえるだろう。一方で、送り手が何をいいたいのかを受け手が察するという構図が定着したため、従来は送り手の工夫や努力が要求されることは少なかった。しかし、グローバル化して異

文化圏の人たちとコミュニケーションをとる機会が多くなった社会では、送り手の考えを受け手が必ずしも察してくれるとはかぎらず、違いを前提として送り手が何をいいたいのかを言葉で受け手に伝える必要がある。つまり、受け手の察する能力よりも送り手の工夫や努力（送り手がわかりやすく話したり、うまく伝わるように表現すること）が要求されるように変わってきている。こうした変化に対応し、察しの文化を生かしつつ、受け手に伝わるように伝えるコミュニケーション能力を高めることが必要である。

(2) コミュニケーションの変化—伝え方とツールの変化から

　近年におけるコミュニケーションの変化として、まず伝え方の変化があげられる。対人関係において「人―人」の対面（face to face）が中心であった時代から、間に何か媒介するモノを通じて人と人とがコミュニケーションをとる「人―機械―人」の時代に変化してきた。間に機械を介することで、人の気持ちを察することや自分の考えを伝えるというコミュニケーションスキルが低下してしまう可能性がある。対人コミュニケーションでは対面が基本であり、文字や絵文字である程度は伝えられたとしても、察する力や相手に自分の気持ちや感情を適切に伝える力はますます低下してしまう。

　次に、コミュニケーションツールの変化をみると、2012年からは10代におけるネットの利用時間合計（携帯・スマホ経由と自宅でのPC経由の合計107.9分）が、テレビの視聴時間（102.7分）を上回って逆転している。また、10代・20代におけるネット利用を項目別にみると、LINEなどソーシャルメディアの利用が最も長く、若年層ではメールを抜いて中心的なコミュニケーションツールとなっている（総務省情報通信政策研究所「平成25年情報通信メディアの利用時間と情報行動に関する調査」2014年4月）。LINEなどのソーシャルメディアは、非常に便利なものではあるものの、対人関係のトラブルを増やしてしまうこともある。勘違いや誤解だけでなく、「既読スルー」の問題でも、既読をつけずにLINEをみるアプリまで登場しているし、グループ機能がかえって孤立する人をつくり出し、人間関係をゆがめてしまうこともある。

　つまり、モノを介して文字だけでいいたいことを伝えようとすることには限界があることに気づきたい。

3 言葉によるコミュニケーションの問題点

　同じ文化のなかで同じ言葉を使っていても、必ずしもうまく伝わるとはかぎらない。ある意味、言葉によるコミュニケーションには限界があるともいえるが、そこにはどのような問題があるのだろうか。

（1）コミュニケーションはズレるもの
　まず、言葉によるコミュニケーションには、常にズレが生じる可能性があることを理解しておこう。送り手は伝えているつもりでも、受け手には伝わっていないこともある。伝言ゲームを例に考えると、最後まで正確に伝わるならば元々ゲームとしてのおもしろさはない。最初の人が100％伝えたとしても次の人に伝わるのが仮に70％とすると、その次の人に伝わるのは49％と最初の情報量の約半分になってしまう。情報は人を介するほどゆがむものである。そもそも相手が自分の伝えたことをきちんと理解してくれていると考えるのは自分の幻想かもしれないのである。それでは、こうしたズレやゆがみはなぜ生じるのだろうか。

（2）なぜズレやゆがみが生じるのか
　第1の原因はあいまいさである。バイト先での例を考えてみよう。バイト先の先輩や上司の指示どおりに行動したつもりでも怒られることがある。この場合、送り手からの指示を受けてもそこにはあいまいさが残り、受け手は自分が理解したことを行動に移す。ところが、理解したことと実際にできたことにもズレがあり、さらにそれを伝えるときにはまたあいまいさが残ったまま相手に伝わってしまう。このように人が何かを伝えようとするとき、情報の送り手と受け手の間にはあいまいな部分を残して伝わり、そこに何らかのズレが生じてしまうことになる。
　第2の原因は知覚の性質、言葉を換えると情報の選択である。人は、自分にとって必要な情報だけを選択して、みたいものだけをみて聞きたいものだけを聞く。逆にいえば、自分にとって興味や関心が無いものは無意識のうちにみていないし聞いていないということである。また、自分にとって都合の良いよう

にものごとを解釈してしまうこともある。

　第3の原因は、コミュニケーション能力の低下である。ズレやゆがみが生じるのは、伝える側のコミュニケーション能力の未熟さとその能力の低下による。近年では、察する力や伝える力の低下だけではなく、自分の考えや意見をあえていわない人も増加している。その背景には、人から嫌われたくないという気持ちや孤立することへの不安があると考えられる。

　その他にコミュニケーションがうまくいかない要因としては、相手に対する否定的な感情がある。相手に対して否定的な感情を持っていると、その人の言葉は伝わりにくい。バイト先の嫌いな社員さんの言葉は、たとえそれが自分に対するアドバイスであっても素直に聞こうと思わない。また、親との関係が悪くなくても、勉強しようと思っている矢先に勉強するようにいわれると腹が立つ。こうしたことも情報の伝達を阻害する。

4 異文化間におけるコミュニケーションの違い

　同じ言葉を使っていてもコミュニケーションにはズレが生じるわけだが、異文化の間ではどのような違いや問題があるのだろうか。

（1）異文化間でのコミュニケーションスタイルの違い

　まず、文化が違うということ自体がコミュニケーションを妨げていることになるといわれる。両者が自分の文化を中心にしているかぎり、お互いを理解することは難しい。

　ホールによると、文化によるコミュニケーションスタイルの違いは、**高文脈文化**（high-context culture）と**低文脈文化**（low-context culture）から説明できる。日本に代表される高文脈文化の国は同じ文化的背景を持った人たちで成り立ち、情報の共有によって情報は状況や人間関係などの文脈から読み取ることができる。一方、アメリカやドイツに代表される低文脈文化の国は、さまざまな文化的背景を持った人たちから成り立ち、情報の伝達は言語によるメッセージを通して行われる（エドワード・T・ホール（岩田慶治・谷泰訳）『文化を超えて』TBSブリタニカ、1979年）。

　はっきりした意志表示が必要な低文脈文化の国へ留学した日本の学生は、こ

のコミュニケーションスタイルの違いに慣れることができず、異文化でのつまずきや誤解をきたすこともある。

(2) 異文化間でのコミュニケーション表現の違い

次に、コミュニケーション表現における違いを言葉とそれ以外の側面からみていこう。まず、言葉によるコミュニケーション表現について英語圏を例に考えてみる。高井によると、アメリカではコミュニケーション表現で、誇張や皮肉、ユーモアなどが多用される。誇張は大げさな表現を使って自分の気持ちを伝えること、皮肉は自分が思っていることの逆を大げさにいって相手を快くけなすことが目的となる。また、ユーモアは緊張感を緩和する1つの手段として使われる。日本では、特に誇張や皮肉の表現をあまり使わないので、言葉どおりにとって誤解してしまうことが多い(高井次郎「異文化間コミュニケーション」原岡一馬編『人間とコミュニケーション』ナカニシヤ出版、1990年)。一方、言葉以外によるコミュニケーション表現は、視線(相手の目を見て話すことが多いか少ないか)、接触(手を握る、体に触れるなどの身体接触が多いか少ないか)、距離と空間(自分と相手との距離が近いか遠いか)、時間(時間どおりに行くか遅れていくか)などによるもので文化によって異なる。

☞ **あらためて考えてみよう**

異文化間はもちろん、人とのコミュニケーションをとるときに大切なことはどのようなことでしょうか。

まず、第1に違いを認めることです。お互いが相手との違いを認めて相手を尊重するということは、相手の立場に立って考えるということでもあります。そのためには、まず相手は自分と違う人間であるという当たり前のことを理解することから始めましょう。

第2に、相手のことを知ることです。相手を理解するということだけでなく、相手に伝わるように伝えるということです。相手にきちんと自分の意見や考えを伝えるためには、まず相手がどのような人であるのかを知る必要があります。文化、年代、性別、価値観などさまざまな違いがあるなかで、相手がどのような人であるのかによって伝え方も違ってきます。

第3に、摩擦を恐れず自分の意見をいうことです。多くの人が自分の意見をいうことでまわりの人から嫌われてしまうのではないかと恐れています。また、意見を

Ⅰ部　言語・文化から国際社会を考える

いわなくても相手は自分のことを理解してくれていると思ったり、きっと相手も同じ考えであると思い込んでいますが、お互い意見をいわないだけでまったく違う意見であることに気づかないこともあります。自分の意見をいう、人と議論をすることはもちろん、場合によっては仲直りを前提としたケンカをすることもあってよいのではないでしょうか。違う人間である以上、違う考えを持っているのは当たり前です。そこで摩擦を避けてばかりいると自分の意見がいえないだけでなく、相手に合わせてばかりで人間関係に疲れてしまいます。そのような状態で人との信頼関係を築くことは難しいでしょう。その意味で、伝え方には気をつけて、摩擦を恐れず自分の意見や考えを適切に伝えることができる人になりましょう。

【Questions】
1．私たちが暮らす日本の文化とそれ以外の文化では、コミュニケーションにどのような違いがあるだろうか？　また、その背景にはどのようなことが考えられるのだろうか？
2．人とのコミュニケーションが変化するなかで、言葉はどのような役割を果たすのだろうか？　また、人間関係にどのような影響を及ぼすだろうか？
3．私たちが人とのよりよい関係を築くためには、コミュニケーションでどのようなことに気をつけたらよいのだろうか？　具体的に話し合ってみよう。

【読んでみよう】
1．平田オリザ『わかりあえないことから　コミュニケーション能力とは何か』講談社現代新書、2012年。
　　コミュニケーション能力とは何かについて、より深く考えるきっかけになる本。
2．長井鞠子『伝える極意』集英社新書、2014年。
　　国際交渉の場に通訳者として立ち会った経験から得た、相手に「伝える」ための極意を語る本。

［小牧一裕］

3章 日本語と英語にみられる捉え方の違い

☞ **考えてみよう**

　私たちヒトは同じ事態や状況でも違う表現で描写することがあります。言い換えると、私たちはヒトによってどこに焦点をあてるか異なる場合があるのです。ヒトによって異なるといっても、同じ文化や言語を共有する集団によってその焦点のあて方に傾向がみられることがあります。特に、この章ではこのような事態を把握する認知能力を「捉え方」（解釈、事態把握）と呼び、日本語と英語の捉え方の違いについて詳しく考えていきます。

1 「捉え方」（解釈）とは

　私たちは同じ事態を描写する際に、異なった表現を使うことがある。たとえば、次のような例を考えてみよう。お店に買い物に行って1000円の商品が欲しくなったとしよう。財布をみると、1000円が入っているが、消費税を払える分は入っていない。このようなとき、(1)aのように発言する人はいないだろうか。それに対して、自分は500円ぐらいしか持っていなくて、欲しいものを買えないなと思っていたときに財布のなかをみると1000円が入っている状況を考えてみよう。このとき、(1)bのように発言する人はいないだろうか。

(1) a　（財布のなかには）1000円しか入っていない。
　　b　（財布のなかには）1000円も入っている。

この例にみられるように、同じ「財布のなかに1000円が入っている」事態であっても、状況によって私たちは異なる表現を使っているのである。
　次に英語の例をみてみよう。(2)aと(2)bは同じ事態を表している。

(2) a　The glass is half full.
　　b　The glass is half empty.

(2)aでは「グラスに水が半分入っている」と描写され、「水が入っている領

域」に焦点があたっている。それに対して、(2)bでは、「グラスの中身が半分空いている」と描写され、「水が入っていない領域」に焦点があたっている。つまり、同じ事態を表していても私たちの「捉え方」(解釈)あるいは「事態把握」の方法は異なるのである。

❷ 主観的・客観的な捉え方

では、日本語話者と英語話者には、事態を捉えることに何らかの違いがみられるのであろうか。池上は日本語と英語にみられる事態把握の違いとして、川端康成の『雪国』の冒頭部分と E. Seidensticker による英訳の違いを指摘する（池上嘉彦「〈主観的把握〉とは何か」『月刊言語』35（5）、2006年）。

(3) a 国境の長いトンネルを抜けると雪国であった。夜の底が白くなった。信号所に汽車が止まった。（『雪国』）
　　b The train came out of the long tunnel into the snow country. The earth lay white under the night sky. The train pulled up at a signal stop. (*Snow Country*)

(3)aの日本語の『雪国』の冒頭では、話者（主人公）は汽車の中から状況を描写しているのに対して、(3)bの対応する英訳では、汽車（あるいはトンネル）の外から、話者が状況を描写しているように感じられる（英訳でも主人公が汽車の中にいて、自らの体験を語っているという読みは可能であるが、その場合は、あたかも汽車に乗っている主人公を汽車の外にいる「分身」の主人公がみている、という形になる）。

以上のことをまとめると、日本語のほうでは、いわば話者が文の中に没入しているため、状況は主観的に捉えられているのに対して（主観的把握）、英語では話者は文の外に出ているので、状況は客観的に捉えられている（客観的把握）といえる。

以上の主観的な捉え方・客観的な捉え方の対立は、日英語の一人称代名詞の現れ方にもみられる。(4)a、(4)bに示されるように、一般に日本語は一人称代名詞を表現しないことが多いのに対して、英語は一人称代名詞（I、We）を表現するのが普通であるといわれ、(4)aは図1の［a］に、(4)bは図1の［b］にそれぞれ対応する。

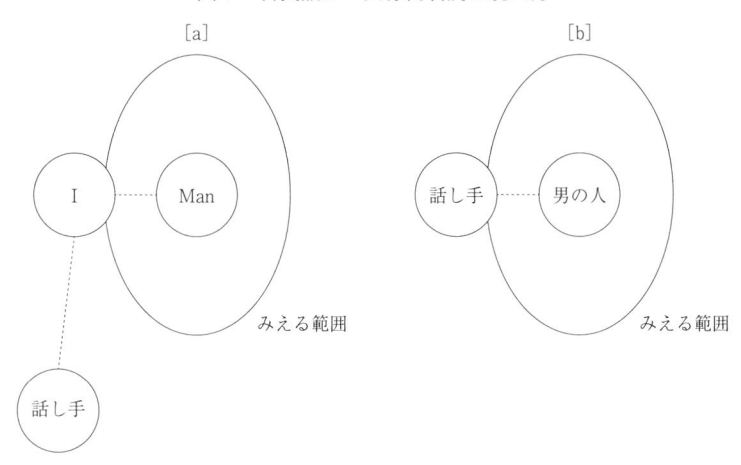

図1　日英語の一人称代名詞の現れ方

[図：[a] I と Man が「みえる範囲」の楕円内にあり、話し手が外にある。[b] 話し手と男の人が「みえる範囲」の楕円内にある。]

出所：本多啓『知覚と行為の認知言語学：「私」は自分の外にある』開拓社、2013年、68頁を筆者が加筆・修正。

(4) a　Then I saw a big man standing there.
　　b　大きな男の人がいたの。

　英語の文を表す、図1の［a］では、一人称代名詞が、まるで話し手から客観的にみられているように描かれているのに対して、日本語の文を表す図1の［b］では、一人称代名詞が言語化されていないため、話し手が状況に入り込んでいるように描かれている。注意すべきことは、これらは日英語にみられる傾向であり、当然、図1に該当しない文や逆になったりする文も存在する。

3　〈スル〉的言語・〈ナル〉的言語

　すでに多くの研究者に指摘されるように、日本語は〈ナル〉的言語、英語は〈スル〉的言語であるといわれる。たとえば、(5) a と(5) b をみてみよう。

(5) a　Summer has come.
　　b　夏になった。

　(5) a では、「Summer」という行為者があたかもこちらに来るという行為を〈スル〉といえ、それに対して、(5) b の日本語では、〈ナル〉的な表現が使わ

れている。まとめると、英語は、出来事に関与する〈個体〉、特に〈動作主〉としての〈人間〉に注目し、それを際立たせるような形で表現しようとする傾向が強い〈スル〉的な言語であるのに対して、日本語は、〈出来事全体〉を捉え、自然のなりゆきという観点から表現しようとする傾向が強い〈ナル〉的な言語であるといえる（池上嘉彦『「する」と「なる」の言語学：言語と文化のタイポロジーへの試論』大修館、1981年）。

〈ナル〉的な表現と〈スル〉的な表現の対立は自動詞と他動詞の対立にもみられる。つまり、自動詞は〈ナル〉的な表現であり、他動詞は〈スル〉的な表現といえる。(6)aと(6)bをみてみよう。

(6) a　Nowadays people begin by sneering at family life and family institutions, and next they'll throw everything overboard and have intermarriage between black and white.　(*The Great Gatsby*)
　　b　……昨今、家庭生活やら家庭制度やらをないがしろにする輩が増えてきたが、そんなことをしているようじゃ、世の中何もかもめちゃくちゃになって、今に黒人と白人が平気で結婚するようなことになってしまうぞ。（村上春樹訳『グレート・ギャツビー』中央公論新社、2006年）

(7) a　自分には／自分に与えられた道がある／広い時もある
　　　　のぼりもあれば　くだりもある／思案にあまる時もあるだろう
　　　　しかし　心を定め／希望をもって歩むならば
　　　　必ず道はひらけてくる／深い喜びもそこから生まれてくる　（松下幸之助「道」）
　　b　Every person has a path to follow. It widens, narrows, climbs and descends. There are times of desperate wanderings. But with courageous perseverance and personal conviction, the right road will be found. This is what brings real joy.　(Konosuke Matsushita "The Way")

(6)aの英語では、他動詞throwが使われているのに対して、対応する日本語訳では、(6)bのように「なる」という自動詞が使われている。また、(6)aの後半でも、have intermarriageにみられるように、他動詞haveが使われているが、(6)bの後半にあるように、「結婚する」という自動詞が使われている。

また、日本語から英語に訳した場合でも同じような傾向がみられる。(7)aで

は「道がある」というように自動詞が使われているのに対して、英訳の(7)bでは、他動詞 have が使われている（これは「所有関係」を表す際に、日本語は存在を表す「アル」や「イル」が使われるために、BE 言語と呼ばれ、英語は所有を表す動詞 have が使われるので HAVE 言語といわれることに通じる）。同様に、後半の「生まれてくる」という自動詞が使われているのに対して、対応する英訳では bring という他動詞が使われている。

　以上のように、日本語は〈ナル〉的な表現である自動詞が使用される傾向があり、英語は〈スル〉的な表現である他動詞が使用される傾向がある。

　日英語の捉え方の相違は〈コト〉と〈モノ〉の対立にも関係する。

(8) a "Why not let her alone, old sport?" remarked Gatsby. "You're the one that wanted to come to town."（*The Great Gatsby*）
　　b　「彼女に意見するのはお門違いだ、オールド・スポート」とギャツビーが意見を述べた。「そもそも君が街に来ようと言い出したんだ」（村上春樹訳『グレート・ギャツビー』）

　(8)a の英語のほうでは、that wanted to come to town に修飾される the one という〈モノ〉的な表現になっているのに対して、その日本語訳では、「君が街に来ようと言い出したんだ」という出来事を表すような〈コト〉的な表現になっている。

　ここまでの日英語にみられる特徴をまとめると表1のようになる。

　同じ事態を表す際に、日本語は自動詞を好む、言い換えると〈ナル〉的言語であるのに対して、英語は他動詞を好む、つまり〈スル〉的な言語である。また、日本語は事態を〈コト〉的に描写するのに対して、英語は〈モノ〉的に描写する傾向がある。これらは、日本語が話し手（S）が状況の中に入り込んでいる、つまり主観的である捉え方をしているのに対して、英語は話し手が状況を外から客観的に観察しているような捉え方をしていることに起因していると考えられる。

　以上、この章では、日英語の捉え方の違いを考察してきた。国際社会では、さまざまな言語における捉え方を理解することでコミュニケーションを円滑に行うことができる。言い換えると、私たちの認知における相違を理解することが、国際関係の一端を理解することに役立つのである。

I部　言語・文化から国際社会を考える

表1　日英語にみられる志向性の違い

	日本語	英　語
動詞の種類	自動詞	他動詞
〈ナル〉vs.〈スル〉	〈ナル〉言語	〈スル〉言語
〈コト〉vs.〈モノ〉	〈コト〉的	〈モノ〉的
捉え方	（S—Oを含む大きな円、主観的）	（I—O の円と外部の S、客観的）

I＝私；O＝Object（対象）；S＝Speaker（話し手）
出所：筆者作成。

☞ あらためて考えてみよう

次の(9)は、英語が受動態で、対応する日本語は自動詞が使われている例です（女性が車に轢かれた後のシーンで）。

(9) a　"Was she killed?" / "Yes."（*The Great Gatsby*）
　　b　「女は死んだのか？」／「ああ」（村上春樹訳『グレート・ギャツビー』）

(9) a のように、英語では誰かが事故で死んだ場合は受動態が使われているのに対して、日本語では自動詞の「死ぬ」が使われています。このことは、表1の観点からどのように説明されるか、考えてみよう。

【Questions】

1．原書が英語である小説とその日本語訳を比較し、日英語における捉え方の違いが反映されている表現をみつけよう。
2．日本語の表現のなかで、同じ事態・物であるのに異なった捉え方がなされている表現を探してみよう。
3．英語の表現のなかで、同じ事態・物であるのに異なった捉え方がなされている表現を探してみよう。

【読んでみよう】
1．野村益寛『ファンダメンタル認知言語学』ひつじ書房、2014年。
　　日英語の捉え方の違いをやさしく説明してくれるとともに、興味深い例を多く提示し、分析方法の一端を示している。
2．池上嘉彦『英語の感覚・日本語の感覚―〈ことばの意味〉のしくみ』日本放送出版協会、2006年。
　　本章で扱ったトピックに関する分析では第一人者といえる著者が、専門外の学習者にもわかりやすく、豊富な例とともに英語と日本語のそれぞれの感覚を概説してくれる。

［岩崎真哉］

❖ コラム②　中国語の学習と文化背景の理解

　1章でみたように、現代の国際社会において、母語話者数が最も多いのは中国語である。日本国土交通省の2015年1月20日付けの発表資料によれば、2014年の中国からの訪日者数は、台湾、韓国からの訪日者数に次ぐ第3位で、約241万人となっている。香港、台湾も含め中国語圏で考えれば訪日者数は616万人で、実に全訪日者数1341万人の約46％にあたる。このような状況のなかで日本の観光業やホテル業界では、中国語を話すことができる人材が特に必要とされている。この社会的需要は今後も続くことであろう。ただ、ここで強調したいのは、中国語を学ぶ際には（他の言語でもそうであるが）、その言語の背後にある文化を理解しながら学習すべきだ、ということである。以下、具体例を2つあげながら説明しよう。
　筆者の姓は「黄」というが、私の学生が中国人の来客に「他是我的老師姓"黄"，黄色的"黄"（彼は私の先生で、黄とおっしゃいます。"黄"は黄色の"黄"です。）」と紹介してくれたことがあった。その学生は中国での留学経験があり、中国語に多少の自信もあって、自分の語学力を示そうと中国語を使ってみたのだろう。ところが、その中国人はそれを聞いた途端に爆笑してしまった。なぜなら、中国語での「黄色」には「ポルノ的・扇情的」や「嫌らしくて退廃的」といったマイナスの意味があり、人物の紹介などには決して用いられない語彙だからである。このように、中国語の「黄色」は中国人がもつ色彩への意識と関係しており、他の言語とは異なる特殊な意味合いを持っているのである。この「黄色」の意味は、ほとんどの中日辞書に必ず記載されているのに、具体性の強い語彙のため、その学生は辞書を調べ直すことをしなかった。ことばの意味をその背景の文化とともに理解していたのであれば、このような事態は避けられただろう。
　2つ目は、国家間レベルでの問題になりかけた事例である。1972年、日中国交正常化のために北京を訪れていた当時の総理大臣、田中角栄は、中国の首相、周恩来主催の歓

Ⅰ部　言語・文化から国際社会を考える

迎パーティーにおいてスピーチを行った。そのスピーチのなかで、田中角栄は「(中国国民に)多大なご迷惑をおかけした」と述べたが、この表現が「添了很大的麻煩」と通訳された。翌日、周恩来は「"添了麻煩"は、中国では『ちょっとしたやっかいをかけた』というほどの意味でしか使われないから、中国人の反感を招く」という主旨の発言をし、この訳語が当時中国で大きな波紋を呼ぶこととなったのである（矢吹晋「田中角栄与毛沢东谈判的真相」『百年潮』2004年第02期中共中央党史研究室編集）。筆者が手元にある4冊の日中辞典を調べたところ、4冊とも「迷惑をかける」の対訳としては「添麻煩」としか出ていない。これも相手の文化を意識せずに、日本語を中国語に逐語的に訳したために誤解が生じた例である。

　このような誤解は、日本語と中国語の間でだけではなく、その言語が使用される社会の文化背景や歴史などを理解せずに使用すると、どの言語にも起こりうることである。したがって、そのことを意識しながら外国語を学習しなければならないのである。

（黄志軍）

4章　アジアにおける児童英語教育

☞ 考えてみよう

　児童英語教育と一口にいうけれど、それは中学校・高校の英語教育とは中身が違うのでしょうか。なぜ、児童英語教育は世界中で注目されているのでしょう。また、児童英語教育の進め方や、目的としているものは、国によって違うのでしょうか。この章では、アジアにおける児童英語教育の現状と今後について考えてみることにします。

1 児童英語教育をめぐる背景

（1）日本にとっての英語教育

　英語を母語としない英語学習者にとっての英語を、ESL（English as a Second Language＝第二言語としての英語）とEFL（English as a Foreign Language＝外国語としての英語）の2種類に分けて考えてみたい。

　ESLとは、英語が第2の公用語、あるいは生活に欠かせないという環境の人にとっての英語である。たとえば、米国に住んでいる移民の人にとっては、英語はESLである。一方EFLは、英語をまったく必要としない環境下の英語である。日本は日本語だけで何不自由なく生活できる国なので、私たちはEFLを勉強していることになる。意識しなければ授業以外で英語を使う機会がほとんどないため、EFLを習得することは非常に難しい。必要に迫られており、普通に生活していても日々英語に接するという環境の人が簡単にESLを習得していくことに比べると、私たちは当然ながら不利である。中学校や高校の先生から、英語は家で毎日復習しなければいけないといわれたことはないだろうか。その理由は、週4時間や5時間の授業を学校で受けているだけでは外国語は絶対に身につかず、毎日接する必要があるからである。しかし、必要に迫られていないので、毎日家で英語学習をする生徒はあまりいない。これがEFLの不利な点である。さらに、日本は英語で書かれた文献、英語でつくられた映画などがすぐ邦訳されて出回るという高水準の翻訳文化を持っているた

め、英語を知らなくても不便を感じない。英語を習得する必然性を感じにくい文化なのである。日本の英会話教室の数は世界トップクラスであり、書店には英語習得のための本があふれている。これは、日本人は英語習得へのモチベーションが高いことのあらわれだが、同時にもう1つのことを意味している。それは、モチベーションが高くても挫折してしまうほど、日本人にとって英語の習得は難しいということである。

（2）なぜ日本人は英語が苦手なのか

　世界中には多くの言語があるが、もともと基本となる古い言語から派生したものが多い。そのために、異なる言語どうしであっても文法や文字が非常に似ているものがある。英語学習者の母語が、英語と同じインド・ヨーロッパ語族に属する言語であれば、母語の知識を活用して英語を習得することが容易である。英語とフランス語を例に考えてみよう。「私は私の部屋でコーヒーを飲みます。」は英語で「I drink coffee in my room.」であるが、フランス語では「Je bois du café dans ma chambre.」となり、語順が同じである。一方、英語の語順との共通点がほとんどない日本語や韓国語話者にとってはどうだろうか。英語には「私は」の「は」や「コーヒーを」の「を」という助詞がなく、「私　飲みます　コーヒー　中で　私の　部屋」のように、日本語とは語順も異なる。日本語話者や韓国語話者は、このように母語とかけ離れた言語を習得しなければならない。英語は教育するものではなく母語のように自然に習得すべきだと主張した『英語は絶対、勉強するな！』（鄭讃容著、日本ではサンマーク出版より翻訳が出版）という本が、韓国でベストセラーとなった。このなかには、日本人と同様に、英語に何度も挑戦しては挫折した韓国人の体験がつづられている。英語教育への苦手意識や抵抗感は、韓国と日本で共通したものがあるとわかる。

　日本人の英語力が世界水準のなかでも低順位であることについて、毎年 TOEFL（Test of English as a Foreign Language：外国語としての英語のテスト）の順位が注目され、さも近年の英語教育や日本人の学力低下が原因であるかのように論じられる傾向がある。しかし、もともと英語習得に圧倒的に不利である日本では、TOEFLスコアの順位が世界でも低かったのであった。

（3）なぜ児童英語教育が注目されたのか

　児童英語教育という正式な学問分野があるわけではない。日本では、児童英語教育と小学校英語教育とは同義であるが、国によって学制（日本では6・3・3制）や学校の呼び方も異なる。しかし、一般的に5～6歳頃から初等教育、12歳頃から中等教育が始まる国がほとんどなので、本章で小学校、中学校という言葉を使い、同じ概念で語ることに問題はないだろう。さしずめ児童英語教育は、英語でいうと「EFL of children」、「子どもの英語教育」あたりの表現に相当するであろう。

　つい最近まで、非英語圏のほとんどの国において、英語教育は中学校から開始された。グローバル化が進み、国際理解や国際競争のため英語の必要性が増すなか、特にEFLの国で、もっと低年齢の時期から英語教育を開始したら効果があるのではないかという発想が出てきたのは当然の展開である。一方、英語習得には有利であると述べたインド・ヨーロッパ語族の言語を使用する各国では、もともと英語教育は充実していた。ただ、そのなかにも英語を拒否していた国がある。フランスである。英語教育は中学校から開始しているものの、フランス人はフランス語に誇りを持っており、英語をあえて話さないという文化が長く続いてきた。そのようなフランスが英語教育重視に舵を切ったのは、世界のグローバル化の象徴といってもよい。フランスでは2007年より抜本的な教育改革が行われた。2011年に大阪で開催された日仏英語教育学会シンポジウムにおいて、フランス国民教育省英語総視学官は「このままではグローバル社会のなかでフランスだけが取り残されてしまう。フランス語にこだわっている時代は終わった。フランスは小学校1年生から英語教育を行い、生まれ変わる」と語っている。

　このような時代を迎え、近年経済成長の著しいアジア諸国、特にEFLの国で、児童英語教育は前例のないほどのスピードで展開していくことになる。

（4）児童英語教育の利点とは

　英語に限らず言語というものは、低年齢であるほど習得が容易であるといわれることが多い。特に発音や聞き取りに関わる音韻感覚の習得には「臨界期」があるとの考えがある。臨界期とは、子どもの脳が成熟する過程で、この時期

を逃すと言語の習得が効果的に行われにくくなる時期を意味する。たとえば、生まれたばかりの乳児は、生まれた言語圏に関係なく [l] と [r] の音の違いを聞き分けることができる。しかし、日本に生まれ日本語に囲まれて育った場合、[l] と [r] の区別をしないラ行の音に慣れてしまうため、徐々に聞き分けができなくなってしまう。中学生になり [l] と [r] の区別を学習しても、臨界期を過ぎているために習得に苦労する。日本人が [l] と [r] の聞き分け（発音）が苦手であるといわれるのはそのためである。

　何より、低年齢で英語教育を開始すれば、中学校や高校、あるいは大学卒業までに英語を学習する期間は物理的に長くなる（ただし、学習開始時期と最終的な英語力には相関がないとする研究報告もある）。

　さらに、児童英語教育という、従来存在しなかった分野が生まれることで、経済も活性化する。なぜなら、教員不足を補うための雇用の促進、教科書をはじめとする教材の出版販売の促進、そして英会話学校や塾の教育産業の成長興隆を期待できるからである。日本では「小学校で外国語活動開始」のニュースが報道された2009年ごろから、小学生の習い事の上位にはピアノに代わり、「英会話」がランキングされるようになった。その結果、ピアノを弾ける子どもが激減し、合唱コンクールの伴奏者がいなくなったという声が小・中学校の教員から聞かれるようになったほどである。小学校外国語活動は教科ではなく成績評価を行わないという位置づけだったにもかかわらず、保護者は「英語の授業についていけるように」と競って英会話を習わせたのである。小学生という年齢層は、保護者との関わりが中学生・高校生より大きいため、保護者が主体となった英語関連産業への需要は特に大きいと予想される。英語に自信のない保護者ほど、児童英語教育を歓迎し、子どものサポートにも熱心だという報告は、日本だけでなく諸外国でもみられる。とりわけ経済成長が著しい国では、富裕層のなかで１人あたりの子どもにかける教育費が激増しており、小学生留学も流行しつつある。経済やビジネスの面でも、児童英語教育は時代の要請と合致しているのだ。

4章　アジアにおける児童英語教育

表1　アジア諸国の小学校英語教育

	英語教育の位置づけ	概　要
インド	ヒンディー語と共に、公用語として小学校では教育言語の扱い	小1より毎日1コマ以上
マレーシア	公用語はマレー語だが、共通語として英語は以前から小学校で指導	1～3年生は週240分、4～6年生は週210分
シンガポール	第一公用語として、小学校では教育言語の扱い	母語と道徳を除くすべての科目で、教育言語として使用
フィリピン	フィリピノ語と共に、公用語として小学校では教育言語の扱い	他教科も英語で行い、1日5コマの英語授業
タ　イ	1996年より都市部の小1で開始	小1～3で年間500時間をあてる
ベトナム	1996年頃より都市部の小学校高学年から開始	都市部では小3で週2コマをあてる
インドネシア	1996年頃より都市部で小4から開始	週1～2コマをあてる
中　国	2001年より小3から開始	現在では小1から。都市によっては週5コマ
韓　国	1997年より小3から開始	2015年より小1から。高学年は週3コマの授業がある
台　湾	2001年より小5から開始	2005年より小3から開始
極東ロシア	2004年より小2から開始	高学年は週3コマ。小1から週5コマ行う特別学級もある
日　本	2011年より高学年で教科外の「外国語活動」として週1コマで開始	2020年より3・4年生で英語活動、5・6年生で教科化の予定

出所：本田信行「アジア諸国の小学校英語教育」『第13回小学校英語教育学会要綱集』2013年、100-101頁をもとに筆者が作成。

2 児童英語教育の今

(1) アジア諸国での児童英語教育

アジア諸国の小学校英語は、表1のように行われている。

インド、シンガポール、フィリピンでは英語は教育言語（授業で用いる言語）として扱われているため、英語科以外の授業も基本的に英語で行われている。表1をみると、英語が公用語ではないEFL環境の諸国では、1996年頃を境に一気に児童英語教育が推進されたことがわかる。1996年頃に児童英語教育を推進したアジア諸国と比較すると、日本は後発の諸国に入る。

（2）経済格差と英語教育

多くの国で児童英語教育が推進された1996年頃という時期は、特に経済成長を遂げたアジア諸国において、社会的格差が拡大した時期と重なる。社会的経済状況（SES＝Socio-Economic Status）と児童の学力には強い相関性がある。韓国では、小学生の成績上位10％の児童にかけられたひと月の平均教育費は10万ウォンを超え、下位20％の児童にかけられたひと月の平均教育費は4万ウォンだったという報告がある。中国で行われた調査では、保護者のSESと英語教育への態度・サポートの有無には相関があり、さらに、保護者の英語教育への態度・サポートが児童の英語力に影響を及ぼすことが明らかになった。保護者の持つ「学歴＋英語力＝将来の経済力」という認識は、そのまま小学生の英語学習へのモチベーションの向上へとつながっている。自律的に学習を行える認知的発達段階に達していない小学生は、保護者の教育に対する関心やサポートの度合いに影響を受けやすいのである。

SESと学力の相関は、特に英語において顕著であることがわかっている。英語ネイティブスピーカーと長時間接することのできる経済力や、都市部や私立の英語教育を実施している小学校へ行ける環境が有利に働く。そのため「英語は単なる1つの教科ではない。社会のあらゆる側面に影響を及ぼしている」と語る学者もいる。

（3）格差是正のための児童英語教育

教育とは本来、社会階層を流動化させる原動力である。どのような階層の子どもであっても平等に学校教育を受け、さらに本人の努力次第で高等教育を受けることで、自分の属する社会階層を変えることが可能である。これが教育の理想である。しかし、これまでみてきたように、特に英語という教科においては、教育が逆に階層を固定化する要因になっていることが指摘されている。危機感を高めたアジア諸国が、1996年前後を境に一斉に教育費予算を計上し、児童英語教育を制度化して、教育の機会均等をめざしたのはそのためである。韓国のように、その成果が着実に実を結び始めた国もあるなか、TOEFLに代表される日本人の英語力は、アジア諸国のなかで最下位が定位置となりつつある。このような世界情勢を反映して、日本でも児童英語教育が本格化し始めた

のである。2014年、文部科学省の有識者会議は、「小学校では英語を教科化し、将来的にはアジアでトップレベルの英語力をめざす」と提言した。日本人の英語力が世界レベルに追いつき追い越すために、児童英語教育には大きな期待がかけられているのである。

3 児童英語教育のこれから

　言語習得は低年齢から始めると有利であるが、英語のみが最優先される児童教育にはさまざまな問題がある。高校生・大学生が長期留学をしたり、英語のみで授業を受けたりする体験は重要であるが、近年ではそれらを小学生やそれ以下の低年齢の段階で開始する傾向がある。たとえば、中国と韓国の富裕層では、父親を自国に残して、母親が留学に同行してまで小学生を留学させるケースがある。日本でも、授業をすべて英語で行う小・中学校や、先生が英語しか話さない幼稚園などが人気を集めている。幼児期と児童期は、英語以外の教科はもちろんのこと、集団生活のなかで母語を通し他者と関わるなど、人格の基礎となる大切な体験を積む時期である。早期英語教育といえる動きが出てきてまだ年月が経っておらず、成果や課題の検証に至っていないのが実情であるが、英語以外の体験や学習をなおざりにした結果はどうなるのだろうか。評論家の茂木弘道は、「英語そのものに価値があるのではなく、何かの能力と合体して初めて価値を生むものだということが、忘れられている」（『文科省が英語を壊す』中央公論新社、2004年）と、現在の早期英語教育に警鐘を鳴らしている。中国では、大学入試で総得点における英語の比率を高くしすぎた結果、受験生が英語学習ばかりを優先し、他教科をおろそかにする傾向が成績にあらわれた。このために、英語の比率を見直そうという動きがあるという。立ち止まって教育そのものを俯瞰して再考することが大切となろう。

☞ あらためて考えてみよう

　これまでの日本の英語教育は、英米のジェスチャーやハロウィンの習慣を紹介するなど、英米文化理解教育の側面が強かったといえるでしょう。香港や中国では、英語の授業や英語使用時のために「ジョージ」「キャロル」などのイングリッシュ・ネームを持つことが一般的です。しかしその習慣も、英語ネイティブより非英語ネイティブの英語話者の数が上回り、英語が多様化する時代のなかでは違和感

があり、少しずつ姿を消しつつあります。公用語なみの英語教育を進めた結果、自国のアイデンティティ喪失の危険を感じ、マレー語重視へ方向転換をしたマレーシアのようなケースもあります。台湾や韓国では、儒教思想を盛り込んだ物語が小学校の英語教科書に登場しました。「非英語ネイティブの英語話者が増えるほど、脱英米文化・文化の再構築が進むのは確実である」と予告する学者もいます。世界中で、英米文化に憧れて英語を学ぶ時代は終わり、共通語を手に入れるという実利的な目的で英語を学ぶ時代に入っています。児童英語教育は、そんな時代を映す鏡といえるのではないでしょうか。

【Questions】
1．なぜ、日本人は中学校・高校・大学と6年以上英語を勉強しているのに、諸外国の人に比べて英語が話せないのだろうか？
2．アジア諸国の児童英語教育は、日本の児童英語教育と比べて、何が異なり、何が同じなのだろうか？
3．英語教育は英語のスキルを教えることだけが目的だろうか？　ジェスチャーや表情などを使って、ノンバーバルコミュニケーションをする力も大切ではないだろうか？　みんなで考えてみよう。

【読んでみよう】
1．本名信行『国際言語としての英語―文化を越えた伝え合い』冨山房インターナショナル、2013年。
　　こんなに「変種」が発生している言語は英語をおいてほかにないという。多文化共生社会の言語という視点で英語を捉えてみよう。
2．バトラー後藤裕子『日本の小学校英語を考える―アジアの視点からの検証と提言』三省堂、2005年。
　　米・ペンシルバニア大学で教鞭をとるバトラー先生が、東アジアの児童英語教育から日本の教育のあるべき道を教えてくれる。

［山本玲子］

❖ コラム③　中学校・高校の英語教師になるためには？

　中学校・高校の英語教師になるためには、大学で**教員免許**を取得しなければならない。教育学部でなくても、英語に関連する学部で教員免許を取得できる場合があるので、関心のある人は各自で調べてみよう。
　免許取得のためには、英語科教育法、英語学、英文学などの専門科目だけでなく、教育心理学、教職概論など、教育一般に関する科目も履修しないといけないため、免許を

取らない学生に比べるとかなり忙しい。中学校と高校では免許取得に必要となる単位数はあまり変わらないため、両方の免許を同時に取得するケースがほとんどである。さらに、中学校教員免許取得のためには1週間程度の介護等体験、そして中学校・高校免許取得のためには3～4週間の教育実習をする必要がある。介護等体験は介護福祉施設や特別支援学校で、教育実習は中学校か高校で、3年生か4年生の間に設定されている。そのうえで最終的に必要単位を取得すれば、特に資格試験を経ず、大学卒業と同時に教員免許が取得できる。卒業後は、各教育委員会に講師登録をして公立学校講師になる、各都道府県が実施する教員採用試験に合格して公立学校教諭になる、あるいは私立・国立の学校法人が独自で行う採用試験を受けて教員になる方法が一般的である。

　近年、文部科学省はコミュニケーション力重視の方針を打ち出し、中学校・高校では英語の授業を英語で行うことなどを推奨している。これを受け、教員採用試験では英語面接を実施したり、TOEICなどの外部試験のスコアを重視したりという動きが起こっている。英語教師には、文法や語彙の正確な知識だけではなく、実践的な英会話能力が求められているのだ。これからのグローバル社会のなかで、英語教師はより重要な、期待される仕事となっていくだろう。ただでさえ忙しい教職コースの学生だが、海外留学やネイティブスピーカーとの交流などを積極的に行い、たゆまぬ自己向上に努める姿勢が望まれる。

（山本玲子）

5章　リンガフランカとしての英語

☞ 考えてみよう

　現代の社会や経済はますますグローバル化しつつあるといわれます。そのなかで、英語は世界中で共通語として用いられており、地球語、世界語、国際語などと呼ばれています。それでは、世界の人々は同じ英語を話しているのでしょうか。世界ではさまざまな英語が話されているのが実情です。そうだとすると、それら異なる英語の話し手どうしは、互いに相手のいうことを理解できるのでしょうか。
　この章では、グローバル化時代における英語の特徴と、どのような英語を学ぶべきなのかを考えてみましょう。

■ グローバル化時代の英語使用の実態──英語を話す人々の多様化

（1）世界の英語事情

　グローバル化時代の現在、英語は地球規模での**リンガフランカ**（国際共通語）として最も優勢な言語であり、多くの国の異なる母語を話す人々によって、ビジネス、観光、外交、国際会議、社交などの場面で使われている。
　ブレイ・カチュルは、英語を話す人々を3つのグループに分けて同心円であらわした。中心に**母語として話される英語**（Inner Circle）、その外側に**第二言語として話される英語**（Outer Circle）、さらにその外側を囲む**外国語として話される英語**（Expanding Circle）がある。Inner Circle は、英国、米国などでこの英語環境を ENL（English as a Native Language：母語としての英語）と呼ぶ。Outer Circle は、シンガポール、インドなど元英米の植民地の国々で、英語は第二言語であり ESL（English as a Second Language）と呼ぶ。Expanding Circle では、英語は日常生活で使われない外国語であるため EFL（English as a Foreign Language）と呼ぶ。それぞれの英語は、独自の語彙、発音、文法構造をもち、人々のアイデンティティを表現するものになっている。
　デイビッド・クリスタルは、世界の4人に1人が英語で役に立つレベルのコミュニケーションができ、それぞれの同心円に属する人数を、3億2000～8000

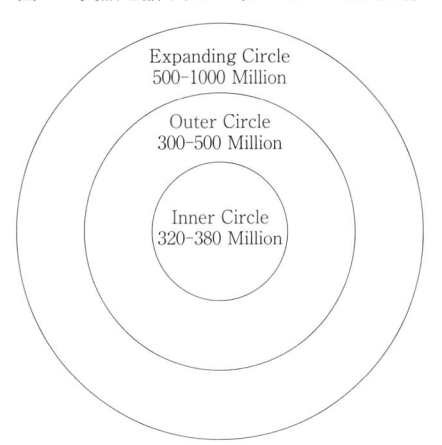

図1　英語を話す人々（カチュルの同心円）

```
         Expanding Circle
         500-1000 Million
           Outer Circle
           300-500 Million
             Inner Circle
             320-380 Million
```

出所：Braj B. Kachru, *The Other Tongue: English across Cultures*, University of Illinois Press, 1992. 同心円の人数は David Crystal, *English as a Global Language*, Cambridge University Press, 2003による。

万、3〜5億、5〜10億と見積っている。英語話者の大半は、ESL や EFL の複数言語話者であり、英語母語話者（ENL）とではなく、複数言語話者（ESL、EFL）とコミュニケーションの手段として使う場合が多い（図1）。

　一方で、英語が ESL や EFL として用いられるやりとりの約80% に、母語話者が関わっていないとも推測されている（Jürgen Beneke, "Englisch als lingua franca oder als Medium interkultureller kommunication", R. Grebing (ed.), *Grenzenloses Sprachenlernen*, Cornelsen, 1991, pp. 54-66）。たとえば、アジア地域 ASEAN の国々では、第二言語として英語が話されており、人々が母語話者よりも他の多言語話者と話す際に英語を使うことが多い（Andy Kirkpatrick, *English as a lingua franca in ASEAN: A multilingual model*, Hong Kong University Press, 2010）。ヨーロッパでも、英語は地域内共通語として最もよく用いられている（Barbara Seidlhofer, *Understanding English as a lingua franca*, Oxford University Press, 2011）。

（2）リンガフランカ（国際共通語）としての英語

リンガフランカとしての英語（ELF：English as a Lingua Franca）とは、「英語を第一言語としない人々が、コミュニケーションのための接触言語（Contact Language）として英語を使用する状況」である。ELF 話者は、ENL 基準と異なる言語形式をつくり出している。ELF は学習者言語とは区別され、英語を流暢に使いこなす話し手である（Jennifer Jenkins, *World Englishes*, Routledge, 2009）。ELF のほとんどの場面で、母語話者が参加していないため、ENL 規範とは異なる言語形式が発達している。それらは、コミュニケーション上の機能を果たしており、話者間の相互理解のために一定の役割を果たしているので、そこに ENL の規範をあてはめるのは不適切である。

例で考えてみよう。以下は、ELF コーパス VOICE に広くみられる現象である。ENL では、一般的に discuss は about が後ろに続かない。

> We discussed about who will come up with a press conferences who's going to be the host of the press conference so there were some topics…

このように discuss に about を続けることで、①処理時間を話し手・聞き手の双方に与える、②何について discuss しているかが明確になる、などの機能を果たしている。

一方、実は、discuss と近い意味を持つ動詞 talk、speak、chat、argue などには about が後ろに続く。discuss に about を続けることは、ELF における規則化（Regularization）のプロセスであり、産出・理解を助ける機能を果たしていると考えられる。

VOICE では、そのほかにも informations、advices、knowledges など、ENL で複数形にしない名詞を複数形にする例がみられる。これらの表現は、理解を促進する役割を果たしている。

（3）母語話者の問題

デイビッド・グラッドルは、母語話者が、グローバルな英語の発達を阻害する要因となりえると指摘した（David Graddol, *English Next: Why global English may mean the end of 'English as a Foreign Language'*, British Council, 2006）。これは

どのような問題なのだろうか。これを理解するために「イディオムの原則」と「慣習的表現の一方的使用」という概念を知ろう。

　ジョン・シンクレアはENLにおける「イディオムの原則（The Principle of Idiom）」、つまり「日常的にパターン化された用法や表現が発話の多くの割合を占めている」を唱えた（J. M. Sinclair, "Shared Knowledge", J. E. Alatis (ed.), *Georgetown University Round Table on Language and Linguistics*, Georgetown University Press, 1991, pp. 489-500）。ENLでは、イディオムの原則は会話参加者のオンライン処理の負担を減らす機能を果たす。たとえば、参加者はunforeseenという語が聞こえたら、それに続けてcircumstancesが来ると予測する。

　ENLでは、慣習的に使われている互いに慣れ親しんだ表現を使うことで、話し手は協力的に会話を進め、互いの理解が促進する。これは「**協力の規則**（The Cooperative Imperative）」と呼ばれる。一方で、慣習的表現は、社会的アイデンティティを共有していることや同じ集団のメンバーであることのあらわれであり、これは「**領域を護る規則**（The Territorial Imperative）」と呼ばれる。ENLでは、「イディオムの原則」が「協力の規則」と「領域を護る規則」とも関連している（H.G. Widdowson, *Learning Purpose and Language Use*, Oxford University Press, 1983）。

　ELFでは、会話相手に、母語話者がほとんど、場合によってはまったくいない場合があり、そのときイディオムの原則はうまく働かない。その状況で、「ENLでよく使われているがELFでは相手が知らない慣習表現」を用いることで会話相手の理解を阻む現象を「慣習的表現の一方的使用（Unilateral Idiomaticity）」と呼ぶ（Seidlhofer前掲書）。

　たとえば、非母語話者ばかりの会話で、アメリカ英語のhit the sack（寝る）やhit the road（出発する）といった表現を使うと、相手がそれを知らなければ相手の理解を阻害することになり、協力的に会話を進めているとはいえない。慣習的表現の一方的使用は①コミュニケーションを相互的なものでなくす、②相手に対する配慮を欠く、③自分の言語的慣習を相手に強いており友好的ではない、のような弊害がある。また、非母語話者どうしの会話でも慣習的表現の一方的使用は起こる。たとえば、母語話者の表現が優れていると思って使い、相手の理解を阻む場合である。

また、音声的にも、母語話者の英語のアクセントは、母語の音声の影響を受ける学習者にとって到達が非常に難しい目標である。

これらは、母語話者英語が学習モデルとして機能しにくいという問題をつくっている。

(4)「世界諸英語」(World Englishes) の発達——アジアの英語の例

先に述べた、外側の同心円 (Outer Circle) の国々では、元植民地の国々で英語を話す土壌があり、独自の英語変種が発達している。そして、①独自の文法、②独自の発音、③母語の影響を受けた語彙・表現・イディオムなどの点で代表的な ENL の国々である英米の英語と違いがある。

以下では、シンガポールで発達した独自の英語をみていこう。そこでは、多くの土着語・母語が存在し（マレー、タミル、中国語の方言〔福建語、潮州語、客家語など〕、標準中国語）に加え、国民どうしの相互理解のために英語がリンガフランカとして使われている (David Deterding, *Dialects in English: Singapore English,* Edinburgh University Press, 2007)。

〔シンガポール英語〕
　①複数形
　　標準英語では複数形にしない語を複数形と扱う
　　　例　so I bought a lot of erm furnitures from IKEA.
　② Will を日常的によく行うことを描写する際に使う
　　　例　at night we will…most of us will go to … mosque…and … we have to pray.
　③ be 動詞の省略
　　　例　English movies I guess more varieties.
　④ already を完了形の have の代わりに完了を表すのに使う
　　　例　My baby speak already.
　⑤反復
　　　例　Then as Yuk-Lum suggested we went to Singapore River to walk walk.
　⑥付加疑問文はすべて is it または isn't it を用いる(上)／Right を付加疑問として用いる(下)
　　　例　he think I want to listen to his story is it?
　　　例　that's the primary school I'm posted to, right… er…　don't know…
　⑦前置詞をつけるところにつけない(上)／前置詞をつけない箇所につける(下)

例　I didn't really subscribe any magazine previously.
　　　例　I will not discuss about the level of courtesy exhibited by the average Singaporeans.
　⑧主語の不在
　　　例　because during … school time φ hardly had time to watch any movies.
　⑨トピックフロンティング
　　　例　magazines, OK, er I I … I didn't really subscribe any magazine previously.
　⑩ lah を語尾につける
　　　例　shopping-wise, nothing much to buy there lah basically.

2 グローバル化時代に身につけるべき英語とは

(1) 目的に応じた英語を学ぼう

　グローバル化時代のなかで、英語は世界中でリンガフランカとして用いられている。そして、英語の母語話者よりも第二言語や外国語として話す人々のほうが圧倒的に多い。

　この状況のなかで、私たちは英語を誰に対して、何のために使うのだろう。また、どのような英語を学習すべきなのだろう。

　学習目的が、ENL の国に留学や移住をして勉強や仕事をするためであれば、地域語としての英語（ENL の英語）を学べばよいだろう。一方、必ずしも母語話者ではない相手とビジネス、国際会議、交渉、交流、観光などで英語を使うことが目的であれば、リンガフランカとしての英語を学べばよい。そこでの、「通じやすさ（intelligibility）」ということを考えると、母語話者の規範に必ずしも縛られないことが必要になってくる。

　リンガフランカとして英語を使う場合には、通じやすさと、必要に応じて機能することが大切になる。そうであれば、母語話者の発音や文法から多少はずれても通じやすい発音や文法を許容してもよいのではないか。また、母語話者にしか通じない表現を用いるより互いが理解し合える表現を使うほうがより現実的かつ有益ではないか。

　ただし、これは母語話者の規範をすべて無視するという意味ではない。母語話者の文化を反映した英語を完全に切り離すことは不可能である。また、これは英語の音声や文法の学習を軽視するということでもない。英語学習では基本

的な文法や音声の学習は大切である。

(2)「通じやすさ」を重視して英語を学ぼう

　母語話者の能力基準に照らすと、世界中のほとんどの ELF の使用者はそれぞれの目的のため効果的にコミュニケーションをとれるのにもかかわらず、能力不足と判断されてしまう。ほとんどの非母語話者は英語を話す際に、母語アクセントを持った英語を話すことを避けることができない。それなのに母語話者の規範に従わなければならないという目標を設定するならば、いくら通じていても音声的に「未完成」や「間違った」英語という烙印を押すことになる。だが、英語をリンガフランカと捉えるなら、母語に影響を受けたアクセントは通じやすい限り問題がない。

　ヨーロッパや ASEAN の国々では、英語がリンガフランカとして広く使われている現状の学術的分析が進んでいる。また、「通じやすさ」を重んじた英語の教え方の模索も始まっている。音声や文法の点で研究・検討の結果、英語教育のシラバスに対する提案もある。重点を置くべき項目はわかりやすさに影響する項目であり、「通じやすさ」に影響を与えない項目については、あまり時間を割く必要がないだろう。

(3) リンガフランカとしての英語の言語的特長を知っておこう

　音声面からの分析として、リンガフランカコア（核）(LFC) がある。これは、「通じやすさ」をもとにして教えるべき英語の発音側面を検討したもので、シラバスに取り入れることを狙っている。LFC では、必要十分な発音項目に絞り込み、シラバス項目数を減らして学習者の負担を減らすことを狙う (Jennifer Jenkins, *The Phonology of English as an International Language,* Oxford University Press, 2000)。

　その分析では、伝統的に教えられる音声側面のうち、6つは ELF では不要か役に立たないと主張される。すなわち、①母音の質、②弱形、③コネクティドスピーチ、④ストレスタイムのリズム、⑤語の強勢、⑥ピッチの動き、である。このなかで、たとえば、シラブルタイムの言語を母語とする話し手のほとんどが、シラブルタイムで話された英語のほうが理解しやすいと感じた研究を

もとに、非母語話者が英語を話す際にシラブルタイムで話すことの利点があるという。そして、あえてストレスタイムを使わないで、シラブルタイムで英語を話すことを学習者に奨励している。

広く ELF が使われている ASEAN の人々の英語を分析し、地域に共通した発音の特徴をリストアップすると以下のようになる。①子音連結の脱落、②摩擦子音 /θ/ を /t/ と発音、③長母音と短母音の融合、④無声破裂音 /p//t//k/ の気息の脱落、⑤ /ei//əʊ/ 2 重母音の短母音化、⑥弱化母音を使わない、⑦代名詞に強勢を付与、⑧発話の最後の語に強勢を付与。このなかで、意味の誤解につながるような項目は、長母音と短母音の区別をしない現象だけで、これ以外の発音項目については、意味の伝達において支障は起こりにくい（David Deterding and Andy Kirkpatrick, "Emerging South-East Asian Englishes and Intelligibility", *World Englishes*, 25, 2006, pp. 391-409）。

文法面では、「通じやすさ」に影響しない項目は時間をかけないでもよいとする研究もある。たとえば 3 単現の s を使うべきところで使わなかったり、過去形にすべきところで現在形の動詞を使っても文脈や過去をあらわす副詞があり、時制が明らかな場合には間違いを気にしすぎないでよい。また、可算名詞と不可算名詞の区別は、ELF では luggages、advices、informations などの複数形が多く用いられるので間違いとしなくてもよい。さらに、mention about、discuss about などのような前置詞 about の使い方は、世界諸英語や ELF でよく用いられる形式であり気にかける必要はない（Kirkpatrick 前掲書）。

☞ **あらためて考えてみよう**

　英語は、現在のグローバル化した国際社会のなかでは人々が母語話者と話すためだけではなく、第二言語や外国語として話す人々どうしの間で最も広くコミュニケーションのツールとして使われており、今後ますますその傾向が強くなっていくと予想されています。英語は、ヨーロッパでは、たとえば、フィンランド人とドイツ人とスペイン人が一緒に話す際にリンガフランカとして用いられています。アジアにおいても、母語が異なるタイ、シンガポール、インドネシア、ベトナムの人々に国際共通語として使用されています。ビジネスで、日本人がヨーロッパや東南アジアの国で現地スタッフと一緒に仕事や交渉をする際には、英語がリンガフランカとなることが多いのが実情です。このように、現代の国際社会で重要な役割を果たしている英語を身につけることが、国際社会で活躍するために必要な条件の 1 つなのです。

その際、私たちはどのような英語を身につけるべきでしょうか。この章でみてきたように、「リンガフランカとしての英語」を身につけることが１つの選択肢です。その場合は、「通じやすさ」に大きな支障がなければ、文法、音声、表現などの間違いを気にして、いいたいことや伝えるべきことを伝達・主張できないよりも、伝えたいことを伝えられているかに注意を払いつつ、積極的に英語を用いてコミュニケーションをとる姿勢が大切になります。そして、英語学習の際には、第１に基本的な英語の知識（意味をわかりやすく相手に伝えるために必要な文法、発音、語彙などの知識）を身につけ、そのうえで達成不可能な母語話者の英語を身につけないでも伝えたい内容が相手に伝えられればよいという姿勢がよいでしょう。また、世界にはさまざまな特徴（音声・語彙・文法など）をもつ英語が現実に使われていることを認識し、互いの英語を認め合い尊重することが大切です。世界中の英語話者との「通じやすさ」を重んじた英語を身につけることが、現代の国際社会で通用するコミュニケーションの手段を身につけることになるのです。

【Questions】
1. 現在、英語を用いているのはどのような人々なのだろうか？
2. 母語話者の問題とは何か？
3. リンガフランカとは何か？　また、リンガフランカとしての英語を学ぶとは、どのようなことに注意を払って英語を学ぶことなのだろうか？

【読んでみよう】
1. 鳥飼玖美子『国際共通語としての英語』講談社現代新書、2011年。
　　英語に対するパラダイムシフト（考え方の大転換）は必要だろうか。国際社会における英語の変容とあり方について考えてみよう。
2. 末延岑生『ニホン英語は世界で通じる』平凡社新書、2010年。
　　世界にはそれぞれの特徴をもった「訛り英語」がある。「ニホン英語」も「世界諸英語」の１つと捉え、日本人らしく英語を話すとはどういうことなのかを考えてみよう。

［多田昌夫］

❖ コラム④　ポライトネス（politeness）理論──円滑な人間関係を築くために

友人との次のような会話を想定してみよう。

You:　I can't find my wallet.（財布がみつからないよ）
Friend:　You lost your wallet?（なくしたの？）
You:　Yeah, I lost all my money.（うん、持っていたお金を全部なくした）

Friend: Really?（本当？）
You: I'm sorry to have to ask you for money, but do you think I could borrow 5000 yen until Monday?（お金のことで頼んで悪いんだけど、月曜まで5000円借りることはできる？）
Friend: 5000 yen?（5000円？）

上記のような友人との会話でみられるように、会話者が何を表しているかを研究する専門分野は語用論と呼ばれる。言い換えると、語用論とは、話し手と聞き手との関係で、実際の言語使用の場面において、どのように言語が使用されるのかを研究する分野である。上の例は、5000円ものお金を貸してくれるよう友人にお願いをし、友人に負担を強いている場面である。英語では、友人の負担を軽減するために、まず会話の最初で"I am sorry to impose"（「無理をいって申し訳ありませんが」）や"I'm sorry to trouble you"（「ご迷惑をお掛けし申し訳ありませんが」）と丁寧にいうことがある。

このような相手にお願いをするような行為は、ブラウンとレビンソンの**ポライトネス理論**では、相手の「フェイス（face）を脅かすような行為」と呼ばれている（P. Brown and S. C. Levinson, *Politeness*, Cambridge University Press, 1978）。フェイスには2つの側面があり、「他者と距離をおきたい」という「ネガティブ・フェイス（negative face）」と、「他者との距離を縮めたい」という「ポジティブ・フェイス（positive face）」がある。前者は、たとえば、お金を貸してほしいとか、音がうるさいと不満をいうように、相手に負担を強いるような社会的行為を指す。そして、相手への負担を配慮した言い方が「ネガティブ・ポライトネス（negative politeness）」と呼ばれているものである。私たちは、このネガティブ・ポライトネスを使うことで、相手への抑圧的な行為を緩和することができる。具体的にいえば、慣習的に間接的な丁寧表現（Could I ...?）や非慣習的な間接的表現（"I forgot my wallet."のようなほのめかし）がよく使われる。このように、ネガティブ・ポライトネスを通じて相手の負担を軽減し、スムーズに会話をすることで、対立を避けることができるのだ。

一方で、相手の外見や行動に共感したり褒めたりするような行為は「ポジティブ・ポライトネス（positive politeness）」と呼ばれる。たとえば、"That's an awesome album! I like that artist, too."（「それは素晴らしいアルバムだね。僕もその歌手好きなんだよ」）のように、相手の興味に関心を示す文において、ポジティブ・ポライトネスはみられる。

以上のように、私たちは（コミュニケーション関係のなかでの）衝突を避けるために、言語の表現を工夫して、円滑な人間関係を築こうとしているのである。

（ジャック・バロウ）

6章　文化的覇権としての英語

☞ 考えてみよう

　国際学は、英語圏で発展した学問分野です。そのスタートといわれるE・H・カー（原彬久訳）の『危機の二十年』（岩波書店、2011年）やハンス・モーゲンソー（原彬久訳）の『国際政治』（岩波書店、2013年）は、ともに原著は英語で書かれ、それぞれ英国と米国で刊行されています。それ以来、国際学ではさまざまな理論展開と論争のほぼすべてが英語でなされました。また、ほとんどの著作や論文も英語で発表されてきました。皮肉なことに、この学問が英国・米国の視点に偏っているという批判でさえ、英語でなされてきたのです。

　この章では、国際学が英語圏の学問であるということ、英語を通して国際関係を学ぶこと、そして英語を使って国際的に発信していくことの意味とは何かについて、考えていきましょう。

❶ 文化的覇権と言語

（1）国際学＝英語圏の学問

　国際学という学問自体が英語圏を主とするものであることは、大学内での学部構成にもあらわれている。英語圏での国際関係学科などは、ほとんど国際関係の博士号を持つ者で構成されており、それ以外の学問領域を専門とする研究者が学部構成員となることは非常に稀である。これに対して、日本をはじめとする非英語圏の国際関係学科（国際系学科など）は、さまざまな研究領域の研究者が混在しており、経済学、政治学、社会学、開発学などの社会科学はもちろん、西洋文学、文化人類学、歴史学、言語学などといった人文科学の研究者が構成員となることも珍しくない。これは、国際関係の博士号を持つ者の絶対数が少ないという問題とともに、国際関係という学問それ自体がどの程度、独立したものとして受け入れられているのかという問題とも関わっているのであろう。そのため、日本において、国際学＝英語圏の学問というイメージが必ずしも受け入れられているとはいい難い。国際関係の学部・学科で英語を学ぶのは単に「国際」的に活躍するためのツールとして必要であるから、という印象を

大学生が持ったとしても不思議ではないのである。

　しかしながら、国際学は明らかに英語圏の学問であり、これまでの主要な研究者のほとんどが英語圏の出身もしくは英語圏で教育を受けた者であることもまた事実なのである。

(2) 国際学と英語の覇権

　特定の言語で物事を語るという行為自体、「特定の思考パターン、特定の文化、特定の真実についての言説が優位にある」ことを意味している（J. Friedrich, *European Approaches to International Relations Theory*, Routledge, 2004, p. 8）。国際関係は学問としての初期から英語によって展開してきた。このことは国際関係のスタートといわれるカーの『危機の二十年』のなかですでに触れられている。イギリスの覇権とその衰退について議論を進めながら、カーは次のように述べている。

> 権力はあらゆる政治秩序の必然の要素である。歴史的にいえば、世界社会に向かう過去の足跡はすべて、つねにただ一強国の権勢から生み出されたものである。十九世紀、イギリス艦隊は大戦争の回避を保証してくれただけでなく、公海の治安を維持しあらゆる国に等しく安全を確立した。ロンドン金融市場は事実上世界のために単一通貨本位制を確立した。……英語は四つの大陸のリンガ・フランカ［商人などが用いる混成国際語］となったのである。（カー『危機の二十年』岩波書店、2011年、437頁）

この状況は覇権の衰退とともに必然的に変化する。

> 以上のような状況は、イギリスの覇権から生まれたものであると同時に、それを保証するものであった。……国際秩序という実用的な仮説をつくったのは、一つの支配国である。したがってこの支配国の相対的ないし絶対的衰退とともに、その仮説もまた打ち壊されていったのである。イギリス艦隊は、もはや戦争を防ぐほど強力ではない。ロンドン市場は限られた地域でしか単一通貨本位制を実施できないのである。……もし英語がこれまでのその優位を維持し強化してきたとするなら、それはイギリスと他の有力国が英語を共用しているという事実のせいなのである。（カー、前掲書、438頁）

　国際学が英語で展開してきたという事実は、このように現実の国際関係における権力関係を反映している。この状態は現在でも明らかであり、イギリスの

代表的な理論家であるクリス・ブラウンははっきりと英語が国際学の主要言語であると述べている（C. Brown, "Development of International Relations Theory in the UK", *International Relations of the Asia-Pacific*, 11（2）, 2011, p. 310）。これはカーが述べているように、イギリスからアメリカへ覇権が移ったことにともなって、国際学もその中心をアメリカに移動させたことによる（S. Hoffman, "An American Social Science", *Daedalus*, 106（3）, 1977）。

実際、現在の世界において国際学を学ぶ場合、アメリカを主とする英語圏に留学することが非常に多い。日本においてはそれほどではないにしろ、韓国においては英語圏で取得した博士号がなければ大学に職はないといわれるほどである。こうした状況は必然的に大学でなされる講義にも影響を与える。国際学の講義は、多くの国々において英語で行われるか、もしくは英語の教科書を使って行われる。その背景には、国際学の教科書の不足が考えられるが、英語を通した国際学の受容は世界的に「国際」という概念自体が特定の主体像（それは個人主義的な利益極大を求める合理的経済人が前提となっている）を基礎としてつくられていくことを意味する（O. Wæver, "The Sociology of a Not So International Discipline", *International Organization*, 52（4）, 1998, p. 721）。

国際学の教育が英語を通して行われるのと同様に、その研究もまた英語を通して行われる。世界的に影響力を持つ学術雑誌は、ほとんどが英語で発刊されており、アジアにおける国際学のジャーナルをみても、主要な学術誌は英語で書かれた *International Relations of the Asia-Pacific* や *Pacific Review*、*Chinese Journal of International Politics* などである。なお、最近の日本の国際政治学会では、英語での研究発表が増えてきており、今後もこの傾向はさらに強くなっていくことであろう。

2 言語帝国主義 vs. 多様な英語

(1) 国際学が英語に支配されるということ

それでは、国際学が英語によって支配されているということは、どのような意味を持っているのだろうか。まず考えられるのは、特定の言語による教育・研究を通した「特定の真理の優位化」である。英語が前提とする利益を極大化するような個人主義的な主体像が前提となることは、国際社会を利己的な人々

の集団とみなすことを意味し、実際にそれは現代の国際学のイメージとして定着しているといえる。そこでは利他的な主体像は存在しない。自国の主権の維持と利益の極大化が国民国家の規範として設定されており、実際に現代の国際関係はこの主体像をもとにかなりのところを説明できる。これが、国民国家というものが元々そういうものなのか、それとも英語を通して国際学を学んだ人々によって理論が具体化したものなのかについては、議論の余地のある問題であろう。しかしながら、少なくとも英語による国際学の展開が利益極大化をめざす主体に影響を与えているであろうことは容易に想像できる。

(2) 英語の呪縛から解放される際の問題点

では、英語に支配されている国際学は、その呪縛を解くことができるのだろうか。もし英語を通した世界像から抜け出すということのみを考えれば、異なる言語を通して世界をみることによって呪縛からの解放は可能となるはずである。しかし、ここには2つの問題がある。すなわち、新たな世界像を構築するための概念それ自体が英語の国際学からの援用とならざるをえないという問題と、新たな世界像を国際的に発信する方法が英語しか存在しないという問題である。

第1の問題は、世界をみる私たちの眼それ自体がすでに英語圏の国際学の影響をすでに受けてしまっているという点であるが、これは私たちが持つ現代世界は国民国家によって成り立っているというイメージがその代表的な例である。海外で「あなたはどこから来たのですか？」という質問に、「守口市からです」というように市町村単位で答える人はほとんどいないであろうし、逆に「アジアからです」というような国民国家を超える地域単位で答える人も少ないだろう。一般的には国民国家単位、すなわち「日本からです」もしくは「韓国からです」というように答えるのが普通である。これは、世界はまず国民国家という単位に分割されるというイメージによるものである（もちろん、現在においては「東京からです」もしくは「京都からです」というように、国際都市の名前を使うことも可能となっていることも事実である）。

この問題は同時に、発信という局面にも影響する。すなわち、国際関係について何らかの新しい発見、理論の展開、研究の進展があったとき、それを世界

に向けて発信する方法が英語に限られるため、その新しい展開自体を英語という特定の言語構造にあわせる必要が出てくるのである。たとえば、日本の研究者が「真実」という言葉を使いたい場合、英語では「truth」という言葉を選ぶことになるであろう。しかし「truth」は、「真理」という意味も持っているため、英語の読者に対して具体的な「真実」なのか、抽象的な「真理」なのかを提示する必要が出てくる。しかし、上記のように、言葉は強く人々の認識に影響を与えるため、もともと「truth」の峻別が難しい英語を母語とする人々に日本語での認識を強制することとなり、これは非常に難しい作業とならざるをえない。

　このように、国際関係を学ぶうえで英語を使用するのであれば、特定の言語にあわせて研究者自身を調整しなければならない。そのため、ある国の常識や普遍性が世界的な常識や普遍性となることもしばしばであり、それ以外の言語に基づく考え方が否定されてしまう。これが**言語帝国主義**と呼ばれるものである。

☞ あらためて考えてみよう

　私たちは、言語帝国主義を乗り越えることができないのでしょうか。現実的にいえば、日本語で国際関係について海外に発信することはほぼ不可能です。しかし、日本語をベースとした認識や考え方を「間違った」英語で発信する方法は可能です。それを「間違い」とするかどうかは、その時々の時代状況によっても変化すると思われますが、少なくともこの「間違った」英語をあえて使うべきとする考え方もあります。これは「**世界諸英語**（World Englishes）」と呼ばれる理論で（本書の5章を参照のこと）、英語には「間違い」というものはないと主張するものです（B. B. Kachru, *The Other Tongue*, University of Illinois Press, 1992）。すなわち、重要なのはコミュニケーションであって、特定の「正しい」英語を話すことではないという考え方です。この世界諸英語の考え方からいえば、そこで話される英語は話者の母語によって強い影響を受け、そのためこのような「間違った」英語が流通し繰り返し話されることによって「正しい」（少なくとも理解される）英語となります。つまり、英語は変化するのです。

　もし、この世界諸英語の考え方が正しいとすれば、これは同時に英語圏の常識が世界的な常識とみられてきた国際学にも大きな影響を与えることになるでしょう。つまり、英語圏の常識とは異なる前提からの世界観を提示し、「間違った」英語（これは後々「正しい」英語に変化する可能性がある）で発信を続けることによっ

て、新たな国際学が展開される可能性があるといえるのではないでしょうか。ここに、言語と国際学の非常に興味深い関係がみられると思うのです。

【Questions】
1．国際学＝英語圏の学問であること、それはどのような意味をもっていますか？
2．英語と言語帝国主義の関係は、どのような関係にありますか？　みんなで話し合ってみよう。
3．あなたは、「世界諸英語」について、どのように考えますか？

【読んでみよう】
1．E・H・カー（原彬久訳）『危機の二十年』岩波書店、2011年。
　　国際学の古典的名著。国際社会の秩序と英語の覇権をあらためて考えさせてくれる。ただし、初心者にはやや難しい。
2．猪口孝『国際関係論の系譜』東京大学出版会、2007年。
　　日本を含む非西洋圏の国際関係理論は存在するのかを検討している。また、国際学と地域研究との関係も取り扱っている。

［清水耕介］

❖ コラム⑤　スワヒリ語の生成と展開

〔スワヒリ語に関する基本的な知識〕
　現在、世界中で話されている言語の数は5000～7000あるとされ、その数の約1/3はアフリカ大陸にあるが、大部分は話者の数が数万人に満たない少数言語である。そのような多言語の地域で、少なくともサブサハラアフリカにおいて共通語と同様の役割を果たしているのが、スワヒリ語である。では、スワヒリ語はどのようにして、そのような地位を占めるようになったのであろうか。
　スワヒリ語は、ニジェール＝コンゴ語族の最大グループをなす、いわゆるバントゥ語に属している。ニジェール＝コンゴ語族は、アフリカ大陸において一番広く話される言語を構成するばかりでなく、同時に、姉妹言語の数においては世界最大の語族であるとされている。その言語の数は1500あるいは1650と数字に幅がある。少なくともアフリカにおいて、およそ1500もの異なるニジェール＝コンゴ語が話されていると考えられ、その話者は3～5億人と概算されている。
　そのバントゥ語族については、ヴォルタ＝コンゴ語族のなかのベヌエ＝コンゴ語派の大部分を構成しており、それがゆえにニジェール＝コンゴ語族のうち、大西洋コンゴ系の主要部分を成している。これに関する研究成果によると、バントゥ語族を構成する言語の数は250から600と大きく異なる。よって、バントゥ語の話者の言語状況を考慮すれ

53

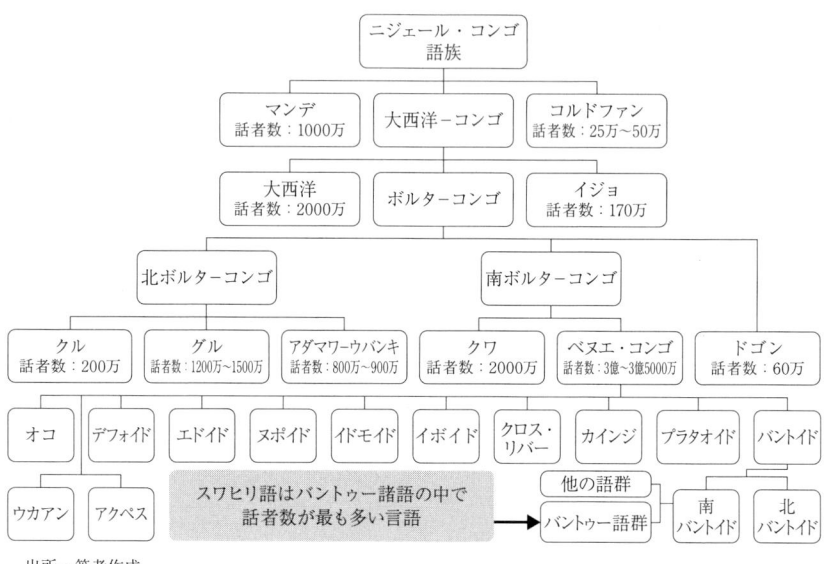

Ⅰ部　言語・文化から国際社会を考える

図1　ニジェール・コンゴ語族とスワヒリ語の位置

```
                          ニジェール・コンゴ
                              語族
        ┌───────────────────┼───────────────────┐
      マンデ              大西洋－コンゴ           コルドファン
   話者数：1000万                              話者数：25万〜50万
        ┌───────────────────┼───────────────────┐
      大西洋              ボルターコンゴ            イジョ
   話者数：2000万                               話者数：170万
                ┌───────────────────┴───────────────────┐
             北ボルターコンゴ                        南ボルターコンゴ
    ┌───────────┼───────────┐           ┌───────────┼───────────┐
   クル         グル      アダマワ‐ウバンキ         クワ      ベヌエ・コンゴ       ドゴン
話者数：200万 話者数：1200万〜1500万 話者数：800万〜900万  話者数：2000万 話者数：3億〜3億5000万 話者数：60万
┌──┬──┐                                    ┌──┬──┬──┬──┐
オコ デフォイド エドイド ヌポイド イドモイド イボイド クロス・   カインジ プラタオイド バントイド
                                        リバー
┌──┐                                              ┌─他の語群─┐
ウカアン アクペス      スワヒリ語はバントゥー諸語の中で    →  バントゥー語群  南     北
                    話者数が最も多い言語                     バントイド バントイド
```

出所：筆者作成。

ば，数字が大きく変動する可能性は否めないが，現在のバントゥ語の話者を2億人と見積もることはできよう。

　ところでスワヒリ語は，バントゥ諸語のなかで最も広く使用される言語である。最新の研究によると，スワヒリ語は最北バントゥ語のなかのサバキ・グループに属すとされる。少なくとも5000万人の話者が第一言語あるいは第二言語としてスワヒリ語を話すことが一般に認められている。しかしこの数字は，7500万人にもなる可能性もある。そしてこの数字は，一般的に，スワヒリ語が共通語であると考えることができる数字とみなされる（図1）。

〔スワヒリ語の勃興について〕

　5000万人以上の話者の存在するスワヒリ語は，地球上で話される6000の言語のなかで最も広く使用される24言語の1つに数えられる（他の言語はアラビア語，ベンガル語，広東語，英語，フランス語，ドイツ語，ヒンディー語，イタリア語，日本語，ジャワ語，韓国語，マレー・インドネシア語，北京語，マラーティー語，ポルトガル語，パンジャブ語，ロシア語，スペイン語，タミル語，テルグ語，トルコ語，ベトナム語，呉語などである）。

　そのスワヒリ語は，アフリカ大湖沼から東へと移動したバントゥ語話者たちが，アフリカ東海岸に辿り着いたことによって発生したと考えられている。遅くとも9世紀以

図2　スワヒリ語の出現と拡大

凡例：
- スワヒリ語の出現した地域
- スワヒリ語が公用語である国
- スワヒリ語が通商語である地域
- → スワヒリ語の拡大

出所：筆者作成。

降、スワヒリ語が東アフリカの沿岸都市で話されていたことが知られている。

　スワヒリ語がこの地で形成されたことは、名前そのものに明示されている。"Swahili"という単語はアラビア語の /sāḥil/（沿岸）という単語の複数形 /sawāḥil/ の形容詞形であり、「沿岸の」または「沿岸の人々」という意味である。スワヒリ語ではスワヒリ語のことを 'Kiswaḥili' といい、これは「沿岸の言語」もしくは「沿岸の人々の言語」を意味する。

　そして、タンザニアやケニアの国語であるスワヒリ語は、ウガンダ、ルワンダ、ブルンジ、コンゴ民主共和国の東部、インド洋の島国コモロ連合、そして準自治国家のザンジバルにおいても広く話されている。さらに少数ながら、エチオピアやソマリの南部、モザンビークやザンビアの北部、マダガスカルの北西部でも、使用されている。東アフリカの沿岸線部と、特に北部のアラビア語、ペルシア語、トルコ語、ヒンディー語を使用する国や共同体の間には何世紀にもわたる交流があったのである。

　その結果、こうした言語からスワヒリ語に、かなりの数の借用語が流入することになる。接触をもった言語から、数多くの語彙項目だけではなく、同時に音素も借用したことは、スワヒリ語の特徴の1つとなり、スワヒリ語は他のバントゥ諸語のなかでも特異

55

な言語となったのである。また植民地時代が始まるとスワヒリ語は、ポルトガル語、ドイツ語、英語などヨーロッパ言語からも単語や音素を借用した。しかし、なかでもスワヒリ語に著しい影響を及ぼした言語は、アラビア語である。

　成立当初はごくわずかな共同体の言語でしかなかったスワヒリ語であるが、非常に短期間で今日の世界における数少ない主要言語の1つとしての地位を手にした。その原動力のうち、特に重要な点は、東アフリカ沿岸線が旧世界の最も強力な文明と最も発展した経済ネットワークのなかに存在したことである。1200年間、外部から来た他の言語を話す商人、軍人、探検家、巡礼者、移住者、学者、植民地開拓軍、宣教師、平和部隊従事者、国際援助組織などが、この地域での活動と共同体とのコミュニケーションのために、1つの共通言語を必要とした。そしてスワヒリ語はこの必要性に応えることにとどまらず、同時にアフリカの他の共同体との関係のなかで次第に支配言語の地位を確立していった（図2）。

〔スワヒリ語の発展―アッカド語や英語との関連で〕
　スワヒリ語の発展の例について、アッカド語や英語の発展との対比のなかでみてみたい。アッカド語は、紀元前2371年にサルゴンによってメソポタミアの北方で設立された王朝の言葉であり、およそ500年の間、当時事実上の世界言語であったシュメール語を徐々に押し退けて、メソポタミアだけではなく果てしなく広いエジプト新王朝（紀元前1570-1070）までの共通語になった。現在世界の共通語となっている英語も、チョーサーの時代の終わりまで、つまり14世紀の最後の四半世紀まで、地方言語の1つでしかなかった。これが、社会経済的変化により、16世紀ごろには他の方言すべてに優る地位に立っていた。

　スワヒリ語も発生当初は、東アフリカ沿岸とその付近の島々以外では話されることのない比較的小規模な言語であった。この言語は、先植民地時代からあらゆる方向に広がりをみせ始め、とりわけ植民地時代にその速度は増す。はじめは、沿岸部タナ川デルタ地帯周辺から垂直方向に、まず南へ向かって発生、展開した。しかし、遅くとも19世紀には、沿岸部から西へ、アフリカ大陸の内陸部へと拡張を始める。こうして、ある意味では自身の祖先であるバントゥ語族が辿ってきた道程を逆戻りすることとなったのだ。

　このスワヒリ語の拡大・発展の過程について、他の2言語（アッカド語、英語）の発展過程と同様に、地域における社会経済的変化が重要な役割を果たした。この要因のなかでも、特に宗教の役割について強調されるべきであろう。スワヒリ語の歴史の舞台への登場と、イスラム教がイベリア半島から中国に至るまでの広大な地域において1つの世界的宗教へと発展する動きは、時期的に一致しているからである。イスラム教のアフリカ東海岸地域の人々との接触は、主としてスワヒリ語によって実現した。また、キリスト教の宣教師がアフリカで活動したときもこれと同様であった。

　スワヒリ語のアフリカ大陸内部への普及過程を3つの段階に分けることがある。それ

によると、最初の段階は、普及の原動力は「貿易」である。スワヒリ語がサブサハラの共通語へと向かう最初の基盤はキャラバン隊のルート上に敷かれた。第2段階の特徴的な原動力は、キリスト教の宣教活動である。ドイツ宣教師とイギリス宣教師はともに、地域の人々にキリスト教の布教という目的実現のためには、スワヒリ語が貴重な道具になるであろうと考えた。第3段階は植民地時代であり、1890年より1961年の植民地独立まで続く。ドイツおよびイギリスによる「植民地統治」は、スワヒリ語がサブサハラアフリカの共通語として拡大する過程において最も中心的な役割を果たしたのである。

（アブドゥルラッハマン・ギュルベヤズ）

7章 先住民マオリの言語・文化と教育運動

☞ 考えてみよう

　もし先住民としてある国に生まれていたら、どのような学校に通い、どのような教育を受けていたでしょうか。

　自分たち民族の豊かな言語と文化を継承しつつ、さらにそれらを豊かにしながら、自らの出自に誇りを持ち、社会で自立して生きていく——そんな子どもたちの育成を願い、いまから約30年前、ニュージーランドでは先住民マオリの就学前教育施設（幼児のための教育施設）と学校が誕生しました。

　こうした先住民の就学前教育施設や学校は、どのような民族の歴史を背景に、どのように開設されたのでしょうか。また、先住民の人々が自分たちの言語・文化を守り発展させる過程には、どのような困難が伴いうるのでしょうか。

1 ニュージーランドの植民地化と先住民マオリの哀しみ

（1）先住民マオリの人々

　マオリの人々は、ニュージーランドが19世紀にイギリスの植民地とされる以前、14世紀までにカヌー船で移住してきたとされる先住民である。現在は全人口の14.9％（2013年）を構成している（Statistics New Zealand, *2013 Census QuickStats about Māori,* 2013, p. 5.）。

　イギリスの植民地とされて以降、土地や約束されたはずの権利も奪われるなど、先住民マオリは長らく苦悩の歴史を余儀なくされてきた。

　学校ではマオリ語を話すことを禁じられ、自分たちの文化は尊重されず、学業成績は低いことを当然視され、社会でも不利な立場に追いやられる可能性が高かった。

（2）植民地化を決定づけた条約の矛盾

　マオリの人々に哀しみの歴史をもたらした植民地化は、どのように進められたのだろうか。

　ニュージーランドがイギリスの植民地となったのは、イギリスがマオリの部

族首長たちと**ワイタンギ条約**を締結した1840年のことである。

　条約は、マオリがイギリスに「主権」を譲渡すること、そしてそれと引き換えに、イギリスがマオリによる部族の土地などの財産所有を保護することを定めていた。ところが多くの首長たちは、この条約の原文英語版ではなく、マオリ語に翻訳された文書に署名した。

　マオリ語翻訳版のなかでは、「主権」という重要なキーワードに「kawanatanga」という音訳語が用いられた。マオリ語の kawana は英語の governor（統治者）の音訳語であり、これは日本語でいえば、いわばカタカナ表記に変えたようなものである。他方、マオリの財産所有を保護する条文には、部族の自治権が維持されることを示唆する訳語（rangatiratanga）が用いられた（内藤曉子「未来への指針」『国立民族学博物館研究報告』別冊21、2000年）。

　条約の締結を急いだイギリスの側から、マオリにとっては馴染みの浅い「主権」なるものを譲渡することについて、充分な説明はなされなかった。

（3）なぜ植民地化を受け入れたのか

　マオリ語版に署名した首長たちはしかし、後に自分たちが不利益を被ることになるワイタンギ条約になぜ署名したのだろうか。

　当時のニュージーランドには、マオリの人々と良好な関係を築いていた宣教師がいた一方で、マオリの土地を不当に買い漁ろうとするイギリスからの入植者やその他の外国人がはびこり始めていた。また、マオリの部族間にも、相互に争いが絶えなかった。

　宣教師たちはマオリの人々に、ワイタンギ条約を締結することでパクス・ブリタニカ、つまり産業革命を経て飛躍的な発展を遂げたイギリスの繁栄と平和を享受できるようになると助言を行った。イギリスが統治を行うことで、悪徳入植者の取り締まりが強化されるとも説かれた。

　条約に締結することでマオリの首長たちは、入植者からも敵対部族との争いからも守られ、首長の権威と権限は維持されるか、もしくは上昇・拡大することが期待されたのである（C. Orange, *The Treaty of Waitangi*, Allen & Unwin, 1987）。

Ⅰ部　言語・文化から国際社会を考える

（4）植民地化による哀しみ

　しかし現実には、条約のマオリ語版で守られていたはずの自治権ばかりか、条約の存在自体が植民地政府にも法廷でもないがしろにされるようになっていった。マオリの人々は、条約に記されている自分たちの権利を訴えようにも、訴えが公正に扱われる機会を手にすることさえ難しくなった。

　権利を回復する闘いは一世紀以上続けられ、ようやく一応の成果をあげることになったのは、アジア・アフリカ地域の旧植民地が次々に国として独立を遂げるとともに、人権意識が世界的に高まった1970年代以降のことだった。

　他方、ワイタンギ条約締結からまもなく制定された「教育条例」は、英語による教授を学校への政府助成の条件とし、その後に国が設置した「原住民学校」でも教授言語は英語とされた。しだいにマオリ語は、学校内で禁じられる言語となり、使用がみつかれば体罰が行われることもあった。

　英語教育をはじめ西洋文化を強制する同化政策が一世紀以上続けられるなか、マオリ自身の主体的な西洋化や都市化とも相まって、マオリ語を話せる人は著しく減少していった。そして、ついに1970年代には、マオリ語の消滅が現実味をもって懸念されるようになったのである。

2 教育を通じた言語の復興と文化・歴史・伝統の継承

（1）言語の復興を賭けた就学前教育施設と学校の開設

　マオリ語が消滅してしまうということは、マオリの知識や文化が失われることにつながる。危機感を抱いたマオリの親たちは、マオリ語を復興させるために、マオリ語のイマージョン（英語を排しマオリ語のみを使用する）教育を行う就学前教育施設、「コハンガ・レオ（Kōhanga Reo：「言語の巣」を意味する）」を開設する運動に取り組んだ。このとき、親の世代の第一言語はすでに英語へとシフトしており、マオリ語の使用はままならない状況に陥っていた。

　しかし幼いマオリの子どもたちは、新たな教育環境で流暢なマオリ語を習得していった。施設数は瞬く間に増加し、1982年の開始以降10年の間に、就学前教育施設に通うマオリの子どものうちの約半分にまで広がった。

　しかし、コハンガ・レオを巣立つ先には、英語を教授言語とする小学校しかなかった。そのため、子どもたちはせっかく流暢に話すようになったマオリ語

をすぐに忘れてしまう。そのような状況のもと、あらためて親たちの草の根運動によってつくられたのが、マオリの文化と思想に基づく学校「**クラ・カウパパ・マオリ**（Kura Kaupapa Māori）」だった（伊藤泰信『先住民の知識人類学』世界思想社、2007年）。

写1　子どもたちが帰った後の教室

出所：筆者撮影。

（2）正規の公立学校へ

　クラ・カウパパ・マオリの第1校目は、1985年、オルタナティブな学校——つまり既存の一般的な学校とは異なる私設校として創設された。

　しかしその直後にニュージーランドは、過去に例をみない教育制度の大改革を経験する。それは、子どもを入学させる公立学校を親が自由に選択でき、自分たちが求める公立学校を新たにつくることもでき、公立学校の運営には親や住民たちの参加を義務づけるという改革だった。自立と選択と競争を促す**新自由主義**の改革として世界的に知られる「明日の学校」改革である。

　改革によってクラ・カウパパ・マオリも、正規の公立学校として制度化されることになった。そしてマオリの親たちはここに、学校を開設するために必要な土地や建物や設備の費用も、授業料も負担することなく、自分たち先住民のための学校に子どもを通わせる自由を手にしたのである。

　先住民マオリの言語を復興させるための運動は、マオリによるマオリのための学校教育が公的に保障されるという重要な成果とともに、先住民マオリの文化・歴史・伝統をも次世代へと継承していく道すじを得るに至ったのである（写1）。

☞ あらためて考えてみよう

　先住民マオリの人々が自分たちの文化、伝統、思想をもとに新しい学校をつくることには、困難も伴いました。たとえば、誕生から約30年経た現在でも、教材や教員の数は不足しており、マオリ語を母語とした世代は高齢化してきているのです。

また、一連の教育運動は、国を分断する「分離主義」、自分たちの規範以外を許容しようとしない「原理主義」、高学歴で富裕層マオリのための「エリート主義」ではないかなどといった批判も浴びせられてきました。
 こうした事態に国は、今後どのような公的支援を進めるのが望ましいのでしょうか。また、一連の運動に対する批判は、運動の担い手であるマオリの人々に、どのような対応を迫るものなのでしょうか。

【Questions】
1．ニュージーランドの植民地化はどのように進められたのだろうか？
2．先住民マオリの人々は、植民地化によってどのような哀しみを経験したのだろうか？
3．先住民学校はどのような経緯でつくられ、どのように公立学校となったのだろうか？

【読んでみよう】
1．池本健一『ニュージーランド A to Z』丸善ライブラリー、1998年。
　　ニュージーランドの風土や社会などについてコンパクトにまとめた書。
2．鎌田遵『ネイティブ・アメリカン―先住民社会の現在』岩波新書、2009年。
　　「インディアン」とも呼ばれてきたアメリカ先住民の歴史と現在について深く学べる書。

[中村浩子]

8章　日本語の敬語表現を使いこなす

☞ **考えてみよう**

　近年、国際社会では、地球環境やエネルギー問題、経済的な相互依存、紛争などの国家的な問題のほか、民間団体や個人が交流し、国境を越えた行き来が飛躍的に増大し、それは同時に、コミュニケーション活動にも拡大の様相がもたらされています。また今後、こうした地球規模での往来はますます盛んになることが予想され、世界各国の接点のあり方が変貌するなか、それぞれの言語が担う役割の変化に対する対応が必要となります。

　ことばに関していえば、人々は国際語（英語）の必要性が増す一方で、自国の文化を守るべく、母語の尊重が強く求められる時代が訪れています。言い換えれば、多言語が求められる時代であるからこそ、日本人が日本人としてアイデンティティを保持するために、これまで以上に自国語である日本語の普及と保護に力を入れた言語教育が必要である時代が到来しているのです。

　この章では、こうした国際社会の情勢を意識し、現在、日本社会で広がりつつある誤った敬語の使用について考えます。

　さて、私たちは、自身の考えや心情を伝え、相手に理解してもらうために「ことば」という道具を仲立ちとして使っています。言い換えると、コミュニケーションが成立するためには、話し手（表現者）と聞き手（理解者）が共通ルールのもとでことばを使っていることが大前提となっています。しかし、共通のルールは不変ではありません。ことばのルールはそれを使用する人の正誤の認識によって、「誤用」の域にとどまるか、「変化」へと移行するかが分かれるのです。それでは、敬語の基本をまず理解することから始めましょう。

1 敬語の基本

　敬語は、一般的に(a)尊敬語・(b)謙譲語・(c)丁寧語の3つに分類されてきたが、平成19年に文部科学大臣の諮問を受けた文化審議会は、新たに謙譲語Ⅱと美化語とを特立させて、(a)**尊敬語**（「いらっしゃる・おっしゃる」型）、(b)①**謙譲語Ⅰ**（「伺う・申し上げる」型）・②**謙譲語Ⅱ**（「参る・申す」型）、(c)①**丁寧語**（「です・ます」型）・②**美化語**（「お酒・お料理」型）の5種類に分けるという「敬語の指針」を答申して、従来よりも詳しく解説している。

表1　尊敬語の特定形

普通語	特定形
する	なさる　される
いる	いらっしゃる
言う	おっしゃる
行く	いらっしゃる　おいでになる
来る	いらっしゃる　おいでになる　お越しになる　お見えになる
見る	ご覧になる
着る	お召しになる
やる	くださる　賜る
れる	くださる　賜る

出所：筆者作成。

（1）尊敬語（為手尊敬）

　尊敬語は、動作や行為を行う主体（＝為手）側への敬意や配慮を表すことばで、為手尊敬ともいわれている（表1）。

　⑴　（お客様は）ケーキを召し上がっている。
　⑵　（お客様は）ケーキをお食べになっている。

　⑴「召し上がる」と⑵「お食べになる」は、ともに「食べる」という語の尊敬語で、動作の為手であるお客様に対する敬意を表している。特定の語を除いては、「お（ご）〜になる」「お（ご）〜くださる」などの広くさまざまな語に使用できる表現を使って尊敬語をつくることができる。そして、いくつかの語については、⑴「召し上がる」のような尊敬語専用の表現（特定形）も存在するほか、「言う→おっしゃる」「行く→いらっしゃる」のように特定形しかない場合がある。

（2）謙譲語（受け手尊敬）

　謙譲語は、話し手（＝自分）側の動作や行為をへりくだって述べることによって、結果的に動作や行為の受け手側への敬意や配慮を表すことばで、受け手尊敬ともいわれている（表2）。

　⑶　（私は）明日、先生にお目にかかる予定です。

表2　謙譲語の特定形

普通語	特定形
する	いたす（→実際に使用する際は「いたします」）
いる	おる
言う	申し上げる　申す（→実際に使用する際は「申します」）
聞く	うかがう　承る　拝聴する
行く	うかがう　参る（→実際に使用する際は「参ります」）
来る	うかがう　参る（→実際に使用する際は「参ります」）
見る	拝見する
やる	あげる　さしあげる
らう	いただく　頂戴する

出所：筆者作成。

(4) （私は）昨日、先生にお会いする予定です。

(3)「お目にかかる」と(4)「お会いする」は、ともに「会う」という語の謙譲語で、動作の受け手である先生に対する敬意を表している。特定の語を除いては、「お（ご）～する」「お（ご）～いただく」「～ていただく」などの広くさまざまな語に使用できる表現を使って謙譲語をつくることができる。そして、いくつかの語については、(1)「召し上がる」のような尊敬語専用の表現（特定形）も存在するほか、「言う→申し上げる」「見る→拝見する」のように特定形しかない場合がある。

次に、(5)(6)の例をみてみよう。

(5) （私は）明日、イギリスに参ります。
(6) もうすぐ、バスが参ります。

(5)と(6)の「参る」はともに、(3)と(4)のように動作の受け手に対して敬意をはらっているのではなく、聞き手や読み手である相手に対する配慮として表現を丁重にしている。先にあげた「敬語の指針」では、(3)と(4)を謙譲語Ⅰ・(5)と(6)を謙譲語Ⅱ（丁重語）として区別している。

(3) 丁寧語（聞き手尊敬）・美化語

丁寧語は、文末に「です・ます」「でございます」などをつけて、事柄や文

章を丁寧に述べることによって聞き手に直接に敬意を表すことばで、聞き手尊敬ともいわれている。

(7) 雨が降っています。
(8) お天気が気になります。

(7)「ます」と(8)「お天気」は、ともに動作や行為に関わる人物に対する敬意を表しているものではなく、話し手が聞き手（読み手）に配慮した表現である。「敬語の指針」では、(7)を丁寧語、(8)を**美化語**と区別し、前者は「話や文章の相手に対して丁寧に述べるもの」、後者は「ものごとを、美化して述べるもの」と解説している。

2 誤　用

次に示す下線部の表現は、しばしば耳にする表現であるが、誤っている。どういう点で不適切なのかを考えてみよう。

① 社長は午後3時に<u>お戻りになられ</u>ました。
② 「先生、昼休みは研究室に<u>おられ</u>ますか？」
③ 花に水を<u>あげる</u>。／ペットに餌を<u>あげる</u>。
④ <u>ご乗車できません</u>。

（1）二重敬語

①は、「お戻りになる」と尊敬の助動詞レルを重ねた表現で、敬語の使い過ぎ、すなわち、**二重敬語**になっている。適切な表現は、「社長は午後3時にお戻りになりました。」となる。

（2）謙譲語＋尊敬語

②の下線部「おられる」は、「居る」という動作を行う主体＝先生に対して敬意を表そうとした表現と考えられ、居るの謙譲語「おる」＋尊敬の助動詞レルと分析することができる。このように捉えると、「おられる」は、**謙譲語＋尊敬語**という表現形式で、先生に対する話し手自身の態度に矛盾が生じている表現ということになるが、例文②のように、丁寧語的な用法が発達・拡大しつ

つあるという実態が見受けられる。しかし、現時点では、「先生、お昼休みは研究室にいらっしゃいますか？」という表現が望ましい。

(3) 尊敬語と謙譲語の混同

③の「あげる」は「やる・与える」の謙譲語である。つまり、「花」や「ペット」に対して敬いの態度を表明していることになるので、この場合は「やる・与える」を使うのが適切である。すなわち、「花に水をやる。／ペットに餌を与える。」である。

また、④のように「お（ご）～できません。」という表現を耳にしたことはないだろうか。しかし、この表現も誤用である。「お（ご）～できません。」の肯定形「お（ご）～できる」という表現は、「お（ご）～する」という謙譲語Ⅰの可能形であるので、基本的には④も謙譲語の一種である。したがって、動作を行う主体（例えば、お客様）に対する敬意を適切にあらわすためには、次のように尊敬語を使った表現にする必要がある。すなわち、「ご乗車になれません。／ご乗車いただけません。／ご乗車はできません。」である。

敬語に関する誤用はこれらのほかにも数多く存在している。敬語は難しくて苦手であると思っている人も多いかもしれないが、社会人になると敬語を使いこなす必要性は学生時代よりも格段に増える。しかも、年齢の上下だけでなく、ウチとソトという関係を顧慮したその時々の立場や場面に即した使い分けが必要となるため、敬語の使い分けは複雑になり、一層難しく感じるようになるといってよい。まずは、敬語の使い方の基本をマスターし、日常生活において今から敬語を使用する場面を増やすなかで、敬語のトレーニングをしていくことが大切である。

☞ **あらためて考えてみよう**

ここであらためて、文化審議会の答申「敬語の指針」で示された「敬語を使う時の基本的な考え方」で中核となる事柄をおさえておきましょう。

最も基本となる敬語使用の考え方は、A「現代の敬語はお互いを尊重し合うことを基本として使う」ということです。とはいうものの、B「敬語は過剰になることを避け、適度に使う」ということに留意する必要があります。また、C「敬語の使用は社会人としての常識を持っている自分自身を表現する」という側面があるの

I部　言語・文化から国際社会を考える

で、敬語は自分自身の尊厳を確保するという点でも軽んじることはできない重要な日本語表現の1つなのです。

　そして、国際化を推し進めようとしている現代日本には、今後、外国人旅行者や留学生が一層増加することが予想されますので、日本語の誤用を避けることはこれまで以上に重要な課題となるでしょう。そして、コンビニエンスストアなどでよく耳にする「千円からお預かりします」といった――マニュアル敬語と呼ばれたりする――誤用は、近年拡大しつつあり、なにがしかの対策が求められるところです。

【Questions】
1．「尊敬語」は誰に対して向けられる敬意や配慮なのでしょうか？
2．「謙譲語Ⅰ」と「謙譲語Ⅱ」とはどのように異なるのでしょうか？
3．敬語の誤用例をみんなでいくつかあげてみましょう。

【読んでみよう】
1．佐竹秀雄『敬語の教科書』ベレ出版、2005年。
　　　敬語は、「行く」の尊敬語が「いらっしゃる」・謙譲語が「伺う」であると覚えても、どういう場合に使うかが理解できていなければ使いこなせない。本書は、第1部では敬語を体系的に学習できるように知識を整理しつつ、第2部では実際の場面で使いこなすことができるように「なぜそうなるのか」を解説し、さらに、第3部では敬語が変化してきた様相や地域差など、一歩進んだ敬語の研究成果まで詳しく解説している。
2．菊地康人『敬語再入門』講談社学術文庫、2010年。
　　　本書は、敬語全般にわたって必要な知識が漏れなく体系的に得られるように、全体を「Ⅰ　敬語のあらまし」「Ⅱ　尊敬語の要所」「Ⅲ　謙譲語の要所」「Ⅳ　丁寧語の要所」「Ⅴ　各種敬語の整理」「Ⅵ　賢い敬語・不適切な敬語」「Ⅶ　敬語のあれこれ」「Ⅷ　敬語の変化とバリエーション」に分け、Q＆A形式によって解説している、入門にも再入門にも適している一書である。

[村田菜穂子]

❖ コラム⑥　マニュアル敬語

　マニュアル敬語とは、バイト敬語・ファミコン言葉などともいわれ、現代社会における誤用としては比較的新しく、かつ、近年かなり注目を浴びているものである。そして、マニュアル敬語は、普段の接客場面で使用される、日常性の高い敬語であるため、日本にとどまらず、日本を訪れた外国人旅行者もマニュアル敬語を耳にする機会は非常に多い。

ここで、今あらためてマニュアル敬語の使用について注目したのは、マニュアル敬語がコンビニエンスストアやファーストフード店などの接客場面以外で使用されている、つまり、使用領域が拡大している場面に遭遇したからである。
　それは、「オレオレ詐欺」についての場面である。オレオレ詐欺と見抜いたある老人が警察と連携して犯人を逮捕するために犯人から再び掛かってくる電話を待ち受け、まさに、その電話に出たところを録画した映像のなかにマニュアル敬語としてこれまで何度も話題となってきた表現が使われていた。

　（犯人）「○○さんのお宅でよろしかったでしょうか。」

　電話を掛けた先が間違いなく自分が掛けようとしていた家であるか、これは誰しもが確認する内容で、こうした内容確認行為そのものに何もおかしなところはない。おかしいのは「～でよろしかったでしょうか」という表現で、本来ならば、「○○さんのお宅でしょうか」というのが正しい表現である。
　若い世代の人たちは、アルバイトでの経験を通して知らず知らずのうちにマニュアル敬語になじんでしまっていることが少なくない。いま使っている表現が正しいのか否かを一度振り返って考えてみる——こうした態度を身につけることがとても大切なのである。

〔問題がある表現と指摘されているマニュアル敬語の例〕
　1．お弁当の温めはよろしかったでしょうか。
　2．千円からお預かりします。
　3．お箸のほうをお持ちしました。
　4．これが食後のコーヒーになります。
　5．取り皿は1つで大丈夫ですか。
　6．本日は水道工事のため、お休みさせていただいております。
　7．ご注文（の品）はお揃いになりましたでしょうか。
　8．（受付で）お名前をいただけますでしょうか。

（村田菜穂子）

❖ コラム⑦　世界で一番難しい言語は何語だろうか？

　1992年8月30日の『日本経済新聞』によれば、かつて日本の外国語学校がこんな疑問に答えようとしたことがある。結果は「日本人にとって難しいのがロシア語とタイ語、やさしいのがインドネシア語」というものだった。これは、主に文字がローマ字かどうか、文法規則が複雑か、発音の種類が多彩かどうか、を基準として出された答えだった。

また、外国語習得が苦手な民族の代表はアメリカ人と日本人だといわれていたこともある。アメリカ人は、国際社会では多くの人が英語を使うために外国語習得の必要性を感じなかったから、日本人は、島国で外国人との接触が少なかったから、ということがその主な理由として語られてきた。しかし、以上は根拠の乏しい話だ。同じ島国でも、イギリス人は、世界中に植民地を持って英語の普及に努力し、それを実現させたのだから。

　さて、日本人は、難しい言語を母語とするから外国語が苦手なのだろうか。そもそも日本語は本当に難しい言葉なのだろうか。アメリカ国務省は、外交官養成にあたって、外国語習得に要する時間を基準に難易度を決めて、外国語教育プログラムを策定している。そこでは、アメリカ人にとって最も習得困難な言語は日本語、アラビア語、北京語、広東語、韓国語の5言語だとしている。では、その5言語が世界で一番難しい言語なのだろうか。

　それは、実は一概にはいえない。日本の外国語学校の例は「日本人にとって」という前提をもとにしており、アメリカ国務省の例も「アメリカ人にとって」ということを大前提として難易度を語っているからだ。

　難易度については、しばしば複雑か単純か、規則的か、という点が判断基準とされる。ロシア語などスラブ人の言語は固有名詞すら格変化するし、用言の語形変化の多様さは英独仏語などよりはるかに複雑で、日本人には驚異的だ。タイ語の文字は、表音文字だが、ひらがなの「ね・わ・れ」のように、字体の凹凸や円を書くところなどのわずかの差が文字の区別に不可欠な指標となっていて、憶えるのに苦労する。さらに、発音も有気・無気や声調が重要で、それを間違うと鶏と卵が混同されてしまうなど日本人にはとても難しい。一方、これらの言語に比べ、文法の変化も少なく、ローマ字が使われているインドネシア語は、習得までに要する時間が圧倒的に短い。日本語は、発音が英語の300分の1ともいわれ、世界的にまれなほど単純だから、難しいとはいえないはずだ。だが、そのために同音異義語が多くなっている。音の単純さが語彙の理解の困難を生んでいるのだ。

　日本語が難しいといわれるとき、決まって漢字が取り上げられる。文字数の多さ、画数の多い複雑な字体、未・末や口・日・白などまったく異なる意味の語の字がよく似ていること、読み方の不規則さ、の4点がその主な原因だろう。

　しかし、漢字圏の人々に限っていえば、はじめの3点は難点ではなく、困るのは、「生」について「いきる、はえる、うむ、なま、き、セイ、ショウ」などとさまざまな読み方があることだ。さらに「ビール」に「麦酒」と字を当てるなど、意味がわかればその文字の発音はどうでもよいと考えて使っている日本人の漢字の使い方も困難を増す。

　ある言語の難しさは、学習者の母語が何かによって、まったく異なってくるのである。「誰々にとって」という前提を考えずに、〇〇語は難しい、とはいえないのだ。つ

まり、世界の誰にとっても難しい言語があるとはいえない。人の母語によって、難易度は大きく異なるのだ。ある特定の言語について、それを世界で一番難しいと考えることは無意味なのである。一方、難しさは、時に興味を呼ぶ。「やけど」を「火傷」と書くことを知り、漢字に興味を示す学習者は多い。私たちは、何語の何が複雑で日本人にとって何が厄介なのか、と具体的に考えながら、その難点にこそ面白さを感じて、外国語学習に取り組みたいものだ。

（松井嘉和）

Ⅱ部

地域から国際社会を考える

夕日を浴びながら談笑するザンジバル（タンザニア）の人々。ザンジバルは昔、奴隷貿易の拠点だった＝撮影：シラクラス

アジア から考える

ハノイ（ベトナム）の人々の多くはバイクで通勤・通学をする＝撮影：シラクラス

9章　他宗教と共に生きる──インドネシアを中心に

☞ **考えてみよう**

　ニュースでは毎日のように世界各地での宗教紛争について報じられています。確かに宗教には自分の信じる神や教えだけが真理だと主張する傾向があります。そんな宗教どうしが出会えば、お互いに自分の正当性を主張して争いになるのはやむをえないことなのでしょうか。

　でもちょっと待ってください。実際に宗教紛争が起きている地域は限られています。他の多くの地域ではさまざまな宗教の信者がともに平穏に暮らしているのです。ここではさまざまな宗教が共存する国の1つ、インドネシアをとりあげ、自分とは違った宗教と上手に付き合うための知恵を学んでみましょう。

■ 多民族国家と宗教

（1）インドネシアはどんな国？

　インドネシアは東南アジアの赤道直下に広がる島国であり、1万を超える島々に2億人以上の人々が暮らしている。バリ島やボロブドゥール遺跡などの観光地、オラン・ウータンやラフレシア、コモド・ドラゴンなどの動植物、そして最近ではナシゴレンなどの料理の名前を聞いたことがある人もいるだろう。熱帯の豊かな資源や生物はこの国の最も誇りとするところである。

　日本との経済的関係も深い。インドネシアからは天然ガス・コーヒー・エビなどさまざまな地下資源や農産物・海産物が日本に輸入されている。一方、インドネシアのどこへ行っても道路には日本の自動車やバイクがあふれているし、コミック、アニメ、ゲームなどのサブカルチャーの人気も高い。最近では秋元康総合プロデュースによる女性アイドルグループ、JKT48（ジャカルタフォーティーエイト）も大きな話題になっている。

　インドネシアの広大な領域に散らばった島々ではそれぞれ固有の文化が育まれてきた。だから、それらの島々を統一して成立したインドネシア共和国はきわめて豊かな多様性を持っている。何しろ話されている言語だけをみても700

以上あるのだ。

(2) 外来宗教を受け入れた島々

インドネシアは日本と同様、アジア大陸の周辺に浮かぶ島国であり、古くから周辺文明の影響にさらされてきた。ただ、日本より西に位置するインドネシアではインドやアラビアの文明の影響に直接的にさらされた点が大きく違う。

ヒンドゥー教がインドネシアに伝えられたのは、紀元前後頃インド商人たちがこの地を訪れるようになってからのことだとされる。文字や暦などの知識と結びつきながらヒンドゥー教の影響はこの島々で暮らす人々の生活のなかに深く浸透していった。15世紀くらいまでの間に、インドネシアの各地にヒンドゥー教や仏教を土台とした王朝が続々と誕生し、プランバナンやボロブドゥールなどの遺跡がこの時代に建造されている。

7世紀、アラビア半島でムハンマドによって創唱された**イスラーム**は11世紀頃からインドネシアに伝えられ始めると、急速に拡大していった。15世紀になるとジャワ島でもイスラーム王朝が建国され、ヒンドゥー教に代わってこの列島を代表する宗教となった。

西欧列強の手が直接この地におよんだ17世紀以降には**キリスト教**も伝えられた。しかし経済的利益を優先する植民地政府の政策もあって、その影響は限定的で、主に山岳地帯のイスラーム化していなかった人々に受け入れられるにとどまった。

現在、インドネシアで暮らす2億以上の人々のおよそ85％がイスラームの信者である。世界最大のイスラーム信者が暮らす国としてもよく知られている。残りの15％のうち最も多いのはクリスチャンで、およそ10％、ヒンドゥー教、仏教、儒教の信者は合計して5％程度となっている。ただし、人口が2億人と非常に多いので、10％といっても2000万人にのぼるクリスチャンがいることになり、無視できない勢力であることには注意が必要である。

(3) 独立と「宗教国家」の形成

インドネシアは長い間オランダによる植民地支配を受けていた。太平洋戦争下の1942年日本軍によりインドネシアは占領され、数年間、日本の統治下にお

かれる。日本の敗戦を受けてただちに独立を宣言、オランダとの独立戦争を経て1948年国際的にその独立が認められることになった。これをもって、多様な文化を持つ島々が1つの独立国家インドネシア共和国の領域に組み込まれることになったわけである。

　人口の大半がイスラーム信者であるインドネシアには、イスラームを国教とするイスラーム国家になるという選択肢もあった。しかしすべての国民の統合を優先したこの生まれて間もない国は、将来に大きく関わる重要な決断をした。あえてイスラーム国家ではなく、「**宗教国家**」として歩む道を選んだのである。こうして独立時に策定された「建国5原則」では、具体的な宗教や神の名前に触れることなく、「最高神に対する崇拝」が国づくりの基盤となることが宣言されることになった。

　現在では**イスラーム**、**プロテスタント**、**カトリック**、**ヒンドゥー教**、**仏教**、**儒教**の6つの宗教がこの「最高神に対する崇拝」に該当するとして、国家の管理と保護を受けている。国民は原則的にこれらのうちのどれかの信者となる必要があり、その所属はIDカードに明確に記載することが義務づけられている。また、結婚はこのどれかの宗教に基づいて行われなければならないとされており、異なった宗教を持つ者どうしが結婚しようとすればどちらかが改宗する必要がある。

2 共に生きる

（1）政府による宗教分離共存政策

　これまでのところインドネシアでは、これらの宗教がそれなりに平和に共存してきたといえるだろう。しかしもちろん時には宗教の違いが対立を生むような場面もあった。そのため、インドネシア政府は宗教間の対立をできるだけ減らすため、教育や啓発運動を通して社会に働きかけを行ってきたのである。

　政府の基本方針は、簡単にいってしまえば、他宗教に関わらないようにするということである。学校で必修とされている宗教科の授業は、それぞれ自分の信じている宗教の教室に分かれて行われ、他の宗教について学ぶ機会はほとんどない。道徳の授業では、他の宗教の人を自分の宗教の行事に誘ったりすることを不適切な行動であるとして戒めている。また政府は公の場所で話題にする

のにふさわしくない事柄サラ（SARAとは、「部族（Suku）」、「宗教（Agama）」、「人種（Ras）」、「各種集団（Antara Golongan）」の頭文字）の1つとして宗教をあげ、その違いが前景化して問題となることを防ごうとしている。つまり宗教間を分離してできるだけお互いに触れることがないようにすることで、宗教間衝突のリスクを減らそうというのが政府の基本政策であるといえる。

（2）分離政策の限界

　しかしこのような政策には限界がある。ちょっとした行き違いや反目が宗教の問題として解釈され、拡大してしまう場面も時には存在する。とりわけ1990年代の末から2000年代のはじめ頃、スハルト大統領による長期独裁政権の崩壊によって不安定化したインドネシア社会ではそのような宗教観の紛争が激化した。

　インドネシア政府がとってきた分離政策はこのような状況に無力であるばかりか、有害でさえあった。ひとたび争いが起きてしまうと、相手の宗教に対する理解の浅さが問題をこじらせてしまうのである。それぞれの宗教の教えについて悪意ある曲解が流布されると、人々はそれを簡単に信じて、ますます他の宗教への不信をつのらせるという事態がしばしばみられた。

（3）相互扶助の伝統

　むしろ、私たちは、インドネシアの民衆の間に伝えられてきた知恵に耳を傾けるべきだろう。ジャワ島のジョグジャカルタという町では2010年すぐ近くのムラピ山の噴火で大きな被害を受けた。山ろくの村々には多くのムスリム住民が暮らしていたが、彼らは村から命からがら逃げてふもとの村にある一番広くて頑丈そうな建物であるカトリックの教会に駆け込んだのである。カトリック教会は彼らを快く受け入れ、その後しばらくの間避難所としての役割を果たした。周辺のイスラーム寺院と協力して、イスラームの教えにかなった食事が提供され、コーランや礼拝に必要な衣服なども配られたという。イスラームの宗教者を招いての説教、犠牲獣を殺す儀式までもが教会の中で行われた。その後仏教やプロテスタント、ヒンドゥー教の宗教者も加わり、被災者支援の活動が続けられている（図1）。

図1　ジョグジャカルタでの諸宗教共同慰霊祭

出所：Posko Belarasa Merapi Gereja St. Petrus dan Paulus Babadan, *Ketika Lensa Bercerita*, 2011.

　この宗教間協力活動の中心人物に話を聞くと、みな口をそろえて伝統的に受け継がれてきた「**相互扶助**（ゴトン・ロヨン、Gotong Royong）」の精神をあげた。ゴトン・ロヨンはインドネシアに広くみられる慣習で、住居の建築や冠婚葬祭、不慮の事故や災害などで困っている人を隣人が助けあったり、道路、下水、街灯などの整備を一緒に行ったりするものであった。援助活動に加わったジョグジャカルタの宗教者たちは、災害で困っている人々を目の前にして、たとえ違った宗教的背景を持っていても、その人たちを助けることを優先すべきであると考えたのだ。

（4）人が神を守る必要があるか？

　宗教の教えそのもののなかに、さまざまな宗教共存のための鍵を見出そうとする人々もいる。インドネシア最大のイスラーム団体の代表を長年つとめ、インドネシアの大統領にもなったアブドゥルラフマン・ワヒドはその1人である。彼はさまざまな紛争地域に自ら出かけて身体を張って諸宗教間の和解を呼びかけるだけでなく、それぞれの宗教における**寛容の思想**にもっと目を向けることを強調した。

　代表的著作のタイトルにもなった『人が神を守る必要があるか』という言葉は、ワヒドの思想の核心を表している。彼によれば、どの宗教の信者であれ、もし本当に自分の信じる神の偉大さを確信しているなら、その神のためという口実で他者を誹謗したりましてや傷つけたりすることはないはずである。偉大なる神は、小さく迷いやすい人間に守ってもらわねばならないようなひ弱な存在のはずがないからである。ワヒド自身は2年弱で反対勢力によって大統領の座を追われ、2009年12月に亡くなってしまったが、大勢の若手の宗教者、社会活動家、政治家などによって彼の思想は受け継がれ、その思想はインドネシア社会を変えていこうとしている。

☞ あらためて考えてみよう

　ここまでインドネシアの社会から他の宗教とともに生きるための知恵を学んできました。もちろんインドネシアは何の問題もなく宗教が共存している楽園ではありません。ジョグジャカルタでも宗教間の協力に眉をひそめる人たちはいますし、ワヒドを純粋なイスラームの教えを汚す者と考える人々も少なくありません。しかし重要なのは、宗教が重要視されているインドネシアでは、違った宗教の人々と共存していこうとする行動や思想をつくろうとする試みがなされているという点です。グローバル化が進む現代の日本人も学ぶことができる点は多いのではないでしょうか。

【Questions】
1. 私たちの暮らす日本社会とインドネシアでは、宗教をめぐる状況にどのような違いがあるでしょうか？　また、それはどうしてでしょうか？
2. 違った宗教の考えや戒律などを目にして、とまどったことはありませんか？　また、そのときあなたはどのように振舞いましたか？
3. 日本社会は宗教に対して寛容だといわれることがありますが、それは本当でしょうか？　寛容だと思える点と、そうではないと思う点を具体的にあげてみましょう。

【読んでみよう】
1. 小川忠『インドネシア多民族国家の模索』岩波新書、1993年。
　　　スハルト時代までのインドネシアの現状についての概説書。
2. 中根千枝『タテ社会の人間関係』講談社現代新書、1967年。
　　　日本社会と寛容について考えるときのヒントに。

[木村敏明]

10章 タイの社会と稲作―地域に根差した生き方と知恵

☞ **考えてみよう**

「世界は一様ではない」、これは、誰もが合意する自明のことではないでしょうか。では、どのように違うのか、具体的に説明できるでしょうか。この章では、タイという日本には比較的なじみのある国の社会と稲作について学びます。タイは、日本と同じ仏教を信仰する国であり、毎日お米を食べる国です。これだけ聞くと、日本と同じような国という印象を持つかもしれませんが、多くの違いがあります。本章を通じて、その違いを考えてみましょう。

1 タイ王国

(1) タイの概要

タイ王国（以下、タイと呼ぶ）は東南アジア大陸部に位置し、マレーシア、ミャンマー（ビルマ）、ラオス、カンボジアに囲まれた**立憲君主制**（憲法および国会に国王がしたがう政治体制）の国である。タイへ旅行すると、きらびやかに光る寺院をよくみかけるが、タイの国教は**仏教**（上座部仏教）であり、国民の90％以上が仏教を信仰している。タイの人々にとって、一生に一度は出家して仏門に入ることは、結婚や出産とならぶ人生の一大イベントであり、お寺への寄進は徳を積む行為として大変重要視されている。芸術や音楽、建築などにも、仏教的な世界観が色濃く反映されており、タイと仏教は切っても切り離せない関係にある。

タイにとって国王と仏教もまた、緊密な関係によって結ばれている。王宮は俗界と聖界（仏教界）を統治する中心であり（吉川利治「王宮」日本タイ学会編『タイ辞典』めこん、2009年、73頁）、国王は仏教徒でなければならないと憲法によって定められている（櫻井義秀「宗教」、前掲書、24-25頁）。現国王のラーマ9世（プーミポン国王）は、1946年、19歳のときに即位し、2006年には歴代国王のなかで最長となる在位60年を迎えた。2014年現在、国王は87歳になり健康が不安視されているものの、いまだに精力的に公務をこなしており、国民から敬愛

され絶大な人気を得ている。

　現在のタイの国土面積は、51万4000平方キロメートルであるが、この国土の国境が完全に画定したのは、西洋諸国が東南アジア一帯を植民地化していった100年ほど前にすぎない。また、タイの2010年現在の人口は、6600万人程度と日本の約半分ほどである。日本の国土面積と比較すると、タイは1.4倍程度広いので、日本と比べて人口密度が非常に低いといえる。タイは、図1のように中部、南部、北部、東北部の4つの地域に分けられている（中部を3分割して6地域に分ける場合もある）。日本人には、首都バンコクのある中部、チェンマイのある北部、プーケットのある南部などが、観光地として特になじみの深い地域であろう。

(2) タイ人—多民族の集合体

　タイは、実に15以上もの言語が話されている**多民族国家**である。この多様な言語のなかで公用語となっているのがタイ語であるが、言語学的分類ではタイ—カダイ語族のシャム族が使っていた**シャム語**である。現国王のプーミポン国王は、1782年にシャム族が興したラッタナコーシン王朝の9代目にあたる。

　タイ国民として多いのは、東北部に居住しラオス語を話すラオ族である。彼らは、もともとはラオスからメコン川を渡って入ってきた民族であり、人口は約1900万人にのぼる。ラオ族の次に多いのが、北部のチェンマイを中心として分布するユアン族で、約500万人存在する。ユアン族は、ランナータイ王国の末裔であり、ランナータイ語を話す。また、南タイには、ナコンシータマラート王国の末裔のパークタイ族がユアン族と同程度存在する。そのほか、北タイのミャンマー国境付近に住むシャン族、タイ・ルー族、カレン族、ミャオ族、東北部に住むプータイ族、中部に住むタイ・ダム族など多様な民族が存在している（三上直光「言語」、前掲書、12-13頁）。

(3) タイの都市と農村

　タイで一番大きな都市は、首都のバンコク（タイ語では、クルンテープと呼ぶ）である。バンコク中心部には、高層ビルやホテル、大型ショッピングモールが林立し、通りには世界各国の人々が行き交い、まさに**国際都市**の名にふさわし

Ⅱ部　地域から国際社会を考える

図1　タイ王国の地域区分図（4地域）

北部
ラオス
東北部
ミャンマー
中部
カンボジア
バンコク
南部

出所：筆者作成。

い街である。また、夜間に出歩くことができる、東南アジア随一の治安の良さも兼ね備えている。

　バンコクには、830万人ほどの人々が住んでいるとされるが、そのなかには地方からの出稼ぎ者も多い。タイでは、都市と農村の所得格差がしばしば問題視されており、2013年にタイ国統計局が行った調査によれば、バンコクの月収が4万バーツ（2014年12月現在で3.5円／バーツ）なのに対して、農村部では2万バーツを下回る地域もある（タイ国統計局、2014）。そのため、農村部に住む人々は、バンコクに働きに出て両親や親族に仕送りをする。彼らのバンコクでの働き口としては、タクシーやトゥクトゥクの運転手、道路やビルの建設工事、露店での物売り、家政婦、マッサージ師、バンコク郊外の工場団地での機械などの組み立て工などが多い。いずれも日雇いやアルバイトのような身分であり、不安定な職業である。

2 セーフティーネットとしての田舎

(1) 農村がもつセーフティーネット的役割

　タイには、「水に魚あり、田に稲あり」ということわざがある。これは、「いつでも、どこにでも何らかの食料がある」というタイの豊かさを示している。農村部では、水田さえもっていれば主食で困ることはほとんどない。また、田んぼには魚や水生昆虫、水草などが生息しているので、それらを捕まえておかずにすることもできる。

　日々の生活費も、都会に比べると格段に安い。タイは外食産業が発達しており、都会の人々は屋台で3食をすませることが多い。屋台の食事の値段はさほど高くないが、それでも農村のように多くの食材を自前もしくは格安で調達し料理するのと比べれば、はるかに高い。また、一家で都会に住むとなると、高額な家賃を支払う必要がある。村にいれば、両親と2世帯で住むことができ、両親のもとから独立するときには土地を分けてもらえる。子どもの世話にしても、家族以外に隣近所でみてくれるので負担が軽い。

　先に述べたように、地方の収入はバンコクに比べてはるかに少ないものの、生活に必要な支出額も少ないので、不景気などで職を失うと都市に働きに出ていた人々は、一斉に帰村する。事実、1997年のアジア通貨危機の際には、農村が失業者の受け皿として、セーフティーネットの役割を果たした。

(2) 東北タイの人々

　タイ東北部（以下、東北タイと呼ぶ）、イサーンと呼ばれる地域は、先にあげた4つの地域のなかで最も所得水準が低い。他方、タイで2番目に広い面積を有しタイの人口の3割を占めるこの地域は、セーフティーネットとして重要な役割を担っている。

　東北タイは、主立った産業は農業以外になく、バンコクなどへの出稼ぎ労働者が多い。バンコクでタクシーやトゥクトゥクのドライバー、マッサージ師などをしているのは、多くがこの地域の人々である。したがって、タイの正月であるソンクラーンの時にはみな田舎に帰ってしまうので、バンコクでタクシーを探すのに苦労する。

（3）東北タイのとある田舎の日常

　筆者は、東北タイの村で家を間借りし、長期滞在をしていた経験がある。ここで、村の一日を簡単に触れながら彼らの田舎での日常生活について紹介したい。

　朝、村の女性たちは6時頃から朝食の準備を始め、男性たちは軒先で近所の人たちと談笑にふける。子どもたちは水浴びをして目を覚まし、学校へ行く支度をする。そのうち、僧侶たちが托鉢に訪れ、念仏の声が響く。食事を終えた村人たちは、バイクや乗り合いのピックアップトラックなどで都市部の学校や村周辺の工場などに出かける。また、車やバイクの音に混ざって、農地へ向かうトラクターの音、エサ場へ向かう牛の鳴き声やカウベルの音なども聞こえ、まさに村全体が目覚めたとはっきりわかる。日本では生活音が外に漏れることはなく、隣近所同士で雑談をしている余裕さえない静寂な朝であるのとは、対照的である。

　村人が一通り外へ出て行くと、残っているのは女性と老人である。多くの家の屋根はトタンが葺かれているだけなので、日中の室内はオーブンのように暑い。したがって、村に残っている人々は、日中は家の外の軒先や木陰ですごす。外は風が通り、木陰にさえいればクーラーが欲しくなることはない。老人たちは軒先で外を眺めながらラジオを聞いたり、竹でカゴを編んだり漁具を修理したりしながらすごす。もちろん、昼寝は欠かさない。女性たちは近所の人たちで集まって雑談にふけり、まだ学校に通っていない幼児の世話をしながら、湿地で採れた植物でゴザを編む。

　夕方になると、学校から戻ってきた子どもたちが裸足で村中を駆け回る。まだ足下がおぼつかない2、3歳の子どもらも、お兄ちゃんやお姉ちゃんに頑張って着いて回り、一緒に楽しそうに遊ぶ。女性たちは村の市場へ夕飯の買い出しへ行き、調達してきた食材で料理を始める。調理場は家の外にあることが多く、村中から色々なにおいが立ちこめてくる。

　夕飯が終わっても、子どもたちは家の前で遊び、女性たちは夕涼みをしながら談笑し、男性たちはお酒を酌み交わして盛り上がる。夜の賑わいは夜9時頃まで続き、思い思いに家の中へ戻っていく。誰もいなくなった外にはやっと静寂が訪れ、虫の声や遠くで雷のなる音が聞こえてくる。このような日常が、毎

日繰り返される。都会では、このようなコミュニティや人間関係は希薄になってしまう。多くの村人は、村内での暮らしや人々との関係について、心地よいものとして捉えている。

(4) 村の稲作

　村の人々は、日々の食料をどのようにして得ているのだろうか。タイの人々にとって、米は重要な食料源であり、筆者が滞在した集落の外にも水田が広く分布している。しかし、東北タイの水田の土壌肥沃度は大変貧しく、また、水田の多くに灌漑施設がないため、天水、つまり雨水のみに水資源を頼っている。加えて、年ごとの降水量の変動も大きく、ある年は干ばつになり、ある年は洪水になるなど大変不安定である。

　以上のように、この村における米の生産環境は非常に厳しい。収穫量も、1ヘクタールあたり1.5トン程度と、日本の実に4分の1程度しかない。それでも、彼らはここで稲を作り続け、都会にはない生活をそれなりに楽しんでいる。ここに、日本とは違う彼らなりの生き方がみてとれる。

(5) 厳しい環境下での稲作と複数の生業

　日本では考えられないような、不安定で低生産な稲作を、彼らはどのように持続的なものとしているのだろうか。彼らの**伝統的稲作方法**について、図で説明していこう。図2は、この地域に分布する池（タイ語でノンという）を利用した水田の模式図である。このノンは、幅数百メートル・標高差数メートル程度の非常に緩やかなお盆状の地形をしている。雨季が到来すると、降った雨水はノンの一番低い部分、低位部へと自然に流れる。村人は、その頃合いをみて柔らかくなった土をたがやし、田植えを始める。雨が本格的に降り始めると、中位部や高位部へも水が溜まるので、順番に田植えをしていく。もし、雨が少ない場合は、残念ながら高位部へは田植えができないので、収穫できる米は少なくなる。しかし、低位部で水が枯れることはほとんどないので、低位部からは米を収穫できる。

　逆に、雨が多い場合はどうなるだろうか。雨が多くなり河川が氾濫すると、低位部の水田は水没してしまう。しかし、高位部の水田が水没することはない

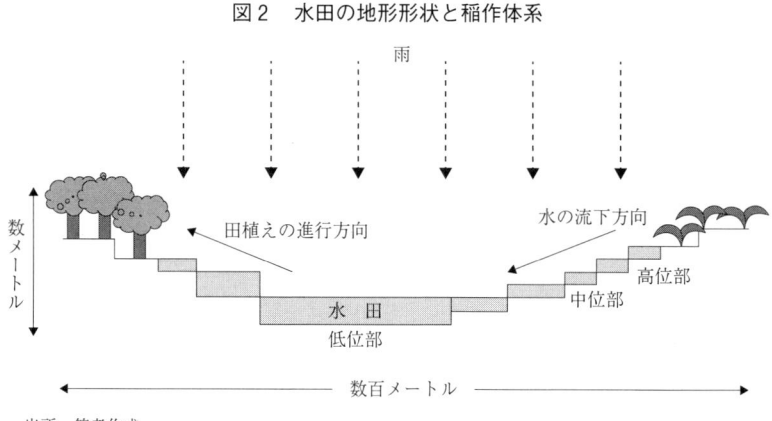

Ⅱ部　地域から国際社会を考える

図2　水田の地形形状と稲作体系

ので、そこから米を得ることができる。彼らは、不安定こそが常態であると考えており、毎年の米の生産量の多少に対して一喜一憂せず、3年程度のスパンで米の収支が合えばよいと考えている。つまり、ある程度収穫できれば、その米を貯蔵して、翌年に来るかもしれない洪水や干ばつのリスクに備えようとする。

　また、彼らは、決して稲作だけに生計を頼ろうとはしない。米は自分たちの家族が飢えない程度にとれればそれでよしとし、現金は出稼ぎや近くの街で働いて得る。このような行動は、この地域の伝統的な稲作と同様、1か所が駄目でも他の所が大丈夫なら、全体としては破滅的な方向へは進まないという発想が基盤となっている。

☞ **あらためて考えてみよう**

　この章では、日本人にとってなじみの深い国の1つであるタイについて、宗教、民族、そして稲作という側面から地域を眺めてみました。タイには王室があり、仏教を信仰し、毎日、米を食べており、日本とよく似ているように思えます。しかし実際には、日本と様相が異なっているようです。仏教でいえば、タイは上座部仏教であり、日本は大乗仏教であるという違いがあります。また、多民族・多言語国家であるというのも大きな特徴です。

　稲作への向き合い方も、タイと日本で大きく異なっていました。日本人として

は、米の収量が少なく、毎年の変動が激しいこの地域の稲作を大きな問題だと考えるかもしれません。しかし、本章で述べたように、彼らは彼らなりに合理的な方法を見出して生きてきました。このような地域に根差した生き方や知恵のことを、<u>地域の知もしくは在地の知</u>と呼びます。

　何か1つの職業・生業に特化し、その生業に全力で挑もうとしたり、多大なコストをかけて堤防や排水施設を造成したりする日本、予想されるリスクに対してコストを最小限に抑え環境の変動に柔軟に適応することで食料を確保し、生業を多様化することで現金を得るというタイ。この違いがどのように生まれ、それぞれにどのような合理性があるのかを考えるとき、地域の自然や文化を知ることが重要となってきます。地域の違いや多様性について、ここであらためて考えてみましょう。

【Questions】
1. タイ人とは、どのような民族の人々を指しますか？
2. タイの稲作と日本の稲作の大きな違いは何ですか？
3. タイの田舎は、セーフティーネットとして、どのような役割を担っていますか？

【読んでみよう】
1. 柿崎一郎『物語　タイの歴史―微笑みの国の真実』中公新書、2007年。
　　王国の歴史やクーデターの変遷、日本との関係など、古代から現代までのタイの歴史を明快に説明している。
2. 白石隆『海の帝国　アジアをどう考えるか』中公新書、2000年。
　　「国家」や「東南アジア」の誕生過程を、東南アジアを取り巻く国々との関係のなかで考察している。

[渡辺一生]

11章　東南アジアの生態と社会

☞ 考えてみよう

　東南アジアは、みなさんにとっては、すでに身近な世界かもしれません。スーパーへ行けば、タイ産のオクラやインドネシア産のエビが売られています。ユニクロへ行けばミャンマー産の服が売られています。ベトナム産のおしゃれな雑貨で日々の生活を楽しんでいる人もいるでしょう。そういうモノをつくってくれている人々は、どのような暮らしをしているのでしょうか。モノだけのつながりから、顔の見えるつながりへ、一歩踏み出してみませんか。

1 地図を眺めよう

（1）東南アジアとは

　東南アジアは、一般的には、ベトナム、ラオス、カンボジア、タイ、ミャンマー、フィリピン、マレーシア、ブルネイ、シンガポール、インドネシア、東ティモールの11か国からなる。人口は約6億人。これは日本の人口の約5倍、世界の総人口の約9％を占める。この人口規模は、中国やインドといった超大国と比較するとその約半分でしかないが、北米やヨーロッパとほぼ同じ規模である。ここに暮らす人々の特徴を一言で表現するなら、**多様性**だ。

（2）共生する諸宗教

　多様性は宗教にみてとれる。世界三大宗教と呼ばれる**仏教**、**キリスト教**、**イスラーム**を信仰する人々が、それぞれおおよそ、30％、20％、40％を占める。これら以外にも**ヒンドゥー教**や**アニミズム**、さらにさまざまな新興宗教を信仰する人々もいる。多様な宗教を信仰している人々が隣人として暮らしているので、それがときに紛争の種となることもあるが、多くの場合には宗教を超えて人々はともに暮らしている。

（3）多くの言語が飛び交う社会

　宗教に輪をかけて多様なのが**民族**であり、その象徴である**言語**だ。東南アジア全体で、約1500の言語が現在でも使われているといわれている。それぞれの国の国語に加えて、個々の民族の言語が、家庭やコミュニティや地方の市場では使われている。その空間分布をみてみると、多数の言語がモザイクをなしていることがよくわかる。東南アジアは世界でも有数の言語多様性を誇る地域だ。言語は、文化や知恵や価値体系の基本をなす。さまざまな言語を使い続ける人がいるからこそ、多様な文化や知恵や価値観が共存できるのだ。

（4）山と海が織りなす**自然環境と豊かな生物多様性**

　自然環境はどうだろう。ここでも多様性がキーワードだ。東南アジアの自然環境は大陸部と島嶼部(とうしょ)に大きく分けることができる。大陸部は、チベット高原から流れ下る大河が貫流し、それが河口部に大規模な**デルタ**を形成している。代表的な河川は、中国、ミャンマー、ラオス、タイ、カンボジア、ベトナムの6か国を流れるメコン川だ。上流域の中国・雲南省やラオス北部の急峻な山地と山間盆地、中流域のラオス中南部やタイ東北部のなだらかな起伏の丘陵地帯を流れ下り、下流域のカンボジアからベトナムでは300万ヘクタールもの広大なデルタを形成する。雨季と乾季の違いが鮮明な**熱帯モンスーン気候**の生み出す季節のリズムが、農業や食生活のみならず宗教行事にも反映されている。これに対して島嶼部の自然環境は、数千年単位の海面の上昇と下降が生み出した多島海が特徴だ。インドネシアは1万3000の島と5万5000kmの海岸線を、フィリピンは7100の島と3万6000kmの海岸線を持つ世界トップクラスの島大国である。年中高温多湿な**熱帯多雨林気候**のもとで複雑な生態系が形成され、香辛料等の商品作物や海産物が古くから採集・栽培・漁獲され西洋や中国へ運ばれた。東南アジアはユーラシア大陸東端を南北に貫くアジア・グリーンベルトの核心地帯である。ここは、世界で最も豊かな生物多様性を誇る地域の1つだ。

（5）多様性のなかの統一

　東ティモールを除く10か国はASEAN（Association of Southeast Asian Nations、東南アジア諸国連合）を構成しており、2015年には、「ひとつの理念、ひ

とつのアイデンティティ、ひとつのコミュニティ」を標語とする ASEAN 経済共同体の創設をめざしている。この標語には、お互いの違いに敬意を払うことにより多様性を原動力として、ともに1つの社会を構築しようという強いメッセージが込められていると考えられる。これこそ、東アジアの人々が学ぶべき姿勢ではないだろうか。

2 旅をしよう

(1) 生態と社会を体感する

　世界を知る近道で、かつ王道は旅をすることだ。それも、お仕着せのパック旅行ではなく、自ら計画を立て実行する旅である。出発するまえに、旅先のことを学び、想像しよう。旅に出たら、五感を働かせて想定外を楽しもう。この旅の目的は、中国の最南端の山地部からインドネシア東部のサンゴ礁の島まで、東南アジアを北から南へ縦断しようというものだ。かつては陸路や海路で国境を越えることは許されていない場合が多く、こんな旅は空想のなかでしかできなかったが、今では実際に旅することもできる。

(2) 大陸山地部——焼畑からゴム園へ

　常春の都と呼ばれる昆明市から飛行機で1時間ほど南へ向かうと、ミャンマーやラオスと国境を接する西双版納（シーサンパンナ）に到着する。ここからタイ、ミャンマー、ラオスの国境地帯であるゴールデン・トライアングルを通り抜け、ラオスの古都で世界遺産都市であるルアンパバン市までは、東南アジア大陸山地部の核心地帯だ。山間盆地にはタイ系民族が手入れの行き届いた灌漑を利用して水稲作を営んでいる（写1）。山地ではチベット・ビルマ系やモン・クメール系、ミャオ・ヤオ系の民族が焼畑で陸稲を栽培している。焼畑休閑地では、植生の遷移にしたがって、カルダモンや安息香など、さまざまな森林産物が採集されている。1980年代になって道路整備が進むと商品作物栽培が普及するようになった。その代表はパラゴムだ。山地の焼畑は、中国においてのみならず、ラオスやミャンマーにおいても、ゴム園へと転換しつつある。さらに最近は、中国市場向けのスイカやバナナの栽培も広がりつつある。市場経済の浸透が生業や生活に与える影響を肌で感じることができる。

11章　東南アジアの生態と社会

（3）コラート高原―開拓前線から落ち着いた生活空間へ

ルアンパバン市から山地を縫う国道13号線を駆けてヴィエンチャン市まで来ると、視界は一気に広がる。メコン川を挟んでラオス中部とタイ東北部にまたがるコラート高原だ。ここは約100年前まで、ラーオ族の集落がわずかに点在する深い森林地帯だった。20世紀の半ばになってもその面影があり、当時の様子はカムプーン・ブンタウィーの著作『東北タイの子』で鮮やかに描かれている。しかしその後、人々が開拓移住を繰り返し、耕地が外延的に拡大した。また20世紀後半には、グローバルな市場向けに繊維作物（ケナフ）、飼料作物（トウモロコシ、キャッサバ）、工芸作物（サトウキビ、パラゴム）の栽培が爆発的に拡大した。その結果、森林は農業に適さない土地にしか残っていない。1985年以降のタイの急激な経済発展のなかで、東北部は労働力の供給地としての役割を担った。働き盛りの男女がバンコクやタイ東部の工業地帯へ出稼ぎに行った。その結果、農村では、祖父母が農業を営みながら孫を育てている。家族の強いきずなのなかで重要な役割を担う高齢者の生き方は、超高齢化社会を迎えつつある日本にとって大いに参考になるだろう。

写1　乾季稲作の稲刈り

中国の農民が国境を越えて、ラオスで水田を借り稲作を営んでいる。中国から持ち込んだハイブリッド種を中国製の機械で刈り取る。収穫したコメは中国に持ち帰って販売する。中国から東南アジアへ、人もモノも溢れ出している。
出所：2010年6月、筆者撮影。

（4）チャオプラヤ・デルタ―無人の荒野から経済中心へ

迫りくる共産化に対抗するために、アメリカの援助で建設され1958年に完工したフレンドシップ・ハイウェイをナコンラーチャシーマ市から南西へ向かうと、コラート高原の縁をなす崖を一気に下り、チャオプラヤ・デルタへ突入する。アユタヤ市から南のデルタは、19世紀半ばまでは無人のアシの原で、乾季にはカラカラに乾燥していた。そのなかで、チャオプラヤ川の畔にポツンとあったのが、まだ都になって間もないバンコク市である。19世紀に海上舟運に

写2　チャオプラヤ・デルタとバンコク遠景

バンコク市郊外は急速にスプロール現象が進行している。農地は、宅地や工業団地へと転換されつつある。かつて人々は水路を行き来した。今ではすっかり道路が主役である。
出所：2013年9月、筆者撮影。

よる大規模輸送が可能になるとデルタの景観は一変した。グローバル市場向けのコメ生産が急激に拡大したからだ。この変化は、東南アジアでは、まずエーヤワディー・デルタで19世紀半ばに始まり、それをメコン・デルタやチャオプラヤ・デルタが追いかけた。どのデルタにおいても、雨季の洪水を拡散し、乾季の生活用水を確保するための大規模な水路掘削が進展した。周辺地域から入植してきた人々は、水田を開墾し、洪水がもたらすコメと魚という恵みに依拠して生計を立て、世界の米びつと呼ばれるデルタ景観を形成した（写2）。近年は、各国とも目覚ましい経済発展を遂げている。それに伴い農業の多角化が進むとともに、人々の生活も洪水を受け入れがたくなりつつある。最も顕著な変化は都市の成長だ。バンコク市は、今ではあらゆるエンターテインメントを楽しむことができる世界トップクラスの国際観光都市に成長した。

（5）泥炭湿地―国際資本による大規模開発

　バンコク市からマレー半島を南下しよう。タイ南部のスラータニ市を過ぎたあたりからはゆるやかに起伏する丘陵地帯にまっすぐな道が走り、両側にゴム園が延々と続く。20世紀初頭にパラゴムが導入されて以来、マレー半島は熱帯工芸作物の大生産地に変貌した。近年は、パラゴムからアブラヤシへの転換も進行している。16世紀にポルトガルが築造した要塞の残る世界遺産都市マラッカ市からインドネシア・リアウ州のブンガリス市へは、マラッカ海峡を横断するフェリーが出ている。マラッカ海峡は幅が数十kmなので、地元の人々は簡単に行き来できる。スマトラ島の沿岸域には広大な泥炭湿地が広がる。泥炭湿地は1万年近い時間をかけてバイオマスが水中に堆積し、分解されないまま保存されている土地だ。深さ10mを超える場所もある。オーガーでサンプルを

採取すると、数千年前に堆積した木の幹や枝がそのまま出てくる。近年まで手つかずだったこの泥炭湿地に目をつけたのが製紙会社だ。国際資本をもとに大規模な水路や道路等のインフラを整備し、アカシアなどの植林地を造成した（写3）。いったんインフラが整備されると、インドネシア各地から人々が開墾地を求めて移住し、アブラヤシの栽培を始めた。この開拓が火災を生み、マラッカ海峡の対岸にも及ぶ煙害をもたら

写3　アカシアの伐採・搬出

泥炭湿地では製紙・パルプの原料となる早生樹が、5〜6年のサイクルで、大規模に造林・伐採されている。水分状態や木の成長を精緻にコントロールした産業造林である。
出所：2009年4月、筆者撮影。

している。ここは、東南アジアのなかで、21世紀になってから最も景観が変化した地域だ。

(6) サンゴ礁の島—世界を股に活躍する海人

　リアウ州からインドネシアの首都ジャカルタ市までは飛行機で2時間弱。インドネシア経済の発展を牽引するジャカルタ市は、今、東南アジアで最も元気な都市かもしれない。すごい交通渋滞だ。本当なら、ジャカルタ市を起点に、ジャワ島やバリ島をめぐりたいところだ。豊かな土地と水に支えられて、古くから稠密な人口を持ち、精緻な農業を展開している。宗教儀礼が人々の日常生活にまで浸透し、島嶼部のなかでは特異な雰囲気を放っている。残念だが、先を急ごう。ジャカルタ市から東インドネシアの中心都市マカッサル市を経由して、北マルク州のテルナテ市へ移動しよう。ハルマヘラ島の西側に列状に連なる島々は、チョウジとナツメグを産し、かつては香辛料諸島と呼ばれた。ティドレ島とその隣のマイタラ島はインドネシアの1000ルピア札に刷り込まれた美しい火山島だ。このあたりのサンゴ礁の島で暮らしているのはサマ族（バジャウ族とも呼ぶ）である。海岸沿いに民家が密集している。船着き場には雑貨屋が数軒あり、毎朝、近隣の島から人々が集まって市が立つ。夕方になると、サンゴ礁では、おじいさんが数人の若者を連れて追い込み漁で晩御飯のおかずを

95

Ⅱ部　地域から国際社会を考える

写4　サンゴ礁の村の夕方

夕方になると、集落内の道路には子どもがあふれ、思い思いに遊ぶ。圧倒的な子どもの数の多さに驚かされる。
出所：2013年8月、筆者撮影。

採っている。サンゴ礁は海のホームガーデンのようなものだ。里海と呼ばれることもある（写4）。働き盛りの男性は、カツオ漁のためにニューギニア島近くまで、ナマコやフカヒレを追ってオーストラリア北岸近くまで出かけることもある。海を知り尽くした人々だ。人々はイスラームを信仰している。したがって、島中を探してもビールはない。でも、満天の星が疲れを癒してくれる。

☞ **あらためて考えてみよう**

　東南アジアの人々は、さまざまな自然環境のもとで、異なる言語を使い、異なる歴史と文化と価値観を持って、異なる生業を営んでいます。そういう人々が1つの社会をつくるために、どのような知恵を編み出し、どのような努力を払っているのでしょうか。また、そのような経験は、これからの日本社会や地球社会にとってどのような意味があるのでしょうか。みんなで一緒に調べて、議論してみよう。

【Questions】
1．東南アジアの言語はどのように類型化されますか？
2．東南アジアの農林水産業の変化は、グローバルな市場の動向とどのような関係にありますか？
3．地域社会の基層をなす生態や社会は、より短い時間単位で変化する政治や経済とどのような関係がありますか？

【読んでみよう】
1．村井吉敬『エビと日本人』岩波新書、1988年。
　　日本と東南アジアのモノを介したつながりについて考えてみよう。
2．大泉啓一郎『消費するアジア』中公新書、2011年。
　　都市と農村の格差という観点から、東南アジアを眺めてみよう。

［河野泰之］

❖ コラム⑧　京都の西陣織とフィリピンの織物産業

　文化人類学に応用人類学という下位区分がある。簡単にいうと、異文化を理解しようとする文化人類学の理論を活かして、世界のさまざまな問題の解決に役立てようという立場である。応用人類学には、さらに細かく分類すると、実践人類学、開発人類学という分野も存在する。

　ここでは、応用人類学の立場から、筆者が行っているフィールドワーク先での実践活動の例を紹介しよう。フィリピンの中部、西部ビサヤ地方に位置するパナイ島のアクラン州の織物産業の支援である。パナイ島はフィリピンがスペインの植民地だった時代から織物が盛んなところで、その技術の高さは当時の植民地総督が交易品として生産を奨励したほどである。

　世界中の天然素材の織物のほとんどは、近代の歴史のなかで機械化された自動織機による工業製品化の道をたどった。その過程で、機械で織るのがより容易な

写1　アクラン州の工房に設置された西陣織のジャカード機

出所：2014年2月14日、筆者撮影。

化学繊維や合成繊維に素材の糸が置き換えられていったり、より収益性の高い他の産業に織物業そのものがとってかわられたりして、多くは廃れていった。手機で織る天然素材の布は世界中でほぼそのような歴史をたどり、今日では労働コストが高いために少量生産の高級品としてだけ生き残っているものが多い。パナイ島の織物も例に漏れず、製糖業に花形産業の座を奪われ、織物業は規模を縮小した。斜陽産業となった織物業は、島内で一番繁栄していた港町のイロイロから、そこに繊維素材を供給していた後背地のアクラン州に拠点を移していった。それが今日フィリピンを代表する手織物産業の始まりである。

　古い時代の手仕事に洗練された今日の機械技術が及ばない分野がある。優れた工芸品を生産する領域にそれは多いが、織物もその1つである。アクラン州で生産される天然素材の織物は、19世紀のままの高機(たかばた)で手織り生産される稀少品で、民族衣装（男性用国民正装のバロン・タガログ）やウェディングドレスなどの高級素材として利用される。

　しかし、ただ古いものを守るだけでは伝統の火をともし続けることはできない。今日の市場のニーズに合わせて、新しいデザインの製品をより効率的に生産する必要がある。効率よりも質の高さを重視した手織りと矛盾するようだが、生産の効率化には機械化が欠かせない。この矛盾をどう解決したらいいのだろうか。1つの試みとして、半自動化された織機を私たちは導入してみた。それが、京都の西陣織に使われていたジャカード機のフィリピンの織物への応用である。完全な自動織機ではなく、コンピュータが自動的に指定する柄を織手さんが自分の手で織っていくタイプのものである。フィリ

ピンの職人さんの高度な手仕事の技を活かしながら生産効率を上げるには、最新鋭のジャパン・テクノロジーによる人間不在の自動織機よりも、「ちょっと時代遅れだけれど、日本が世界に誇れる素晴らしい技術」のほうが向いていると判断したからである（写1）。

その結果はどうだったのだろうか。まだ改善を重ねている段階だが、すでに市場の前評判は上々で、完成品を首を長くして待ってくれているお客さんたちがいる。無償で織機を提供してくれた現役の西陣の職人さん、ボランティアでフィリピンに行き、織機の設定と調整を続けてくれている元職人さん、2人とも年齢は70代だがチャレンジ精神に溢れている。古き良き伝統を尊ぶ日本人の職人魂と、地場産業を支えようとするアジアの若手労働者の熱意のコラボレーションである。

（小瀬木えりの）

12章 「不可触民」の仏教改宗運動

☞ **考えてみよう**

　インドといえば、仏教の創始の地として知られています。しかし現在、インドに暮らす仏教徒の数は、公的なカウント（国勢調査）では、全人口の1％にも達していません（2001年の統計データでは0.78％、最多数であるヒンドゥー教徒は約80.5％）。ところが、20世紀の半ば頃から、インドのカースト制度の最下層に位置づけられる「**不可触民**」の人たちが、**ヒンドゥー教から仏教へと改宗**し始めているのです。
　いったいなぜ、不可触民の人たちは、仏教への改宗を行っているのでしょうか。改宗することで、何を得ることができるのでしょうか。また、改宗した後の生活は、改宗前の生活とどう変わっているのでしょうか。一緒にみていきましょう。

1 インドの仏教と「不可触民」

(1) インドの仏教

　仏教は、紀元前6〜5世紀頃に、北インドにおいて、**ガウタマ・シッダールタ**（釈迦）によって創始されたとされている。シャーキャ族の王子として生まれたガウタマは、29歳のとき、人生に不可避の「苦」に悩んで出家修行の道に入り、35歳でボードガヤーの菩提樹の下で悟りを開いた。のち、80歳で入滅するまで、多くの弟子を引き連れながら、広く人々に仏の道を説いて回った。
　ガウタマ亡きあとの仏教は、紀元前3世紀のマウリヤ朝・アショーカ王時代の興隆期を経て、部派仏教、大乗仏教へと展開を果たした。その後、ヒンドゥー教の攻勢を受けるなか、12世紀末〜13世紀初頭のイスラーム教徒による進攻と他宗教排斥において、ヒンドゥー教に取り込まれるかたちで、インドにおける仏教は弱体化していくことになった。
　のちに、仏教がインドの地において再び人々の耳目を集めるのは、はるかに時を下った20世紀半ばのことである。

(2)「不可触民」とされる人々

さて、20世紀半ばへと移る前に、仏教再興の担い手となる不可触民とされる人々についてみておきたい。不可触民とは、いわゆるカースト制度の最下層に位置するとされる人々のことをいう。きわめて差別的な呼称である不可触民のほかに、行政用語である「指定カースト」、マハートマ・ガーンディーが提唱した「神の子」を意味する「ハリジャン」、そしてこれらがすべて基本的に他称であるのに対して、自称として登場した「**ダリト**」（「抑圧された者たち」の意を持つ）など、彼らをめぐっては、さまざまな呼び名が存在する。

不可触民の人口は（正確には、国勢調査のカテゴリー名としての指定カーストの人口は）、地域によって多寡はあるが、インドの全人口（約12億1000万人）のおよそ16.6％（約2億人）を占めている（2011年の統計データによる）。かれらの伝統的な職業とされるのは、屠畜業や皮革業、清掃業、洗濯業、理髪業など、「ケガレ」観と深く関連するものから、村落の雑役、小作農、零細農、単純肉体労働など、経済的・社会的に低位と認識されるものまでをあげることができる。また居住形態としては、特に村落部においては、村の境界部にまとまって居住している場合が多い。

(3)「不可触民」の指導者、アンベードカル

時を20世紀半ばに戻そう。1956年10月14日、インドの中央部に位置するナーグプルという町において、数十万ともいわれる熱気を帯びた人々が、ブッダ（仏）、ダンマ（法）、サンガ（僧）への帰依を唱えていた。その中心にいたのは、ビームラーオ・ラームジー・アンベードカル（1891〜1956）。現代インドにおいて、不可触民の人々より、強い崇敬の念を込めて「バーバーサーヘブ」、すなわち、「偉大なる父祖」と呼ばれる人物である。

アンベードカルは、インドの独立運動から独立期に生き、不可触民解放運動を強力に牽引した指導者・政治家である。アンベードカルは、西インドのマハーラーシュトラ州に生まれた。彼自身、不可触民とされるマハール・カーストに出自を持ち、苦学の末、藩王からの奨学金受領という機会にも恵まれた彼は、米英への留学を果たし（アメリカのコロンビア大学と、イギリスのロンドン大学）、そのいずれにおいても博士号を取得するというきわめて稀有な高学歴を

得た。インド帰国後は、不可触民の地位向上や不可触民制の解決をめざして、政治的・社会的な活動に専心した。そのなかにおいて、不可触民制の元凶をヒンドゥー教（の教義）にみたアンベードカルは、ヒンドゥー教の古法典である『マヌ法典』の焼き捨て（1927年）、ヒンドゥー教棄教宣言（1935年）を経て、1956年10月、ついに仏教改宗へと至る。

写1 集会を行う僧侶と仏教徒たち

北インド、ウッタル・プラデーシュ州の村落において、村落を訪れて集会を主導する僧侶と、集会に集った村落在住の改宗仏教徒たち。男性だけでなく、女性や子どもたちの姿も多く認めることができる。また壇上には、ブッダとアンベードカルの肖像画もみることができる。
出所：2005年12月25日、筆者撮影。

（4）アンベードカルの仏教解釈と仏教復興への礎

1956年12月6日、およそ2か月前に、多くの不可触民同胞に仏教改宗という道を指し示したアンベードカルが、逝去した。アンベードカルは、独自の仏教解釈を、遺著『ブッダとそのダンマ』（B・R・アンベードカル（山際素男訳）『ブッダとそのダンマ』光文社新書、2004年）において展開している。また同著は、彼の意志を継ぐ仏教徒の人々によって、「経典」として重要視されている。

ここで、アンベードカルが唱える「仏教」の特徴について、『ブッダとそのダンマ』から抜粋してみてみよう。アンベードカルの独自性が最もあらわれているとされるのが、仏教の根本的な教義である「四聖諦」に関する説明である。四聖諦とは、苦集滅道で表される、「苦」（すなわち人生）についての真理である。アンベードカルは、この教義が従来、個人的・心理的課題であるとされたのに対して、これは社会的矛盾であり物質的解決が可能であると唱える。すなわち、アンベードカルの解釈によれば、人間であることの問題とは、従来の仏教で言われているような、老、病、死、抑えられない欲望などの個人的なものではなく、個人として、また社会集団として、互いにどう関係するかという社会的なものであるとされる。ゆえに、こうした人間としての問題は、「社会的平等」によって解決されるとアンベードカルは主張した（写1）。

Ⅱ部　地域から国際社会を考える

写2　アンベードカル像に拝礼する僧侶と仏教徒たち

北インド、ウッタル・プラデーシュ州の村落において、アンベードカル入滅忌に、アンベードカル像に向かって拝礼する僧侶と改宗仏教徒たち。アンベードカル像の横には、仏旗が掲げられているのをみることができる。
出所：2005年12月6日、筆者撮影。

2 仏教改宗運動と改宗後の生活

（1）仏教改宗運動の展開と現在

　アンベードカル以後の仏教改宗運動は、各地域においてさまざまな組織を形成しながら、多様に展開されている。ここでは、アンベードカル自身が1955年に設立したインド仏教徒協会を対象に、その活動の様子をみてみよう。

　インド仏教徒協会は、組織の目的を、仏教の普及とそれに関わる諸活動という宗教的活動のみに設定している。代表者は、初代がアンベードカルその人、第2代がアンベードカルの息子、第3代（現代表）が息子の妻と、アンベードカルの系譜を正統的に受け継ぐかたちになっている。アンベードカルの出身州であるマハーラーシュトラ州や首都であるデリー、インド最大の州である北インドのウッタル・プラデーシュ州などにおいて特に活発に運動を展開しており、各地域に支部を置いてそれぞれに諸活動に従事している。

　ここで、1つの支部（ウッタル・プラデーシュ州メーラト支部）の活動を例示してみよう。自前の仏教寺院を持つメーラト支部では、支部長をはじめとする数名の中心的主導者（在家信徒）を軸に運動が展開されている。毎日曜日の朝に開催される勤行、近隣地域への仏教の普及・説法、改宗儀礼を含む各種仏教儀礼の執行などが行われている（写2）。

（2）改宗仏教徒の人々の生活

　それでは、実際の改宗仏教徒の人々の暮らしとは、どのようなものなのであろうか。仏教改宗へと至る道筋から辿ってみたい。取り上げるのは、ウッタル・プラデーシュ州の一村落に住む、アマン（仮名）一家の事例である。

　アマンは、チャマールという不可触民カーストに出自を持つ、村からほど近

い工場に勤務する壮年の男性である。家族構成は、妻と4人の娘と3人の息子である（2014年12月時点で、3人の娘は婚出、長男は既婚であったが不慮の事故により死去）。アマンの居住する村では、チャマール・カーストの人々は2番目に多い人口構成比を占めている。その一部の人々の間で、1996年、仏教への改宗が行われた。改宗の単位は、父系親族が中心であり、改宗儀礼の執行は、先に紹介したインド仏教徒協会メーラト支部の人たちの手によってなされた。

村落においては、日々の暮らしのなかで、仏教的な宗教実践が頻繁に行われているわけではない。ただ、年中儀礼であるブッダ生誕祭（かつ入滅祭）やアンベードカル生誕祭には、村の仏教徒が集って、盛大に祝祭儀礼が行われることになる。特にアンベードカル生誕祭においては、仏教に改宗したチャマールからヒンドゥー教徒であるチャマールまで、チャマール・カーストの人々の間で熱狂的に祝われているさまをみることができる。

仏教徒の人々の生活で、改宗前後で最も変わったといえることのひとつは、上にあげたような、宗教儀礼に対する仏教徒たちの「構え」であろう。彼らは、「改宗」のゆえに、以前のものとなるヒンドゥー教に基づく宗教儀礼実践に対して、きわめて消極的（時に否定的）な姿勢をみせている。一方、仏教的な宗教実践については、仏教徒としての強い自意識のもと、努めて積極的に遂行しようとする姿をみてとることができるのである。

（3）グローバルに展開する仏教運動

ここで、視角を広げて、インド仏教がグローバルに展開する状況をみてみたい。主導者や活動範囲・内容から、グローバルな仏教運動と考えられるものとして、ひとつに、イギリス人僧侶サンガラクシタが1978年に設立した「三界の仏教徒大僧伽の友の会（Trailokya Bauddha Mahasangha Sahayaka Gana）」をあげることができる。この組織は、仏教改宗、教育事業、職業訓練、人権保護活動などに従事している。また、1991年にアメリカで創設され、インドにおいては2003年に設立された「正義と平和のためのアンベードカルセンター（Ambedkar Centre for Justice and Peace）」をあげることができる。この組織は、カースト／ダリト差別は人種差別であると認知させるべく国連への働きかけを行うほか、各種の人権保護運動に努めている。

Ⅱ部　地域から国際社会を考える

　そのほかに、アンベードカルが大改宗式を行った場所であるマハーラーシュトラ州ナーグプル市を軸とした、日本人僧侶である佐々井秀嶺の精力的な活動もあげられよう。アンベードカルの後継を自認する佐々井は、ナーグプルを中心とした仏教改宗運動と並行して、ボードガヤーの大菩提寺権利獲得（回復）運動、仏教遺跡発掘事業など、多彩な仏教活動に従事している（佐々井秀嶺『必生　闘う仏教』集英社、2010年）。

（４）仏教改宗の後に
　最後に、もう一度舞台をウッタル・プラデーシュ州の村落に移してみよう。ヒンドゥー教の祝祭礼であるホーリーやディーワーリーなどにおいて、ヒンドゥー教徒とともに祝祭儀礼に参加する仏教徒の姿を認めることができる。
　アマンの３人の娘が婚出していることはすでに触れた。婚出先は、いずれも、チャマール・カーストであるが、仏教徒の家ではなくヒンドゥー教徒の家である。冒頭に述べたように、現代インドにおいて、仏教徒の人口は１％にも満たない少数派となっている。そうしたなか、姻戚関係や地縁関係といった他者関係において、時に宗教実践や生活実践を「合わせる」ことは、必要不可欠な所作であると考えられる。
　仏教徒のほとんどは、ヒンドゥー教の枠内における父祖の代から続く積年の被差別的処遇への異議申し立てや抵抗として、そして平等主義への希求から、仏教への改宗を決意した。こうしたことから、信仰的には、ヒンドゥー教の否定という立場に立つ。しかし、実践の面では、よりよい他者関係を保持するために、時にヒンドゥー教的儀礼にも参加している。
　一方、インド社会の多数派をしめるヒンドゥー教徒の視点からすれば、上述したインドにおける仏教の史的展開もあり、「仏教はヒンドゥー教の一派である」という捉え方も少なくない。このことは、肯定的に考えれば、宗教間の紛争（コミュナリズム）が深刻な問題となっている現代インドにおいて、激しい争いを緩和する緩衝材として機能していると捉えることもできよう。しかし、「改宗」というものの意義を考えれば、依然自分たちの範疇に取り込むかたちでのヒンドゥー教徒側からの視点は、必ずしも仏教徒たちのめざしているところではないといえる。彼ら改宗仏教徒たちは、こうした時に相反する他者認識

／自己意識のはざまで、生を送っている。
　現代インドに生きる改宗仏教徒たちは、平等主義に依って立つ仏教徒であるという強い信念と自負心のもと、自己の尊厳を確保しつつ、よりよい関係性の保持を念頭に、他者関係を交渉しながら日々の暮らしを送っているといえるだろう。

☞ あらためて考えてみよう
　本章では、インドにおいて、多数派であるヒンドゥー教から少数派である仏教へと改宗を行う不可触民の人々に焦点を当てて紹介を行ってきた。信仰的に仏教に強く帰依しながらも、他者関係との関わりから、実践的にはヒンドゥー教との関係も継続しているさまをみてとることができる。
　それでは、結局、仏教改宗とは無意味なことと考えられるのであろうか。彼らは、仏教改宗によって、何を失う怖れがあるのだろうか。また、仏教改宗によって、何を得ることができる（できた）のだろうか。考えてみよう。

【Questions】
1．「不可触民」とは、どういった人々だろうか？
2．「不可触民」の仏教改宗運動とは、どのように展開してきているのだろうか？
3．人間にとって、宗教とは何だろうか？　また、よりよく生きるとはどういうことなのだろうか？　みんなで意見を出し合って考えてみよう。

【読んでみよう】
1．ダナンジャイ・キール（山際素男訳）『アンベードカルの生涯』光文社新書、2005年。
　　不可触民解放運動や仏教改宗運動の先駆者であるアンベードカルの生涯を、インド社会の時代背景とともにたどってみよう。
2．佐々井秀嶺『必生　闘う仏教』集英社、2010年。
　　現代インドにおいて仏教改宗運動を推進する日本人僧侶・佐々井秀嶺の思想や活動に触れてみよう。

[舟橋健太]

13章　ガーンディー主義

☞ **考えてみよう**

　私たちの暮らす世界には、貧困、格差、差別のほか、自由に発言したり移動したりすることが許されていない状態など、さまざまな問題が残されています。

　しかし歴史を振り返ってみると、そうした問題を解決しようとして、また、よりよい社会を築こうとして、弾圧などを恐れずに立ち上がり、非暴力運動を組織した人々がいます。たとえば、アメリカの公民権運動のＭ・Ｌ・キング氏や、ミャンマー（ビルマ）の民主化運動のアウンサンスーチー氏、チベットへの帰還と自治をめざすダライラマ14世などです。そうした人々の多くが、20世紀前半に非暴力でインドを独立させたガーンディーの思想と実践から多くを学んだと指摘しています。

　ここでは、ガーンディー主義とは何かについて学びましょう。

1 ガーンディーの生涯

（1）ガーンディーの前半生

　Ｍ・Ｋ・ガーンディー（Mohandas Karamchand Gandhi）は、1869年10月2日にインド西部グジャラート地方の港町ポールバンダルで、藩王国の家老の息子として生まれた。マハートマ・ガーンディーと呼ばれることもあるが、「マハートマ」は尊称で「偉大な覚醒者」という意味である（写1）。

　当時インドは、イギリス統治下の植民地であった。ガーンディーは、宗主国イギリスに留学して弁護士の資格を取り、その後、南アフリカに渡る。南アフリカも当時、インドと同様、大英帝国の一部であり、地元の人々以外に、イギリスやインドから渡ってきた人々も多く住んでいた。

　ガーンディーはそこで、生涯の転機となる出来事を体験する。列車の一等車座席の切符を持っていたにもかかわらず、インド人であることを理由に一等車に乗ることを拒まれ、途中の駅で列車から放り出されたのである。そのとき彼は、このような**人種差別**と断固闘うことを決意した。その後、南アフリカにおけるインド人移民の人権を認めさせようとするガーンディーの闘争は、結局、20年以上も続くことになったのである。

（2）ガーンディーの後半生―インド独立運動

1915年にインドに帰国したガーンディーは、インド独立運動の指導者となる。インド独立運動においてガーンディーが果たした役割については、膨大な量の研究がなされているが、たとえばインドの社会学者サランは、ガーンディーは三重の革命を引き起こしたのだと主張している。

第1にガーンディーは、それまで一部のエリートによって行われていたインド独立運動を、多くの一般の人々が参加する運動へと転換させた。

第2に、インド独立運動を、単にインドがインド人の国民国家としてイギリスから独立することをめざす運動であるだけではなく、地球上のあらゆる政治的抑圧や経済的搾取を根絶することをめざす普遍的な闘いの一部でもあると位置づけ直した。

写1　ロンドンのガーンディー像

出所：2012年2月8日、イギリス・ロンドンにて筆者撮影。

写2　ガーンディーのアーシュラム（共同生活道場）

出所：2003年2月11日、インド・ワルダーにて筆者撮影。

第3に彼は、理想的な社会を実現させるという目的のためには殺人などの暴力的手段も正当化される、といった考えを断固として認めず、いついかなるときも真理（真実）と非暴力に基づく善きおこないを実践しなければならないと強く主張した。正しい目的を実現するためには、正しい方法をとらなければならない、と説いたのである。

インドは1947年8月15日に、ついに独立戦争を引き起こすことなく非暴力のうちに、独立を達成した。しかしガーンディーは、それから半年も経たない翌

1948年の1月30日に、暗殺されてこの世を去る。ガーンディーを撃った人物は、ガーンディーの考え方がインドの国家と人々の行く末にとって危険だと考えたのだと弁明した。

しかし、ガーンディーの思想や実践は、インドや世界のさまざまな人たちによって、今もしっかりと受け継がれている。

2 ガーンディー主義の展開

(1) ガーンディー主義とは何か

インドでは、ガーンディーの思想と実践は、「ガーンディー主義者」と呼ばれる直系の弟子たちによって継承されてきている。

インドのガーンディー主義者たちは、ガーンディー主義アーシュラム（道場）で簡素・禁欲の共同生活を送りつつ、草の根のレベルで、社会改革のための活動を行ってきている（写2）。そうした活動には、たとえば、社会の最下層の人々を「不可触民」（本書の12章を参照）として差別することをなくす運動、女性の地位を向上させる運動、環境保護運動、平和運動などが含まれる。

では、ガーンディー主義の思想や実践には、どのような特徴があるのだろうか。

(2) スワラージ（swaraj）—独立、自治、自己統治

まず重要なのが、「スワラージ」という概念である（「swa（みずから）」の「raj（支配）」）。スワラージという語は、（国としての）独立、（地方の）自治、ひとりひとりの自己統治などを同時にあらわす。

また、スワラージとは、他人から支配されている状態から脱却することをめざす「自立」と、みずからの欲望をコントロールして己の本分を尽くす「自律」という2つの側面をあわせもった概念でもある。ガーンディーにとってインド独立運動とは、イギリスによる植民地支配からの政治的・経済的な「自立」をめざすだけでなく、善きおこないに基づく「真の文明」を築くよう、人々に自覚を促す社会改革の運動でもあった。

（3）サルヴォーダヤ（sarvodaya）
―万物の向上

もう1つ重要なのが、「サルヴォーダヤ」という概念である（「sarva（万物）」の「udaya（向上）」）。サルヴォーダヤは、非暴力の精神で社会全体の福祉の向上をめざし、差別や抑圧のない公正な社会を築き上げようとする思想である。

サルヴォーダヤの考え方を、他の思想と比較してみよう。まず、「最大多数の最大幸福」をめざす功利主義という立場があるが、それに対しサルヴォーダヤは、最大多数どころか全員の幸福をめざし、誰ひとり決して不幸にはさせないようにという点から物事をみようとする。また、マルクス主義の立場では、汗を流し実際に働いている人々（労働者階級）が中心となって政治・社会をつくるためには、必要に応じて暴力的な方法をとることも認めるが、サルヴォーダヤは、あくまでも非暴力で人々の心を入れ替えさせることをめざす。さらに、サルヴォーダヤでは、訴えかけが人々の心に響くようにするため、なによりもまず活動家自身が善きおこないを実践し人々に奉仕すべきだとされる。活動家の側の生き方がまず問われるという点で、多くの一般的な村落開発プロジェクトの思想とも色合いを異にしている。

写3　ガーンディー主義者バフグナー

出所：2007年6月6日、東京にて筆者撮影。

（4）サッティヤーグラハ（satyagraha）運動

ガーンディー主義の運動は、**非暴力・不服従の「サッティヤーグラハ」運動**として展開する（「satya（真理・真実）」の「agraha（把持・固執・主張）」）。そこではしばしば、**行脚**や**断食**といった独特の戦術が用いられる。

ここで、北インド・ウッタラーカンド地方のガーンディー主義者S・バフグナー（1927～）の例をみてみよう（写3）。バフグナーは、13歳のときにガーンディー主義に共鳴してインド独立運動に参加し、インド独立後も、地元のウッタラーカンド地方で「不可触民」制の廃絶運動や森林保護運動などを進めてき

た人物である。バフグナーは、1973年に始まった森林保護の「チプコー（抱きつけ）」運動のなかで、森林保護を訴える約700kmにも及ぶ行脚を行ったり、森林伐採を阻止するために24日間にも渡る断食を行ったりした。

(5) サッティヤーグラハとは何か

　森林保護のための行脚では、数日から数か月かけて村むらを歩き、広場で集会を開いたりして人々に森林保護のメッセージを伝える。行脚参加者は基本的にお金を持たず、途中の村で食事をごちそうになり、村人のお宅に泊まらせてもらう。人々の生活の場での直接的な触れ合いを通じてこそ、大切なメッセージは人々の心に伝わるのだ、とバフグナーは考えている。行脚は、単なるハイキングや、自身への投票を呼び掛ける政治家の遊説とは異なる。むしろ、巡礼（世俗の生活を捨てて聖地を巡ること）や托鉢（修行中の僧が人々に食べ物を請うこと）といった伝統的な文化に根差すものとして、実践されている。

　森林保護を訴える断食も同様である。ガーンディーは断食を「非暴力戦士の最終兵器」と呼んだ。ガーンディー主義の断食は、単なる抗議のハンガーストライキ以上の意味合いを持つものでなければならないとされる。「要求をのんでくれないなら餓死するぞ」と相手にプレッシャーをかけているようにみえたり、目立ちたがり屋のパフォーマンスのようになったりしてもいけないとされる。なんらかの要求を掲げて断食を行う際には、その要求が本当に妥当で適切なものであるかどうか、またそもそも、果たして断食をしなければいけないほどの問題かどうか、十分に吟味を重ねなければならない。さらに、断食とは、身を清めることであり、断食を通じて自身をみつめ直すことがなによりも大切だとされる。

　差別や抑圧のない自由で公正な社会を実現させようという強い情熱をもって、自分自身が善きおこないを実践できているかどうかを常に厳しくチェックしながら、非暴力で絶えず人々に働きかけていく、というのがサッティヤーグラハの精神だといえるだろう。

☞ **あらためて考えてみよう**
　自由や平等などの価値が尊重される社会をつくるために、非暴力運動というのは

どれほど有効なのでしょうか。日本や世界の近年の歴史を振り返り、具体的な事例を探して、事例に即して考えてみましょう。

【Questions】
1．ガーンディー主義とはどういうものだろうか？
2．非暴力運動で社会を変えることは可能だろうか？
3．よりよい社会を築こうとする際に、非暴力運動のほかに、どのような方法があるだろうか？

【読んでみよう】
1．M・K・ガーンディー（田中敏雄訳）『真の独立への道―ヒンド・スワラージ』岩波文庫、2001年。
　　ガーンディーの主著である。彼の思想のエッセンスが詰まっている。
2．M・K・ガーンディー（田中敏雄訳）『ガーンディー自叙伝〈1〉〈2〉』平凡社東洋文庫、2000年。
　　ガーンディーが投獄されている最中に書き上げた自叙伝である。続編の『南アフリカでのサッティヤーグラハの歴史〈1〉〈2〉』（田中敏雄訳、平凡社東洋文庫、2005年）とあわせて読んでみよう。

[石坂晋哉]

14章　南アジアの生態と社会

☞ 考えてみよう

　この章では、インドの農業を題材として、環境と開発の関係について考える機会を提供します。現在の地球における物質・エネルギー循環や多様な生物環境は、数億年という長い時間をかけてつくられてきましたが、これを脅かす問題として**地球温暖化**や**生物多様性**の減少が近年注目を集めています。

　農業は、自然と人間社会をつなぐ営みです。ただし、社会のニーズに応えられるよう資本や労働を投入し、自然環境を改変することで成立しています。では、自然環境が本来有している特性を損なうことなく、社会のニーズに応えるには、どのような技術開発や制度設計が必要なのでしょうか。本章の事例をふまえ、環境と開発の望ましい関係について、さまざまな視点から考えてみましょう。

1 水と農業

（1）なぜ水が問題なのか

　子どものころ、朝顔やひまわりを育てたことはないだろうか。水やりを忘れて、花を枯らしてしまった人もいるかもしれない。

　すべての植物は根から水を吸収し、葉からその水を水蒸気として排出する。水蒸気の出入口は気孔と呼ばれるが、植物は気孔から光合成の基質となる二酸化炭素も取り込んでいる。土壌が乾くと、植物は気孔を閉じて体内にある水を失わないようにするが、こうなると成長に必要な二酸化炭素も取り込むことができない。そして、植物が生育できないということは、それを食べる草食動物も、さらに草食動物を食べる肉食動物も生育できない、ということになる。肉や野菜を食べることで体内にエネルギーを吸収している人間も同様である。このように、地球上のすべての生物の生育にとって、水は必要不可欠な物質である。

　本章で述べるインドでは、総人口の8割（10億人）がヒンドゥー教信者だが、その聖典『リグ・ヴェーダ』では、水を司る神ヴァルナが他の神々と並んで、重要な位置に置かれ、現在も厚い信仰を集めている。

14章　南アジアの生態と社会

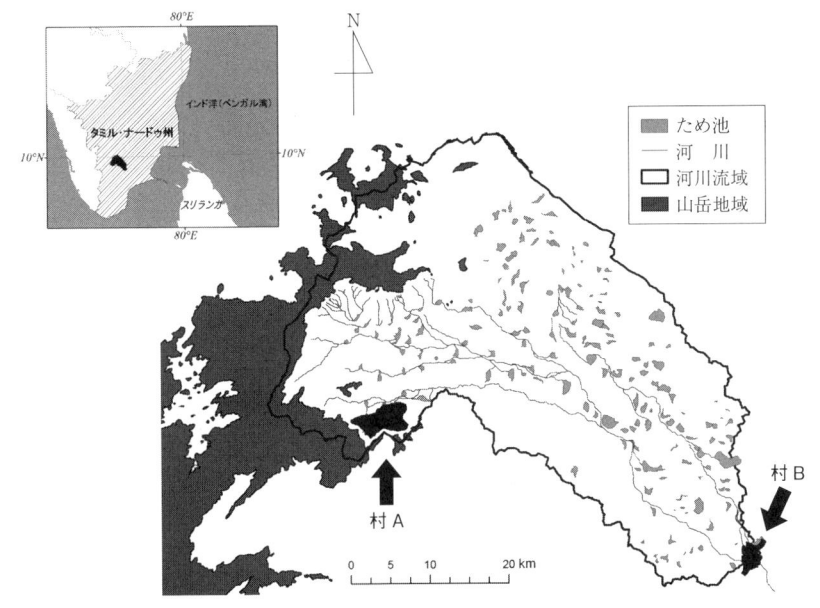

図1　タミル・ナードゥ州と調査村A、Bの位置

出所：筆者作成。

(2) ため池を使った稲作

　ここから、インド南東部に位置する、タミル・ナードゥ州の農業についてみていこう。主な対象とするのは、互いに45kmほど離れた2つの村A、Bである（図1）。この地域は、南東に向かって緩やかに傾斜する地形を持ち、2つの村は同じ河川の流域に位置する。乾季（1～8月）と雨季（9～12月）の2つの季節に分かれ、年間降水量は850mm程度である。

　この地域の人たちの主食はコメである。一般に、稲作には1200mm程度の水が必要だが、この地域で稲作が行われる雨季の降水量は600mm程度しかない。そこで、限られた降水を有効に使って稲作を行うため、ため池灌漑（かんがい）が発達した。図2にため池灌漑システムの基本的な構造を示す。タミル・ナードゥ州にはため池がおよそ3万9000あるが、これらはすべて数百年以上前につくられ、現在まで維持されてきたものである。ため池の上流には雑穀（ソルガム、トウジンビエなど）やマメ類を栽培する畑地が広がる。畑地に降った雨のうち土

113

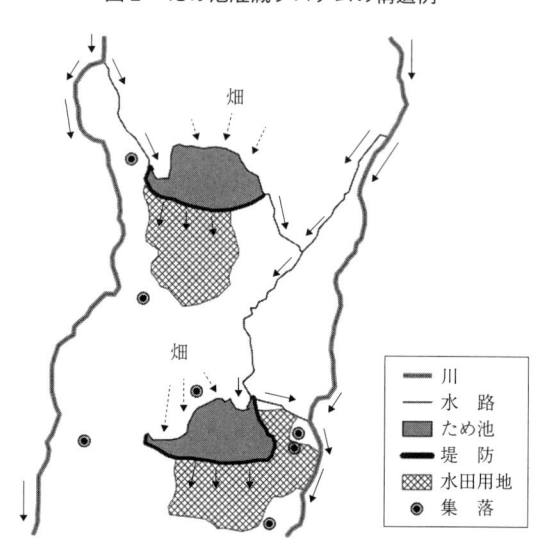

Ⅱ部　地域から国際社会を考える

図2　ため池灌漑システムの構造例

出所：Google Earth 画像をもとに筆者作成。図中の矢印は水の流れを示したもの。

に吸収されなかったものが、土地の傾斜にしたがってため池に流れ込み、この水を使って稲作が行われる。また、多くのため池は川と水路で接続され、川から水を取り込むとともに、余分な水は川に戻っていく。このように、この地域の人々は、自然の水の流れを大きく変えることなく長い間農業を営んできた。

（3）経済自由化と上流村での農業変化

　ため池の貯水量は自然の降雨に大きく影響されるため、この地域の稲作は不安定だった。しかし、1960年代後半から高収量品種が導入され、この地域だけでなくインド全体でコメの単収（単位面積当たりの生産量）が急速に増加し始めた。その結果、インドは70年代後半にはコメの自給自足を達成し、さらに輸出を開始している。

　穀物の安定的供給を背景に、インド政府は1991年から経済自由化政策を推進し、外国企業が積極的に参入できるような体制を整えた。外国企業が参入して工業およびサービス部門が発達すると、これに従事する労働者が増え、人々が

農村から都市へと移動し、都市住民のための農産物市場が形成される。伝統的な農業を行ってきた村Aでも、都市での農産物需要に反応し、サトウキビや果樹、野菜などを栽培するようになった。

ところで、作物の正常な生育に必要な水量（要水量）は、作物の種類によって異なる。ため池上流の畑地や水田用地の乾季作では、要水量は300〜450mm程度の雑穀やマメ類などが栽培されていた。一方、サトウキビや果樹の要水量は1200〜1800mm、野菜類の要水量は450mm程度であり、新規導入された作物は伝統的な作物よりも多くの水を必要とする。不足する水を補うため、河川上流では灌漑用の井戸を掘削し、地下水を灌漑に利用することが一般的になった。このようにして、A村の農業は**自給的農業**（生産者の自給自足を主たる目的とする農業）から**商業的農業**（農産物の商品化を主たる目的とする農業）へと変化していった。

2 農地植生の動態的変化

(1) 生物多様性と外来種

ある地域に古来から生育していた生物種のことを**在来種**、何らかの理由で外部から入ってきた生物種のことを**外来種**という。日本国内の外来種の代表例としては、セアカゴケグモやブラックバス、セイタカアワダチソウなどがあげられる。生物多様性の減少が世界的な環境問題として注目を集めているが、外来種の侵入は**生態系**のバランスを破壊するため、生物多様性に対する脅威とみなされている。

上流の村Aでは、地下水灌漑の導入によって栽培する作物が変化した。同じ時期に、下流の村Bではどのような変化が起こったかをみてみよう。図3は、下流のB村の水田用地で栽培されていた作物の変化を示したものである。2000年には水田用地の8割で農業などが行われていたが、2010年になると水田用地の3割でしか農業が行われなくなった。農業が衰退するにつれて、水田用地を覆うようになったのは、中央アメリカ原産のプロソピス（*Prosopis Juliflora*）という外来種である。なぜこのような変化が起こったのだろうか。

(2) 下流村での農業変化

1970年代後半、タミル・ナードゥ州政府はため池のなかや堤防にプロソピス

Ⅱ部　地域から国際社会を考える

図3　村Bの水田用地における作付作物の変化

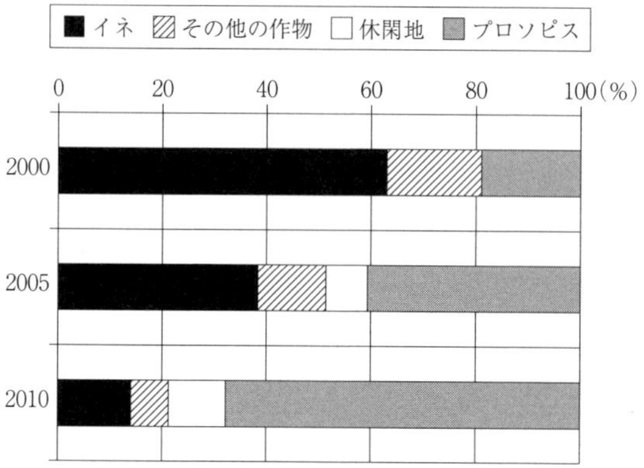

■ イネ　▨ その他の作物　□ 休閑地　▨ プロソピス

出所：筆者作成。

を植えつけた（写1）。この木を使って木炭を製造、販売することを促進し、地域住民の収入安定を図ろうとしたのである。この樹種は、乾燥に強いだけでなく湿潤条件でも生育でき、幹や枝を切り落としても一部を残しておけば、2〜3年で元どおりに再生する。ため池で生育する樹木として最適だと考えられたのだろう。農業に従事するかたわら、人々は枝を打って薪にしたり、木炭をつくったりしていた。

　前節で述べたとおり、この地域で発達したため池灌漑システムでは、上流から下流に向かって水が流れていたが、上流では地下水灌漑の導入によって農地から大気中に蒸発する水量が増加し、地表面から地下に浸透する水が減少した。これはまた、下流に向かう水量が減少することも意味している。下流の村Bでは、灌漑用水の不足によって農業が衰退していった。そして、村人たちは収入を確保するために、ヤギや羊などの家畜を放牧によって飼育するようになった。

　プロソピスは5〜6月にエダマメのように鞘に入った種子をつける。ため池のなかや堤防に生えていたプロソピスの葉や鞘は、ヤギや羊の餌にもなった。ただし、その種子は消化されずに排泄物とともに体外に排出されてしまう。村Bで家畜飼育が広がると、放牧によってプロソピスが農地に侵入した。図3に示した農業変化は、直接的には家畜飼育の拡大が、間接的には上流での地下水

14章　南アジアの生態と社会

灌漑拡大による水不足によるものであったと考えられる。

写1　水田用地で生育するプロソピス

写真右側はプロソピス、水路をはさんだ左側はイネ。
出所：2008年12月27日、村Bにて筆者撮影。

（3）電力需要の増加と下流村の暮らし

　一般に、経済が発展するとエネルギー需要も増加する。1991年の経済自由化によって、タミル・ナードゥ州の経済は大きく発展したが、エネルギー需要も急速に増加した。ただし、電力供給が需要に見合わないため、現在も輪番停電（一定地域ごとに電力供給を順次停止・再開させること）が行われている。エネルギー不足は、タミル・ナードゥ州だけでなくインド全体の問題でもある。

　増大する電力需要に対応するため、インド中央政府は2003年に電力法を改正した。特筆すべき内容は、発電事業に参入できる条件を大きく緩和したこと、政府補助金によって小規模発電事業の推進が行われたことである。これにより、2つの村の周辺に小規模のバイオマス発電所が建設されるようになった。

　バイオマス発電で一般的に用いられる材料は、サトウキビの搾りかすや製材所で出る端材やおがくずなどである。しかし、この地域では発電材料としてプロソピスが利用されるようになった。これは、①下流の村々でプロソピスが侵入・拡大していたこと、②再生能力が高く、2～3年おきに伐採可能であること、③他の樹種と比べて単位重量当たりエネルギー量が高いこと、という3つの理由による。電力需要の増加に伴い、プロソピスの用途が変化したわけである。

　プロソピスを取り扱う商人は、土地所有者からプロソピス伐採の権利を購入すると、村で労働力を集めて枝や幹を刈り取り、発電所に販売する。プロソピスの発電資材としての利用は、村Bの人々の家計収入に変化をもたらした。2000年の時点では、プロソピスによる収入は農業収入の4割強に過ぎなかったが、2010年にはプロソピスによる収入が農業収入の7.7倍になり、また、農地から得られる収入は10年間で1.5倍になったことがわかった。これは、プロソピスの拡大に加え、需要増加により販売価格が2倍以上になったためであった。

水田用地におけるプロソピスの拡大は、地域住民が意図したものではなかったが、エネルギー需要の拡大、法制度の整備とプロソピスの生態的特徴という3つの要素がうまく絡み合ったことで、村Bの人々の生活を支えることになった。しかしながら、2014年1月、マドゥライ高等裁判所は、ため池を含むすべての水域で生育するプロソピスの根絶命令を下した。プロソピスが水資源を無駄に利用している、と判断されたためである。水不足のため伝統的農業から商業的農業に転換できず、プロソピスによる収入に依存していた村Bの人々の暮らしは、今後どのように変化するのだろうか。

☞ **あらためて考えてみよう**

　物事の動いている状態、または、変化していく状態のことを**動態**といいます。地下水灌漑を導入したり、プロソピスを植えつけたりすることで、人間は自然環境を自分たちのニーズに合うよう改変してきました。しかしながら、上に述べたように自然環境は動態的に変化します。自然環境の持つこのような特徴をふまえたとき、環境と開発の望ましい関係とはいったいどのようなものなのでしょうか。私たちは自らの生存を確保するために、環境に対してどのように対峙することが求められているのでしょうか。

【Questions】
1．「文化多様性」という言葉の意味を調べるとともに、これと生物多様性の関係について考えてみよう。
2．「持続可能な開発」という言葉の意味について調べてみよう。
3．現代の国際社会ではどのような環境問題が注目されているのか、また、それはなぜ注目されているか調べてみよう。

【読んでみよう】
1．井田徹治『生物多様性とは何か』岩波新書、2010年。
　　生物多様性の減少がなぜ問題なのか、インドも含めた世界の事例を通して、もう一度考えてみよう。
2．広井良典『定常型社会―新しい豊かさの構想』岩波新書、2001年。
　　私たちが求めている豊かさとは何か、環境との関わりを意識しつつ考えてみよう。

[佐藤孝宏]

15章　古代の日韓交流史

☞ **考えてみよう**

　この章では、古代の日韓交流の歴史について考えます。
　古代の日本と韓国、特に当時の倭と百済は、非常に親しい関係でした。そして、東アジア世界における中国の権威、朝鮮半島における高句麗・新羅・百済の三国と伽耶の興亡に、倭も関わらずにはいられませんでした。東アジアにおける諸国は連動していたのです。
　この古代の東アジアにおける国際関係を物語るものは、いまも大阪の各地に残されています。それらを手掛かりに、古代の国と国との関係を考えてみよう。

１　河内飛鳥と昆支王

　河内飛鳥の中心である大阪府羽曳野市飛鳥には、飛鳥戸神社がある（写1）。この神社の祭神は、飛鳥大神であり、百済の王族である昆支王であると伝えられてきた。しかし、そのことについて詳しく知る者もなく、伝承として継承されてきた。
　『日本書紀』によると、昆支王は百済の第21代蓋鹵王の弟である。昆支王が妻とともに来倭したのが461年、翌年に子どもが生まれたので妻子を百済に帰国させた。この子がのちの武寧王である。昆支王は倭国滞在中に5人の子息をもうけ、第2子は文周王の娘との間に生まれた後の東城王である。475年に百済前期の都である漢城が陥落、昆支王は中期の都である熊津で即位した文周王を支え、477年に没したとある。
　しかし、これらの内容は文献史料に記されているもので、その実在性は不確かなものであった。具体的にその姿をあらわしたのは、昆支王の子、武寧王の墳墓が韓国の公州市で発見され、その存在が実証されてからである。
　武寧王陵は、1971年7月、暗渠工事中に偶然発見された。古代の日韓において、墓の主を記した**墓誌**が発見されることはほとんどないが、この陵は墓誌が

写1　飛鳥戸神社

出所：筆者撮影。

出土し、その内容によって被葬者が特定された貴重な遺跡である。文中には、「寧東大将軍・百済斯麻王。年六十二歳。」とあり、文章からみて買地券（土地の売買証明書）であることもわかり、約90枚の五銖銭も置かれていた。もう1枚の墓誌には、王妃の記述があり、夫婦合葬の例としても重要である。出土した遺物には、中国南朝の梁から招来された白磁・青磁・大刀とともに、倭国と関わる鏡・高野槇の木棺があり、当時の東アジアにおいて、深い交流があったことを想定させる。武寧王の実在性が高まったことにより、それを記述した文献史料の価値もあらためて評価されるようになってきた。

2　昆支王の系譜

今上天皇は、平成13（2001）年、68歳の誕生日に先立つ日韓主催のサッカー・ワールドカップにあわせた記者会見で、「私自身としては、桓武天皇の生母が百済の武寧王の子孫であると『続日本紀』に記されていることに韓国とのゆかりを感じています」と述べた。

これが、いわゆる「韓国とのゆかり発言」と呼ばれているもので、韓国では大きく取り上げられたが、日本ではあまり報道されなかった。歴史学では以前から知られていることで、平安時代の記録には「百済王らは朕が外戚」と書かれており、桓武天皇と百済王家との関係を誉れ高く記しているが、天皇自らがこのことを明言されたことに大きな意味がある。

また、史料をもとに昆支王に関わる系図を作成したところ、2つの系譜が明らかになった（図1）。1つは、昆支王の子、武寧王に始まる系譜で、武寧王の子である純陀太子を経て、桓武天皇の生母である高野新笠に至る系譜である。もう1つは、文周王の娘との間に生まれた東城王をはじめとする飛鳥戸造で、河内飛鳥に居住した一族の系譜である。彼らは、のちに改姓して、

15章　古代の日韓交流史

図1　昆支王関係系図

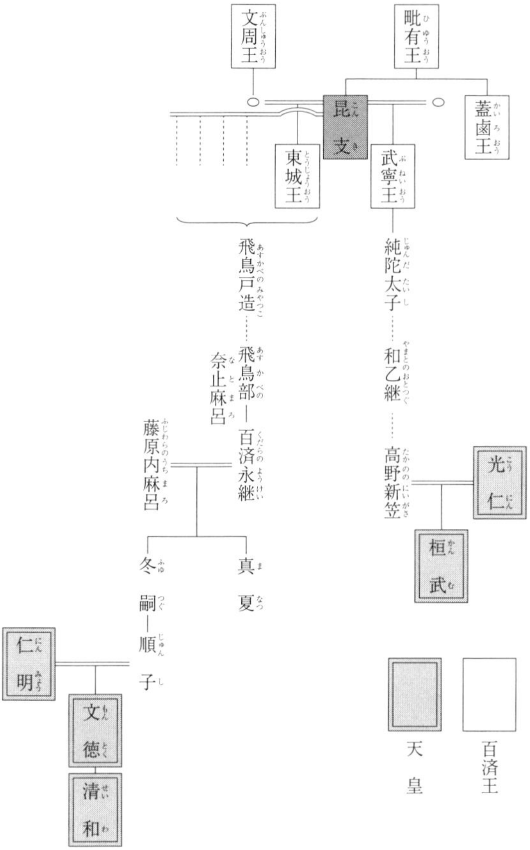

```
          文周王      毗有王
            ○──┬──┤昆┼──○    蓋鹵王
                │    │支│
              東城王  │  │武寧王
                     │  │
              飛鳥戸造  純陀太子
              飛鳥部―奈止麻呂  和乙継
              藤原内麻呂═飛鳥部―百済永継  高野新笠
                       │                 │
                     冬嗣―真夏          光仁
                       │                 │
                     順子                桓武
                       │
                     仁明
                       │
                     文徳
                       │
                     清和
```

□天皇　▨百済王

出所：筆者作成。

百済宿禰となり、藤原氏につながり、清和天皇に至る系譜を持つことになる。これらのことから昆支王を祭神とする飛鳥戸神社は、860年に官社となり、880年には春秋祭祀のために田一町が与えられた。

　一方、大阪府南部の羽曳野市・柏原市にかつて所在した旧安宿郡（飛鳥戸郡）を中心とする地域は、奈良県南部の飛鳥（遠つ飛鳥）に対して河内飛鳥（近つ飛鳥）と呼ばれた。河内飛鳥は、安宿郡を中心とする安宿地域、太子町・河南町にわたる磯長地域、羽曳野市・藤井寺市に造営された古市古墳群のある古市地

121

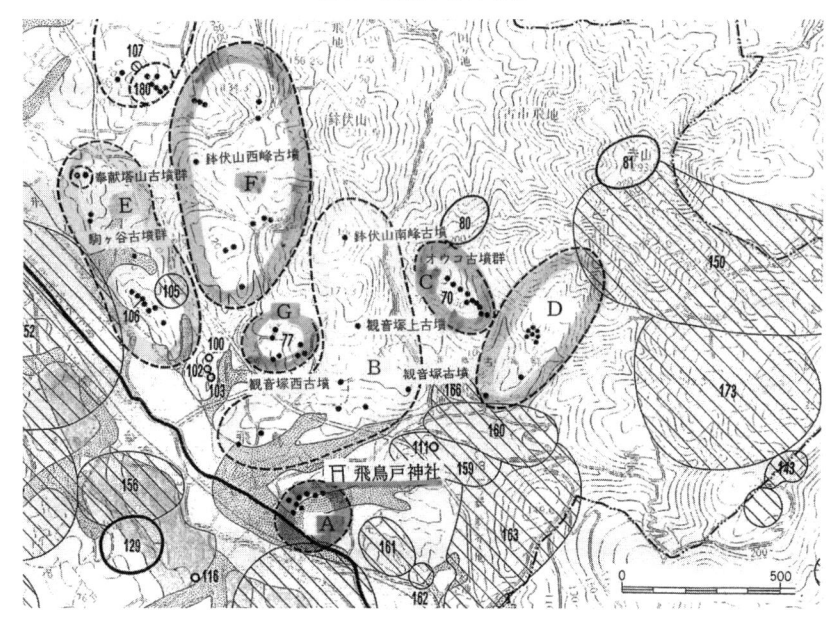

Ⅱ部　地域から国際社会を考える

図2　飛鳥千塚古墳群

出所：『羽曳野市史　第3巻』（1994年）。

域、そして野中寺の南に広がる寺山地域の4地域に分けることができる。河内飛鳥の中心は、安宿地域である。奈良時代の安宿郡には3郷があったことがわかり、上（賀美・加美）郷は羽曳野市飛鳥・駒ヶ谷、中（奈加・尾張）郷は柏原市円明・玉手・片山、下（資母）郷は柏原市国分に比定することができる。

3　飛鳥千塚古墳群

この安宿郡に営々と築かれたのが、飛鳥千塚古墳群である。古墳群は、羽曳野市飛鳥・駒ヶ谷地域の丘陵において6～7世紀に築かれたもので、墳丘は10～20m前後の円墳、主体部は横穴式石室を中心とする。古墳群は、A～Gの7つの支群に分けることができる（図2）。

A支群は、現在の飛鳥集落内にあり、低い立地を示す。かつては、15基存在したが、現在は3基の墳丘を確認できる。6世紀後半の横穴式石室を主体とするものと推定できる。

B支群は、飛鳥新池の西方、鉢伏山の南側、標高50〜190mに分布する。横穴式石室の他に、4基の横口式石槨がみられる。塚原古墳からは、金銅製のかんざしが出土している。

　C支群は、寺山より南西に延びる標高140〜200mの尾根上に築かれ、オウコ古墳群と呼ばれている。かつては34基あったが、分布調査時に13基確認されている。主体部の構造から、自然石を用いた無袖の横穴式石室墳と、横口式石槨が併存している。構造的には2種類あるが、すべて単葬である。

図3　鉢伏山西峰古墳

出所：『羽曳野市史　第3巻』（1994年）。

　D支群は、寺山より分岐した標高90〜130mの尾根上に位置し、約10基の無袖横穴式石室墳が確認されている。

　E支群は、鉢伏山から南西の尾根上に存在する12基の横穴式石室墳で、駒ヶ谷古墳群と呼ばれている。群内の奉献塔山1号墳は、両袖式石室で、金銅製沓・金環・銅環・ガラス玉・銅釧等が出土した。同じく2号墳からは、ミニチュアの竈形土器がセットで出土した。

　F支群は、鉢伏山の南西から北西にかけて築かれた古墳群で、通称「三ツ塚」と呼ばれる3基、切戸1・2号墳、横口式石槨の鉢伏山西峰古墳等が含まれる。切戸1号墳は、横穴式石室内に木棺2基が確認され、2号墳からはミニチュア土器が出土した。

　そして、最後にG支群は、鉢伏山の南方の尾根上に存在する約7基の横穴式石室墳であるが、詳細は不明である（図3）。

4　古代の倭と百済

　飛鳥千塚古墳群は、支群ごとに墓域が設定され、個性がある。ほとんどが6世紀後半から7世紀初頭に築かれた後期群集墳である。狭義の飛鳥千塚古墳群は、上郷に立地し、A〜D支群で構成され、A支群のある低地は当時の集落立地と重なると考え、それらを囲むB・C・D支群は風水の思想に基づいた配置がされているのではないだろうか。

また、二上山北西の石英安山岩の露岩を利用し、凝灰岩も使用するなど、石工技術に秀でている。オウコ8号墳から出土したタガネは、被葬者の生前の職掌を表している可能性が高い。さらに、E・F支群等の後期群集墳では、ミニチュア土器の出土が顕著で、渡来系氏族の被葬者を示唆している。F支群の切戸1号墳における2棺は、釘や鎹の大きさや配置等から夫婦合葬の可能性がある。また、各支群内でも格差は明らかで、B支群における観音塚古墳、C支群におけるオウコ8号墳、F支群における鉢伏山西峰古墳が上位に位置する。

　飛鳥千塚古墳群は、飛鳥戸神社の祭神である昆支王を始祖とする飛鳥戸造一族の墓域である。築造されたのは6・7世紀であるが、500年前後の韓半島の情勢に連動した昆支王の来倭、倭国で生まれた2人の百済王の存在など、5世紀からの倭と百済の継続的な関係の上に成立した。

　百済系氏族の倭国への渡来は、5世紀初頭の高句麗南進に伴う文氏などの渡来、次に5世紀後半の三国動乱による船・津・白猪・馬・蔵氏や昆支王などの渡来、そして7世紀後半の百済滅亡による百済王氏などの渡来の大きく3回を数えることができる。当時の東アジア世界において、倭と百済はいつも同調した動きをしていた。漢字や仏教だけでなく、多くの文化や政治・思想・文物は、百済を経由して倭国に招来された。

　韓国西南部、栄山江流域に築かれた前方後円墳の被葬者についても倭人か韓人かが、日韓で議論されている。昆支王の第2子である東城王は、479年に筑紫の軍500人に守られて百済に帰国したとあり、倭はこれ以降積極的に百済復興を支援する。百済と倭は、相互に官僚を含む人的交流をおこなうという、いわば「同盟国」だったのである。

　昆支王の末裔は、河内飛鳥に居住し、多くの子孫を残した。そして、遺構の様子から推測される石材加工の高度な技術に代表される渡来人の優れた文化は、当時の日本人に益した。古代の友好的な日韓関係を知ることは、両国が未来志向で共生するための礎となるのではないだろうか。

☞ あらためて考えてみよう

　古代の倭と百済は、皇族・王族を含む人的交流が活発で、相互に認めあう同盟国

であったと考えられます。特に、当時の中国の権威にともなう高句麗の南下政策が、百済にとっては脅威でした。そのため、倭に軍事的な支援を求めたのです。倭にとっては、百済が持つ先進的な技術・文化・思想――鉄をはじめとする物資、漢字や仏教の知識など――が国家形成には必要であったため、その求めに応じたのでした。

また、百済王族が日本の皇族につながる系譜を持つことは重要でしょう。5・6世紀における百済王の東城王・武寧王は日本生まれです。この2人に連なる系譜に桓武天皇、清和天皇が存在し、平安時代の記録にはそのことを誇りとしていたと書かれてあります。

私たちは、古代の日韓交流史をふまえながら、日韓関係の現在と未来をあらためて考えるべきなのではないでしょうか。

【Questions】
1．古代の倭国は、朝鮮半島とどのような関係だったのだろうか？
2．古墳の立地や、墳丘、内部主体、副葬品などで何がわかるのだろうか？
3．日本に来た渡来人の役割は、何だったのだろうか？

【読んでみよう】
1．岡田英弘『倭国 東アジア世界の中で』中公新書、1977年。
　　日本をとりまく東アジア世界に光をあて、日本民族と国家誕生過程を描く。
2．吉村武彦『ヤマト王権』岩波新書、2010年。
　　ヤマト王権の始まりや、天皇・王宮・王墓について、東アジア全域の動きを視野に、その実像に迫る。

［笠井敏光］

❖ コラム⑨　世界遺産と日本

世界遺産とは、人類や地球にとってかけがえのない価値を持つ記念建造物や遺跡、自然環境などの文化遺産と自然遺産を人類共通の財産として保護し、次世代に継承しようとするもので、**ユネスコ**（国際連合教育科学文化機関）の総会で採択された**世界遺産条約**に基づいて世界遺産リストに掲載されている。2014年8月現在、文化遺産779件、自然遺産197件、複合遺産31件の計1007件が世界遺産登録されている。

世界遺産条約は全38条からなり、文化遺産や自然遺産の定義、リストの作成、世界遺産委員会や世界遺産基金の設立、遺産保護のための国内機関の設置や立法・行政措置の行使、国際的援助などについて定められている。このなかには、世界遺産を保護する義務や責任はまず保有国にあること、条約の締結国は国際社会全体の義務として、遺産の

保護・保全に協力すべきであることという基本方針が示されている。また、教育・広報活動の重要性も強調されており、世界遺産を過去のものとして考えるのではなく、今生きている人々が社会のなかで守り、将来に伝えていくことが必要である。

登録基準は、1978年の登録開始から文化遺産と自然遺産で別々であったが、2005年に改定され、2007年の委員会で審議される遺産から10項目の基準が適用されている。これらの項目の組み合わせによって、文化遺産・自然遺産・複合遺産を区別している。

世界遺産登録の概念にも変化がみられる。1990年代初頭までは記念物や建造物が当時のまま残されているという真正性や完全性が重視されたため、風化しにくい石の文化に属する遺産が中心であった。しかし、それだけでは多様な文化遺産を適切に評価できないため、1992年には「文化的景観」を登録することになった。これは、人間が自然とともにつくりあげた景観を対象とするもので、これによってより多くの文化遺産が登録され、保全されるようになった。

1994年に採択された「グローバル・ストラテジー（世界戦略）」は、世界遺産リストの不均衡を是正するための戦略で、選考基準の見直しや、世界遺産をもたない国や産業に関係する遺産、先史時代や現代の遺産の登録強化などをあげている。また、「トランスバウンダリー・サイト（国境を越える遺産）」は、国境を越えて広がる遺産を登録する際に考えだされたもので、多国間の協力によって遺産が保全される。自然遺産ではオランダとドイツに広がる「ワッデン海」、文化遺産ではベルギーとフランスにまたがる「ベルギーとフランスの鐘楼群」などがある。さらに、「シリアル・ノミネーション・サイト（連続性のある遺産）」は、文化や歴史的背景、自然環境が共通するものをひとつの遺産としてみなすもので、自然遺産ではロシアの「カムチャッカ火山群」、文化遺産ではフランスの「ロワール渓谷」などがある。

日本は1972年に世界遺産条約がユネスコで採択されたときに議長国を務めていたが、世界遺産条約を批准したのは、1992年と遅く、125番目の締約国であった。現在、日本の文化財や自然が世界遺産登録をめざす場合には、文化庁・環境省・林野庁や文化審議会などの有識者会議が暫定リストを作成し、そのなかから推薦候補を決定している。以下は、日本国内の世界遺産の一覧である（2015年4月時点・登録年順）。

・文化遺産
　姫路城、法隆寺地域の仏教建造物、古都京都の文化財、白川郷・五箇山の合掌造り集落、原爆ドーム、厳島神社、古都奈良の文化財、日光の社寺、琉球王国のグスクおよび関連遺産群、紀伊山地の霊場と参詣道、石見銀山遺跡とその文化的景観、平泉——仏国土（浄土）を表す建築・庭園及び考古学的遺跡群——、富士山——信仰の対象と芸術の源泉——、富岡製糸場と絹産業遺産群。

・自然遺産
　屋久島、白神山地、知床、小笠原諸島。

文化遺産のうち、原爆ドームを除くすべては木造建造物を含んでいる。また自然遺産はすべて森林を中心としている。このことから、日本の世界遺産は、「木の文化と自然」であると言い換えることが可能である。

　また、1998年にユネスコにおいて採択された「人類の口承及び無形遺産の傑作の宣言」によって、「生きた文化」も保護することが決められた。2003年には**無形文化遺産保護条約**が採択され、2006年に発効した。日本では、以下の古典芸能や祭礼、行事、伝統工芸品などが登録されている（2015年4月時点・登録年順）。

能楽、人形浄瑠璃文楽、歌舞伎、雅楽、小千谷縮・越後上布、日立風流物、京都祇園祭の山鉾行事、甑島のトシドン、奥能登のあえのこと、早池峰神楽、秋保の田植踊、チャッキラコ、大日堂舞楽、題目立、アイヌ古式舞踊、組踊、結城紬、佐陀神能、壬生の花田植、那智の田楽、和食（日本人の伝統的な食文化）、和紙（日本の手漉和紙技術[石州半紙・本美濃紙・細川紙]）

　有名な観光地は世界遺産に登録されることが多く、観光産業と世界遺産は分けて考えることができない。世界遺産に登録されることによって多文化理解につながっている反面、遺産を保全するうえで問題も発生する。自然遺産の場合、観光客が訪れることによって自然を傷つけたり、ゴミやトイレ問題などによって環境が破壊されることがある。文化遺産においても信仰の対象となっている教会や寺院に観光客が訪れることによって、従来の信仰形態に影響が生じている。今後は、観光資源としての世界遺産の価値を意識し、将来に及ぶ持続可能な観光を考えることが課題であろう。

（笠井敏光）

16章　旅する日本の画家——海外経験と作風の確立

☞ 考えてみよう

　芸術——よく目にし、また聞くことばですが、その意味するところは何でしょうか。『日本国語大辞典』は芸術を「鑑賞の対象となるものを人為的に想像する技術」と定義しています。絵画・建築・工芸などの**空間芸術**、音楽・文学などの**時間芸術**、舞踊・演劇・映画などの**総合芸術**……ジャンルはさまざまですが、芸術は、他の誰かが評価しなければ自己満足に終わってしまう危険性を常に持っています。だからこそ、芸術家は、自分にしか表現できないもの——作風を確立することに最大の努力を傾けるのです。他の人とは違うものを表現するために、過去の作品に学んで、さらに個性を発揮する、これこそ、すべての芸術家に共通する基本姿勢なのです。そして、**芸術学や美術史**とは、芸術家の作風の確立や変遷について主に考える学問なのです。

　芸術の創造は国際的に、普遍的に行われてきたことです。そして、異文化と接触し、それを自身の芸術に取り込み、独自の作風を確立することも、多くの芸術家が試みてきました。ここでは、日本、中国、台湾を旅した画家、安田老山（やすだろうざん）の軌跡を追いながら、作風の確立について考えてみましょう。

１ 東洋の山水画——理想と現実の間で

　絵画のジャンルのうち、主要なものとしては人物画、動物画、風景画、静物画などがあるが、東洋で独自に発展したのが**山水画**である。これは、東洋の伝統的な考え方の影響を受けている。古来、中国では人の世は身分の上下をはじめとする人間関係の問題や、戦争や病気などの災いに満ちた、汚れた世界であると考えられていた。そのような場所を避けて、深い山の中に住み、瞑想の日々を送ることが理想とされていたのである。これを**隠逸思想**（いんいつしそう）という。

　しかし、実際には誰もが山の中でそのような生活ができるわけではない。その解決策として「せめて精神を山の中に遊ばせたい」という発想が生まれた。こうして、室内に理想的な山や水のすがたを描いた山水画が飾られることになる。

16章　旅する日本の画家

　山水画を描き、愛したのは当時の知識人たち——**文人**だった。政治家や富豪であることが多かった文人は、その余暇の時間で漢詩や漢文の教養を深め、さらに芸術を創作する楽しみを追求していた。その2つをあわせて理想の山水への想いを絵のなかに書き記し、絵により深く感情移入できるように工夫したのである。以降、山水画には文人が思いを託した作品の名前である**題**や、その景色に寄せる想いを表した漢詩である**賛**が加えられることが一般的となった。

図1　鉄翁祖門筆「米法山水図」

出所：(長崎市立博物館蔵)「鉄斎とその師友たち」展図録（京都国立近代美術館、1997年）より転載。

2 江戸時代の南画家と山水画

　もともと日本人には、風景画ではなく、特に山水画を楽しむという意識はあまりなかったが、中国での流行は日本にも及んだ。まず、室町時代の禅僧たちの間に山水画に漢詩の賛を加えて楽しむという**詩画軸**の流行があったが、本格的に日本で山水画が描かれるようになったのは、長崎や琉球を通じて中国との交流がより盛んになった江戸時代中期頃のことだった。池大雅や浦上玉堂、田能村竹田、鉄翁祖門（図1）など、中国の影響を強く受けて山水画を描き、独自の作風を確立する画家が続々と登場し、優れた作品を生み出したのである。彼らはそれぞれに相当の知識人ではあったが、中国の文人画の表現者であった文人とは、社会的地位、収入などの点で大きく異なっていた。そのため、日本で描かれた文人画風の作品については、文人画の別名である**南宗画**の、さらに略称である**南画**と呼び、その制作者を**南画家**と区別して呼ぶことが多い。

3 明治初期の人気南画家、安田老山

　明治維新を成しとげた志士たちが、その思想のよりどころとしたのは頼山陽の『日本外史』をはじめとする漢文メディアによって得た教養だった。彼らは楽しみとして漢詩をつくり、時にはそれを声高らかに詠うことを楽しんで

129

図2　安田老山像

出所：『明治英銘百詠選』所収。

た。この結果、漢詩と深い関係を持つ南画は明治の初期に大流行することとなっていく。

　この流行のなかで、人気を誇った南画家が**安田老山**（1830〜83）である（図2）。豪快で雄大なその作風は独特の個性にあふれたもので、明治初期の日本人は争ってその作品を求めた。明治天皇が重臣、三条実美や大久保利通の邸を訪れた行幸のとき、余興として安田老山が目の前で作品を描いたことは、当時の老山の人気のほどをよく表している。

　安田老山の作風がこれほどの人気を集めた理由は、彼の経歴にあった。当時としては大変珍しいことに、老山には海外に学び、その経験を作風に活かしていたのである。老山は1867年に上海を初めて訪れ、一度日本に帰ってから、自身も絵を描いていた妻、安田紅楓（1846〜71）とともに再度上海を訪れていた。その後台湾にまで渡った老山の海外での日々は、38歳から44歳までの6年間にも及んでいる。この間の経験が、老山の芸術に大きな影響を与え、のちに名声の獲得に役立ったのである。

4　安田老山の作風確立

　老山は高須藩の領内（現岐阜県海津市域）にそのルーツを持ち、江戸で医師として活動していた安田家に生まれた。成長した老山は家業を継いで医師として活躍するため、当時の医学の先進地域である長崎を訪れる。しかし、長崎で老山が修業したのは、南画だった。鎖国時代の日本における、ほぼ唯一の外国との交易の地だった長崎では、禅僧で絵をよくした鉄翁祖門や、来日して活動していた徐雨亭らの活躍によって、南画の人気が高まっていたのである。

　鉄翁や雨亭に南画を学んだ老山は、修業を深めるにつれて、本場の中国大陸に学び、より本格的に学びたいという思いを強く持つようになったらしい。

16章　旅する日本の画家

1867年、老山は鎖国の法を破って大陸へ密航することとなる。

大陸での老山の活動は多様だった。当時の上海の画壇の第一人者、胡遠に学び、さまざまな文人たちと親交を結んだ老山の芸術は注目され、著名画家の人名録『墨林今話』にも名前が掲載されている。一方、同行した妻の紅楓は1872年に蘇州で没し、その翌年には老山を日本の軍人、福島九成が訪問して協力を要請し、老山は福島とともに台湾へ渡り、調査を行っている。

老山が帰国したのは1873年のことだったが、当時このような経験を持つ画家は他にはいなかった。明治時代を代表する書家として知られる日下部鳴鶴は、書家や画家が料亭の大広間などに集まって作品を制作しあう書画会で帰国直後の老山が描く様子を目にした。「こやつ、えらいものだ」

図3　安田老山筆「夏景秋景山水図」

出所：(岐阜・個人蔵) 筆者撮影。

と大変に驚き、すぐさま老山に住居を世話して絵を学ぶ会をつくったという逸話は、当時の日本人が老山の本場仕込みの作風にいかに驚き、あこがれたかをよく示しているといえるだろう。

図3は安田老山が帰国後に描いた一対の作品である。老山をはじめとする、明治時代初期の画家の作風の特徴である、淡い、薄い墨を主としながら筆の側面を駆使して描く淡墨側筆によって、右側の作品（右幅）には険しい山と滝、水辺の家々の夏の姿が描かれている。左側の作品（左幅）では右の下側を塗り残して紙の地を白く残して湖の水面を表し、秋の山や松の姿を対比的に表している。

右幅の賛は「山色、青く染まり、第堂、声を負うて成る。陰々たる喬木の裡、疑うらくは読書の声有らんかと」と、左幅の賛は「風涛、天の半ばにして、聴くこと依って稀なり、百尺の虬松、翠鬣飛ぶ、膝を抱き、科頭にして樹下に吟ずれば、偶然に松子、秋衣に落つ」と読み下すことができる。二首の漢詩は「山の色が青々とする季節、新たな家が喜びの声と共に完成した。背

131

丈の低い木々が黒々とするほどに茂ったこの家で、主はきっと、書に親しむのであろうと私は想像を巡らしている……」、「風も波も天地の半ばばかりで騒ぐだけで、まだその音はほとんど聞こえてこない。けれど、竜の一種である想像上の動物、みずちのような松の老木の、緑のたてがみのような松葉は、風に吹かれて今まさに飛び始めた。木の下に隠れ、冠を吹き飛ばされた頭を低くしてやりすごしながら、せめて詩を吟じよう。おや、ぽとりと松ぼっくりが私の秋服に落ちてきた……」という意味になる。詩の内容と贈られた相手を示す「蟻峰片岡君の嘱めの為に」という書き入れを考えると、この作品は左遷などによって転居した友人のために描かれた可能性が高い。

「松ぼっくりが思いがけず落ちて来るように、吉報もいずれ突然あるでしょう」と読みとれる詩を記すことによって、友人をなぐさめ、せめてこの絵をみている間は世の中の辛いことを忘れてほしいと願う絵なのである。

☞ あらためて考えてみよう

　図3の左幅の下側中央では、背中を丸めた人物がひとり、豊かな自然をみつめています。このように絵と詩を強く関係づけ、鑑賞者をその山水のなかへと招待する、臨場感にあふれる作風は、それまでの日本人は得意としなかったものでした。しかし、中国や台湾で文人たちが山水画に託して気持ちを通じあわせる様子を実際に見てきた老山は、このような作品を多数描くことで、日本の画壇に新しい風を巻き起こしたのです。

　長崎時代の老山は、図1のような、師匠である鉄翁祖門の作風に近い作品を描いていたと考えられますが、帰国したとき、その作風は大きく変化していました。そして、この作風が評価されて、今もなお安田老山は「明治初期を代表する画家」として知られています。芸術家にとって、独自の作風を生み出すことは、何よりも重要なことです。そして、それが何に影響され、どのように成立したものなのかを考えることは、芸術を研究の対象とするすべての学問に共通する、とても重要なことなのです。

　芸術は、それぞれの国の生活や思想を反映しながら発達します。そして、各国の文化のなかでも特に意識され、尊重されるものでもあります。芸術について、ある程度の鑑賞機会や知識を得ておくことは、国際社会で生きるうえでの重要な教養であるといえるのではないでしょうか。

【Questions】
1. 自身が日常的に接している音楽・マンガ・映画などを含むさまざまな芸術の表現者たちの、独自の作風とはどのようなものなのでしょうか？
2. 上記の1でみた作風は、どのように形成されたのでしょうか？
3. 日本の芸術家の作風は、他の国の芸術家たちの作風と比較してみたとき、その独自性はどこにあるといえるのでしょうか？

【読んでみよう】
1. 小林忠『江戸浮世絵を読む』ちくま新書、2002年。
　　世界的に評価の高い日本の「浮世絵」について、その魅力や絵師の特徴、調査や研究の方法についてわかりやすく知ることができる。
2. 安村敏信『美術館商売―美術なんて…と思う前に』智慧の海叢書、2004年。
　　美術館はもっと開かれた鑑賞の場であるべきだ、という筆者の思いに満ちた一冊。どのような学問・職業にも共通して必要な、柔軟な思考能力を身につけるための好著。

[村田隆志]

❖ コラム⑩　学芸員という仕事─その人口と役割

　博物館──美術館、歴史館、動物園や水族館、植物園などを含む──を職場とする学芸員という職業がある。世界的にはキュレーター（Curator）と呼ばれるこの職業は、日本では人口1万7500人あたり1人（平成23年度文部科学省社会教育調査・全国の学芸員総数7293人）しかおらず、人口535人あたり1人いる高校教員（同年同調査・全国の高校教員総数25万3104人）と比較するとかなり少ない。そのためもあって、学芸員とはどのような職業なのか、ひろく一般に知られているとはいえない。
　学芸員の仕事内容は、「博物館法」に「博物館資料の収集、保管、展示及び調査研究その他これと関連する事業を行う」と定められている。参考として、平均的な美術館に勤務する学芸員の1日の仕事を例にあげてみよう。

　　9：00　出勤。夜間閉館中の温湿度チェック。盗難や電球切れなどが発生していないかどうか展示室を確認。
　10：00　開館。
　10：30　地元の小学生団体来館。展示室での解説（ギャラリートーク）実施。
　11：00　次回展覧会のポスターについて、印刷会社とデザイン打ち合わせ。
　12：00　昼休憩。
　13：00　週1回の定例の学芸課会議。次年度の事業計画について打ち合わせ。

14：00　作品借用対応。他館の学芸員に所蔵品を貸し出すため、点検・梱包に立ち会う。情報交換も行う。
15：00　図録論文執筆のため、館内の図書室で文献調査。
15：30　美術館友の会のボランティアガイドのための事前レクチャー。
16：00　ミュージアムショップで販売するオリジナルグッズ製作のため、業者と打ち合わせ。
16：30　来館者からの、作品についての問い合わせ対応。
17：00　閉館。温湿度ほかチェック。作品解説、図録論文の執筆やワークショップの準備など。
18：00　退勤。

　つまり、「博物館での仕事」として考えられがちな受付や展示室内での監視は学芸員の業務ではなく、専門性が必要な業務がすべて学芸員にゆだねられているのである。かけがえのない資料を扱う、やりがいのある仕事であるが、専門的な学びが前提となるため、博物館法では資格取得の条件が定められている。大学で指定科目を履修し、単位を取得すること、実際に博物館で実習を経験することによって、卒業と同時に資格が認定される。

　学芸員にとってきわめて重要なのが、情報を収集し、分類し、知識を共有できるようまとめるキュレーションの能力である。どのような大規模な展示であっても、調査研究によって得た情報のすべてを反映することはできない。情報をその重要性にしたがって取捨選択することが、常に求められている職業なのである。

　そして、近年はITの発達によって、膨大な情報を簡単に得ることができるようになり、ビジネスの現場でもキュレーションが重視されつつある。今後は、学芸員はプロとして、そして資格取得をめざす学生もセミプロとして、キュレーション能力を発揮し、社会に自身の知見や経験を還元していくことが重要であろう。

(村田隆志)

17章 貨幣が語る中央ユーラシアの歴史
　——モンゴル帝国の貨幣

☞ 考えてみよう

　この章では、13〜14世紀に中央ユーラシアで発行されたお金（貨幣）に刻まれた文字情報について考えます。

　中央ユーラシアでは古くから草原では遊牧が、オアシスでは農耕が営まれていました。また、シルクロードという言葉もあるように、東の中国と西の西アジア・ヨーロッパの中間にあることから、中央ユーラシアは東西貿易や文化交流の一大中継地でした。特に、13世紀に成立したモンゴル帝国とティムール帝国の支配のもとで、中央ユーラシアは世界経済の中心地となりました。

　多民族が共生し、かつ国際貿易が活発に行われていた時代の中央ユーラシアの貨幣について学ぶことは、現在の貨幣システムを理解する助けとなることでしょう。

2 モンゴル帝国の貨幣

(1) モンゴル帝国の貨幣システム

　1206年にチンギス・カンは大モンゴル国の建国を宣言した。チンギス・カンとその子孫は遠征活動を行い、東は樺太・日本海から、西はバルカン半島・地中海に及ぶユーラシアの大部分を版図とする帝国を形成した。

　モンゴル帝国は、現在のモンゴル高原と中国周辺を領域とする大元ウルス、中央アジアのチャガタイ・ウルス、ペルシャのフレグ・ウルス（イル・カン国）、そして現在のロシア、ウクライナ、カザフスタンなどを支配したジョチ・ウルス（キプチャク・カン国）など、いくつかのウルス（国）からなる連合体であった。

　モンゴル帝国内では銀が秤量**貨幣**、すなわち、取引時に重量や銀の含有量をはかって使う貨幣として広く流通した。また、大元ウルスでは鈔（しょう）と呼ばれる紙幣が印刷され、モンゴル帝国の西方では金貨、銀貨、銅貨が発行されていた。

　モンゴル帝国の西方で発行された金属貨幣としては、おもに**イスラーム様式**

II部　地域から国際社会を考える

図1　カラコルムのディナール金貨

（表）　　　（裏）

出所：The National Museum of Mongolia, *Chinggis Khaan: an Exhibition*, Ulaanbaatar, Mongolia, 2011, p. 34.

のディナール金貨、ディルハム銀貨、プル銅貨が鍛造されていた。政治的にはいくつかのブロックに分かれていたモンゴル帝国だったが、貨幣流通の面では1つの巨大なかたまりだったのである。

（2）カラコルム出土ディナール金貨

さて、実際にモンゴル帝国で発行され流通した貨幣をみてみよう。

図1は、モンゴル帝国の首都カラコルム、現在のモンゴル・ハラホリンで鍛造されたディナール金貨である。ディナール金貨は中央ユーラシア全体で鍛造・流通したものであり、図1も直径24.1mm、重さ4.43gと標準的な大きさである。

特徴的なのは、この金貨には2種類の文字が使われていることである。まず、裏側にはアラビア文字で、カリマ、すなわち「アッラーのほかに神はなく、ムハンマドはアッラーの使者である」という聖句と、バグダッドにいるカリフ・ナーシルの名前が入っている。中央ユーラシアではイスラームが広まり、聖典クルアーン（コーラン）がアラビア語・アラビア文字で書かれていることもあり、アラビア語、ペルシャ語、トルコ語など、さまざまな言語がアラビア文字で表記されていた。

次に、表側には30をあらわすアラビア文字が入っている。この金貨はヒジュラ暦630年、すなわち西暦1232〜33年につくられたことがわかる。

また、同じく表側には「コルム」をあらわすウイグル文字も入っている。モンゴル帝国が成立すると、モンゴル語はウイグル文字で表記されるようになった。現在のモンゴル文字はこのウイグル文字を改良したものである。「コルム」とは首都カラコルムの略称であり、漢字では「和林」と書かれる。

したがって、この金貨はヒジュラ暦630年にカラコルムでつくられたことがわかるのである。カリマ、カリフの名、つくられた都市名、そして製造年が貨幣に入るのは、イスラーム様式の貨幣の典型である。

（3）首都はいつできたのか

　モンゴル帝国の首都カラコルムは、1235年に第2代オゴデイ・カアンのときに建設されたといわれている。しかしながら、現在のモンゴル政府は1221年に首都となったとしており、見解が分かれている。どちらが正しいのであろうか。

　チンギス・カンは1219年から1225年まで、中央アジアのイスラーム教国であるホラズム・シャー朝へ遠征したが、この遠征中の1221年にモンゴル高原の中央部にカラコルムという都市を建設した。また、チンギス・カンはホラズム・シャー朝遠征で捕虜とした技術者をモンゴル高原や北中国に送り生産基地を作らせたことが知られている（松田孝一「モンゴル帝国における工匠の確保と管理の諸相」松田編『碑刻等史料の総合的分析によるモンゴル帝国・元朝の政治・経済システムの基礎的研究』大阪国際大学ビジネス学部松田孝一研究室、2002年、171-199頁）。

　カラコルム付近はチンギス・カンの末子トルイの領地とされ、トルイはホラズム・シャー朝遠征から帰還した1224年にはカラコルム近辺に滞在し、トルイの領民が多数居住していた。これ以降、カラコルムは金貨が鍛造されるほど人口稠密な都市に発展していったのであろう。

　つまり、カラコルムは1235年に正式にモンゴル帝国の首都となる前に、すでに多数のイスラーム教徒の住む大都市に成長していたことが、この1枚の金貨から推測できるのである。

2 パスパ文字が入ったイスラーム銀貨

（1）ジョチ・ウルスの貨幣

　ジョチ・ウルス（キプチャク・カン国）は、チンギス・カンの長子ジョチの子孫を君主とし、バルカン半島からロシア・カザフスタンの草原地帯に至る版図を有していた。

　ジョチ・ウルスの版図では、他のモンゴル帝国の地域と同様、ディナール金貨、ディルハム銀貨、プル銅貨といったイスラーム様式の貨幣が発行された。これらに加え、ドナウ河口ではビザンツ様式のディナリウス銀貨、クリミア半島ではアクチェ銀貨など、地域独自の貨幣も製造されていた。

　さまざまな民族・宗教・文化的背景を持つ人々の混在したジョチ・ウルスで

Ⅱ部　地域から国際社会を考える

図2　トクタの二言語貨幣

（表）　　　（裏）

出所：B. Nyamaa, *The coins of Mongol Empire and clan tamgha of khans (XIII-XIV)*, Ulaanbaatar, Mongolia, 2005, p. 198.

は貨幣に使われる文字も、ウイグル文字、アラビア文字、ギリシャ文字、ラテン文字、キリル文字、漢字など、これまた多様であった。1枚の貨幣のなかに2〜3種類の文字が入ることもあった。

図2の銀貨は、2種類の文字が使用されている貨幣であるが、アラビア文字とパスパ文字が使われている点できわめて珍しいものである。

（2）パスパ文字が使用された貨幣

　1259年の第4代モンケ・カアンの死後、モンゴルでは内戦が発生したが、1264年にクビライは、実弟アリクブケを降伏させてモンゴル帝国唯一のカアンとなり、内戦は終結した。クビライ・カアンは、ウイグル文字に代わってモンゴル語などを書き表すための新しい文字をチベットの僧侶パスパに命じてつくらせ、できあがったパスパ文字を1269年に国字とした。これ以降、モンゴル帝国の東部・大元ウルスでは、パスパ文字の入った貨幣が発行され、14世紀に入ってフレグ・ウルスやジョチ・ウルスでも発行されるようになった。

　図2の銀貨は直径17.1mm、重さ1.55gの標準的なディルハム銀貨である。表側にはアラビア文字で「パーディシャー・トクトゥ・アル・アーディル」、パスパ文字で「トゥクドゥング」とあり、両方ともジョチ・ウルス第9代当主トクタ（在位1291〜1312年）のことである。

　また、裏側には縁に接するように正三角形が描かれ、三角形のなかにアラビア文字で「マジャル」と「710」が読み取れる。この銀貨が北コーカサスのマジャルでヒジュラ暦710年（1310〜11年）につくられたことがわかる。

　ジョチ・ウルスの首都サライやクリミア半島のスダクなどの都市でもトクタの名の入った銀貨は製造されているが、ジョチ・ウルスの貨幣のなかでパスパ文字が使用されたものは、図2の1枚しか発見されていない。

（3）モンゴルの平和と東西交流

　なぜ、パスパ文字入り銀貨は、ジョチ・ウルスのなかでもマジャルという特定の都市で発行されたのであろうか。

　1236年にモンゴル帝国は、ジョチの後継者バトゥを司令官として、今のカザフスタンからドナウ河口に至るキプチャク草原の征服を開始した。モンゴル軍は1242年までにキプチャク草原とその周辺地域を征服した。この「バトゥの征西」と呼ばれる作戦に従事したトルイの長子モンケは、キプチャク草原で捕虜にした人々を東方に連れ帰った。この捕虜のなかにコーカサスのマジャルやその周辺に住んでいたアス族が多数含まれていた。アス族は現在、オセット人というコーカサス山脈に暮らしている人々の先祖にあたる。

　ちなみに、1254年前後にモンゴル帝国を旅したフランスの修道士のギヨーム・リュブリキ（ルブルク）は、コーカサスのデルベント（鉄門）近くにモンケに服属しているアス族の町があると記録している（カルピニ・ルブルク（護雅夫訳）『中央アジア・蒙古旅行記』桃源社、1965年、299頁）。

　モンケの弟であるクビライ・カアンは、アス族など西方出身者を集めて特殊軍団を編成し、彼らは各戦線で活躍、14世紀に入るとアス族の軍団の長は大元ウルスの最高権力者に登りつめた。

　クビライ・カアンのひ孫カイシャンは、アス族などの特殊軍団を活用してカアンとなり、モンゴル帝国の和合を図った。1307年にカイシャン・カアンは西方のチャガタイ家、フレグ家、ジョチ家に友好の使者を派遣し、1309年には東南アジア・インド洋の諸国に使節団を派遣した。こうしてモンゴル帝国全体での国レベルおよび民間レベルでの交流がさらに活発化した。こうしたユーラシア全体の和合状態を「パクス・タタリカ」、すなわち「モンゴルの平和」と呼ぶことがある。

　このモンゴルの平和の時期にフレグ・ウルスでもジョチ・ウルスでもパスパ文字の入った貨幣が作られたのである。

　東方で出世したアス族と原住地にとどまったアス族との交流も一層盛んになったのであろう。こうしたなか、モンゴル帝国の国字パスパ文字を貨幣で用いることで、自分たちがモンゴルの一員であることをコーカサスのアス族も示そうとしたのだろう。

Ⅱ部　地域から国際社会を考える

　おそらく西方の人々にとってなじみのあるのはアラビア文字で、パスパ文字は読めなかっただろうが、パスパ文字の入った貨幣はモンゴル支配を象徴するものと受け取られたと考えられるのである。

☞ あらためて考えてみよう

　小学校から高等学校まで習った歴史上の出来事の年代や内容などのなかには、カラコルムの事例のように、いまだに明確にわかっていないこともあります。他方で、ジョチ・ウルスで製造されたパスパ文字入りの銀貨は、モンゴル帝国時代の活発な東西交流の証です。

　モンゴル帝国時代、銀のかたまりがユーラシア全体で交易決済手段として用いられ、これに加え、東方では紙幣が、西方ではイスラーム様式の貨幣が広い範囲で発行・流通していました。モンゴル帝国による広域支配は、地域間交易を活発化させると同時に、貨幣の統一ももたらしたのです。

　現在も経済のグローバル化が進み、アメリカ・ドルが世界中で貿易や投資に使われ、また、ヨーロッパのように統一通貨ユーロを導入して国境を越えた経済活動を促進する動きもあります。

　700年以上前のモンゴル帝国時代の貨幣システムは、現在のグローバル経済社会の特徴を考えるための、きわめて重要な先行事例であるといえるのではないでしょうか。

【Questions】
1．貨幣にはどのような機能や役割があるのだろうか？
2．東西交流が活発化したという点で、モンゴル帝国時代と現在は共通している。具体的にどのような点で共通性がみられ、どこが異なるのだろうか？
3．現在の貨幣システムの特徴はいったいどこにあるのだろうか？

【読んでみよう】
1．杉山正明・北川誠一『世界の歴史9――大モンゴルの時代』中公文庫、2008年。
　　モンゴル帝国の実態について詳しく学ぶことで、政治・経済・文化のグローバル化のイメージを養おう。
2．浜矩子『「通貨」を知れば世界が読める――"1ドル50円時代"は何をもたらすのか？』PHPビジネス新書、2011年。
　　グローバル化した現在の貨幣（通貨）システムについて、為替レートの観点から考えてみよう。

［安木新一郎］

イスラーム空間から考える

イスタンブルのイェニモスクを背景にして、ガラタ橋の上で釣りをしている人々＝撮影：佐島隆

18章 トルコの「イスラーム」と「呪術」の世界

☞ 考えてみよう

　イスタンブルなどのトルコ共和国を旅行した日本人の印象に残るものは（カッパドキアなどの世界遺産を除くと）視覚的には**モスク**であり、聴覚的にはお祈りの呼びかけの**アザーン**ではないでしょうか。トルコのモスクをはじめとしたイスラームに関係することは、日本に生まれ育った者にとっては「異文化」です。それだけにモスクなどのトルコの風景は強く印象に残るのです。この章では、トルコで異文化を彩っている「イスラーム」についてみてみましょう。それを通してトルコの人々の思考様式と行動様式について考えたいと思います。

　また日本にいると、こうなってほしいなあと「願い事」をすることがあります。特定の目的を願う行動を呪術とすると、そのような呪術的行動がトルコでも行われています。そこからも、トルコの人々の思考様式と行動様式についてみてみましょう。

❶ トルコ共和国とイスラーム

　トルコ共和国に居住し、トルコ語を母語とする人々をトルコ人とすると、現在のトルコ人の大部分はムスリム（イスラーム教徒）である。であるが、現在のトルコ共和国は「イスラーム国家」ではない。イスラーム国家であるとすると、シャリーア（イスラーム法）による統治や法秩序が行われていることになるからである。現在のトルコ共和国は、憲法もあり、市民法による法秩序の国であり、共和制（トルコは選挙による大統領制で一院制）をとっている。1928年に、トルコ国家の宗教はイスラームである、という憲法の文言を削除し、**政教分離の世俗主義**（ラーイクリキ）を原則とする近代国家となっている。さらに世俗主義国家をめざした政策はこの後にも続くのである。

　ここで、イスラームという言葉を使っているが、実は、イスラームという言葉の使い方は難しい。本書では「イスラーム諸国」としてムスリムの居住する地域を示すこともある。またマスコミなどの一般的な使用法と、実態に即した使用法とが混在している。この章では、近年の世界史の教科書などに従って、

アラビア語のイスラーム（Islām）により近いカタカナ表記の「イスラーム」を使用する（ただしトルコ語にはイスラム［İslam］とイスラーム［İslâm］の両方の表記がありうる）。

　日本における「イスラーム」概念を検討した羽田正は「イスラーム世界」を地球上の地理的な空間であるとすることは難しいとする。イスラーム世界の意味には、少なくとも４つあり、それは①理念的な意味でのムスリム共同体、②イスラーム諸国会議機構、③住民の多数がムスリムである地域、④支配者がムスリムでイスラーム法による統治の地域（歴史的なイスラーム世界）、である（羽田正『イスラーム世界の創造』東京大学出版会、2005年、11-12頁）。すると、トルコ共和国は、①④とはいいがたいし、②に加盟しているが、加盟の基準を考えると国民の多数がムスリムでなくてもよいので概念としては不明瞭である。むしろ③として考えることになる。そこでトルコ共和国はイスラーム国家ではなく「ムスリムの国」ということができると考えられる。しかもトルコ共和国は多民族国家であることを確認しておく必要もあろう。ムスリムが多数を占めるとしても、キリスト教徒やユダヤ教徒、イスラームでもさまざまな派や法学派の人々がいる。

　その「イスラーム」であるが、語義は「神への絶対帰依」である。狭義のイスラームは、神の啓示を受け、預言者ムハンマドによって伝えられた神の言葉コーランを啓典とした宗教である。しかし、それにとどまらず、その教えはイスラーム法として、日常生活から人間関係、さまざまな社会制度、国家の統治までも規定している。イスラームは単に宗教にとどまらず、文明であり、倫理、社会、経済、政治などの諸側面をも指す言葉となっている。そこで、宗教体系を指す場合には「教」をつけることもあるが、イスラームという言葉には、宗教からみる見方、基本的に宗教的なものがあることを確認しておきたい。

（１）宗務庁の活動

　では現在、トルコ共和国のムスリムのイスラーム的行動はどのようになっているのであろうか。ムスリムとすると、ムスリムに課されているとされる信仰行動である**五行**（信仰告白、礼拝、喜捨、断食、巡礼）をすることになる。トルコ

共和国で、ムスリムの活動を考えると、その大部分を統括しているのは**宗務庁**(Diyanet İşleri Başkanlığı)である。もちろん、宗務庁以外に、宗教運動として活動する集団や組織や教団もある。そして政府の統轄外で活動する集団や組織や教団もある。

まず国家全体に関わる宗務庁の成立をみてみたい。オスマン朝（1299～1922）末期には、シェイヒュル・イスラームという宗教的権威があり、その地位にある者はイスラーム法的に正当性を与える**ファトワ**（法学意見書、イスラーム法の判決、トルコ語で fetvā）を出すことができた。そのファトワは対外戦争の開始やスルタンの改廃などの問題の際にも出されるものである。トルコ共和国が1923年に成立するとこれが廃止され、1924年に宗務庁（当初の名称は Diyanet İşleri Reisliği のちに Diyanet İşleri Başkanlığı となる）が組織された。そのとき宗務庁は総理府直属となった。宗務庁長官を首相が任命し、**イマーム**（宗教行政官）など職員の給与は政府から出ている。

宗務庁長官がファトワを述べるのであるが、宗務庁は「宗教」に関する事柄を管轄し、「宗教」的な見解の原則やイマーム（宗教行政官）などの業務内容を策定する。またイスラーム教育、イスラーム暦や礼拝の時刻の公表にも関わる。**メッカ巡礼**（ハッジ）では、人数を調整し、実施する（バスを仕立て、看護婦の付き添いをつけるなど）。

さらに宗務庁には地方組織と国外組織がある。地方組織としては、県や郡に**ミュフト局**をおき、それを中心として宗教行政や地域住民へ宗教業務（説教とともに、婚姻や葬儀にも関わる）が行われている。ミュフト局はモスクでの宗務や運営日を支払い、建設企画に関連することもある。国外にもイマームを派遣している。欧米などトルコ移民の多い国に派遣し、宗教的サービス（死者への弔いやモスクでの宗務など）を与えている。派遣された者はトルコ大使館や領事官付きとなる。

以上からすると宗務庁の活動は、ムスリムの信仰行為である五行に関する事柄、ムスリムの生活に関連するサービスを行っていることがわかる。宗務庁によってトルコ政府は、ムスリムの活動を統制し、政教分離、世俗主義の姿勢をとっているのである。

ただし、政教分離や世俗主義という言葉からすると、西洋の「聖と俗」を考

えてしまう。これを、たとえばモスク（礼拝所であるが、トルコ語でジャーミー、簡易礼拝所はメスジト）でみると、その場所はイスラームの礼拝所であるから、宗教的な活動場所となる。しかしイスラームの礼拝場所はモスクだけでなく（墓地や屠殺場など以外の）任意の場所で個人ですることができる。簡略な礼拝所としては、メッカの方角（キブラ）を確認し、1枚のセッジャーデ（簡易礼拝用絨毯）をしいて、一定の作法に従って礼拝をするのである。方角のみ固定されており、場所にある

写1 コジャテペ・ジャーミィの後ろ正面

1階の入り口がスーパーマーケットの入り口。以前、ここに宗務庁の中央本部があった。中央組織が移動し、現在は礼拝施設と宗務庁附属図書館などが残る。1階はアメリカ資本のスーパーマーケットであり、宗教的な活動をするところに世俗的なものが共在している。
出所：2005年トルコ共和国アンカラ市内で、筆者撮影。

程度の清浄さを求めているが、礼拝の場所は固定されていない。聖なる場所など固定されたところを前提として考えると、聖と俗という二項対立的な見方は難しいことがわかる。

　トルコの首都アンカラにあるコジャテペ・ジャーミィ（写1）には、宗務庁の中央組織があり、国葬などが行われた。その下層にはスーパーマーケットがあり、イスラームに関連する活動ができる空間といわば世俗的な場所が共存しており、ある意味ではトルコの政教関係を象徴的にあらわしているとみてとることができた。2002年末に公正発展党の政権になり、イスラーム的な政策が打ち出されるようになった。その後、2011年頃には、宗務庁の中央組織がアンカラ郊外に移転し、その敷地にジャーミィがつくられたが、スーパーマーケットは今のところない。

　宗務庁は共和国全体に関わる「官庁」ではあるが、キリスト教徒やユダヤ教徒など他宗教の人々は、宗務庁行政の範囲外となる。しかし、だからといって他宗教を禁ずるということはない。

　また宗務庁は、トルコ共和国で多数を占めているスンニー派を主に対象としており、イスラーム法学派であればハナフィー派（オスマン帝国では最も権威の

あった法学派）を中心にしているとみることができる。他の「派」について、たとえばシーア派の人々に対しては、宗務庁行政の対象外となっている。

トルコ共和国のイスラーム教育については、政権とも関連し、変動してきた。これまで、世俗教育制度は義務教育8年の5＋3＋3制であったが、2012年から義務教育12年の4＋4＋4制に変わった。制度の変更とイスラーム教育のあり方の変化とは、世俗主義とイスラームの動き、そして政府の政策に連動して変化している。

上記からすると、宗務庁は、トルコ人の「宗教」的な活動を援助しているとみることができる。イマームは「公務員」であるが、イスラーム的な生活の指導者ということもできる。と同時に、政府のコントロールも入っていることになる。

（2）宗務庁以外の場合

次に、宗務庁以外のイスラーム関連諸組織、諸集団の活動についても簡単にみてみよう。

トルコには、**タサウウフ**（イスラーム神秘主義、欧米ではスーフィズム）の思想や動向を持つ教団（トルコ語でタリカト、アラビア語でタリーカ）の活動などもある。トルコにおける神秘主義の教団に参集する人々の活動の拠点となる施設にみられるものは、「聖者」の霊廟、廟墓、修道場（テッケ）などがあり、墓地が広がっていることがある。

その場合、地域社会におけるトルコの人々の関わり方は、教団のメンバーや支持者がテッケなどで儀礼（ズィクルなど）をするが、一般の人々を含む参集者は参詣をし、また霊廟や廟墓に安置されている棺や建物、施設に願かけをすることもある。墓地には、教団関係者だけでなく、それ以外からも、遺体が搬送され、埋葬される墓がつくられ、広大な墓地となることがある（ムスリムは来世で天国にいく取りなしを頼むために「聖者」の墓廟に近いところに埋葬することがある）。教団の開祖の教えに沿うようにする人々もいれば、聖者に願いを届けてもらおうとして儀礼を行う人もいる。ただし、聖者や廟墓への参詣について、原理主義者などからの批判もある。

ところで、イスラームでは、神と人間の仲介者としての聖職者は存在しない

ことになっている。しかし理念としてはともかく、現世のウンマ（イスラーム共同体）には、ウラマー（イスラーム学者）などの指導者がいる。彼らは組織化されているわけではないが、近代国家のなかでは、宗務庁のイマームなどのように、政府主導の監督者という形をとることもある。

またイスラームの場合には、キリスト教のような「宣教師」がおらず、特別な布教活動はしないことになっている。その教線をのばす場合に強制的な布教こそしないが、説教や講話、読書会を通して賛同者を獲得していくことがある。

たとえば、1990年代後半に、世界中に信者を持つジェマート（イスラーム集団）の「師」の直弟子に偶然出会ったことがある。その弟子によると師はイスラームの教えを、お茶を飲みながら、参集者との談話会のなかで、場合によっては悩みごとを聞き、答える形で、教えを弘めていた。

また、あるトルコ人女子大学生は、ある教団の開祖の書いたものを何人かで輪読していた。その輪読会には、教団関係者が1名関与し、開祖の教えを理解させ、奥義へと導いていた。彼は輪読会において開祖の書き物の理解を通して女子学生が高みへと至る、その幇助をしていたのである。

トルコの、この25年の間にも、インターネットなどIT関連の重要性は増してきている。そのインターネット「情報」は、単に言葉の意味を伝えるための道具、媒体にすぎないかもしれない。するとネット空間の情報はあくまで人と神を結ぶ道具、媒体にすぎないのであろうが、そのなかにコーランの一節があるとすると、そしてその文句が神の言葉であるとなると、そのネット「空間」は「聖なる空間」になるのかどうか考えてしまうことがある。

ともあれ、トルコのムスリムたちの行動と思考についてみてきた。トルコが一神教の世界であると考えると、イスラーム的な生活だけだとみなすかもしれないけれども、彼ら／彼女らは生活者でもあった。ムスリムという生活者は呪術の世界とも関連することがある。ムスリムの生活のなかにはイスラーム的とされる行動もあれば、そうともいえない行動もありうるのである。

2 トルコの願かけ―宗務庁との間で

トルコにおいては、モスクや（聖者などの）霊廟で、イスラームの礼拝の行

動とは異なる「祈願」の行動を目にすることがある。トルコでも、何かを期待して行う儀礼、願かけ（アダック、adak）が行われている。

　イスラームにおいては、神と人の間には断絶があると考えられているので、直接、神に祈願をすることはないことになっている。にもかかわらず、神に向けて行動せざるをえない、それぞれの事情、心情があるのである。ここでは、願かけという儀礼、行動は、自分の思いを神へと近づける行動としてみてとることができる。

　たとえば、試験の祈願のために霊廟に行くことを、新聞『ラディカル』（2013年3月23日）では「高等教育資格試験前日は神頼み——霊廟はどこも人でいっぱい」と報じている。また、アンカラ郊外の霊廟を調査していたときに、ある母子が廟内で寝泊まりしていた。それは、子どもの病気を治そうとして霊廟に来ているのであった。男性、女性、個人、家族、親戚などさまざまな単位で来るのであるが、比較的女性の割合が多いと観察される。このようにトルコにおいても、呪術的行動が行われている。

　トルコで霊廟といえば、聖者の「遺体」などが安置されている、とされる廟を指す（安置されていない廟をマカームということがある）。また、墓（mezar）や墓地（yatır）も霊廟と同様の社会的機能を持つことがあると観察される。そこでは、短冊形の布切れなどを結ぶ願かけなどがなされている。

　トルコの呪術にはさまざまな呪術的行動があり、地域差もある。そして宗務庁は、しないほうが望ましいとする呪術に関する布告を出している。そのひとつひとつは、逆に考えると、日頃、人々が実践していることである、ということができる。宗務庁による2007年の霊廟への「貼り紙」によれば、「霊廟への訪問者に注意してほしいこと」として次のようなことが書いてあった（カッコは筆者による補足）。

　「イスラームによると霊廟と墓に願かけをしてはならない」として
　「（願かけとして）犠牲獣を屠ることをしてはならない
　（願かけとして）ロウソクを燃やしてはならない
　（願かけの）布切れを結びつけてはいけない
　（願かけとして）石やお金を壁に貼りつけてはならない
　腰をかがめて、あるいは四つん這いになって部屋に入ってはならない

（願かけとして）お金を投げ入れ（あるいは置く）てはならない
　食べ物を置いてはならない
　手や顔をこすってはならない
　霊廟や墓から援助や治療効果を望んではならない
　（願かけとして）霊廟や墓の周囲を回って歩いてはならない
　（病気治しのために）霊廟の中で寝泊まりしてはならない
　これやこれに類似した異端、異教や迷信は我々の宗教では厳格に禁止されている」

　これをみると、日本では日常的に行われる可能性のあることが、トルコでは望ましくないとされながらも、行われていることがわかる。しかし現世利益が目的ではない。あくまで、霊廟で願かけをし、それを「聖者」によって神に送り届けてもらおうとするのである。届いても、それが実現するかどうかは、神の「みそなわすままに」ということになる。呪術をした人に聞いてみると、祈願としても、願いごとの実現を望むが、結果はともかく、そうすることで欲望がすっきりする、昇華する、一種の精神的なカタルシス（浄化作用）を感じるという人もいた。

　この四半世紀を観察してみると、トルコ人の多くは厳格なムスリムとはいえないように考えられる。呪術を実践していてもそれほど意識せず、する人はしていた。しかし厳格なイスラームからすると呪術は逸脱する行動とみなされる。この10年程度のなかで、トルコの人々は1日5回の礼拝や1か月程度の断食をしようとする人や女性のヴェール着用者は増えている。中央アナトリアのハジュベクタシ町で、呪術は日常生活のように行われていたが、後に呪術を監視する人が現れ、さらに呪術的行動を止めさせる人も出てきた。日常的にみられるムスリムの活動のなかにも、イスラーム的な傾向が強くなっているとみることができる。

　これまで、世俗国家であるトルコは、世俗主義とイスラームとを絶えず調整しなければならなかった。共和国が成立し、世俗主義に舵を切ったトルコであったが、いまではイスラームの教えに沿った生活スタイルを選ぶ人も出てきており、イスラームの要素が強くなってもきている。

　これらの変化はトルコ国内の変化もさることながら、EU加盟の動向、9・11事件以降のイスラーム諸勢力と国際関係の動向、「アラブの春」以降の中東

諸国の動向、そして自称「イスラーム国」（ISIL）の問題など、さまざまな政治、経済、国際関係などの動向に影響を受けながら、変動している。今を生き、これからも生き抜くトルコ人たちは、個人的には、コーランからイスラーム法学者によって導き出された見解を参考にしながらも、世俗という社会環境のなかで適応してきたし、これからもしていくであろう。国家としては、近代国家の枠組みとは異なるイスラーム共同体（ウンマ）との関係でも問題となるが、ウンマの指導者であるカリフ（ムハンマドの後継者）が存在していない現在、近代国家の秩序で国際社会が動いていることを考慮しなければならないのである。

☞ あらためて考えてみよう

トルコにおけるムスリムの活動にイスラームをみてきました。

ところで、近代国家とイスラームを考えると、政治と宗教との分離について考えることになりますが、政教分離自体、欧米的な考え方、聖俗二元論的な考え方が淵源にあると考えられます。もともと、ムスリムがコーランの教えに従って、自分たちがどのように生きるべきか、どのような社会を営むべきかを考えるとすると、それ自体が政治であるとも考えられます。すると、イスラームと政治とは結びつくことになります。ですから、ムスリムたちは政治と宗教の間で揺れ動くことになるのです。トルコ共和国は世俗国家であり、国民の多くはムスリムですが、同時に「国民」あるいは「市民」です。イスラームはもともと国家の枠組みとは別のものでした。

個人レベルで考えると、ムスリムは、イスラーム法学者の見解、コーランに示してあること、つまりシャリーアに従うことになります。どの法学者のいうことを選び取るかは、個人に任されています。すると、生活者としてのムスリムは、イスラームとズレていることも実際には実践しているということがありえます。世俗主義とイスラームとでみていくと、実際にはムスリムたちの生活そのものが、その交錯するところに位置しているということができそうです。トルコでは、これからも調整しながら、自分の生存戦略を考えながら、そのせめぎ合いのなかで生きていくことになります。それをトルコのなかで、国際関係をも考え合わせながら、これからもみていく必要があると考えられます。

【Questions】
1. 世俗国家とイスラームの関係を考えた場合に、トルコ共和国の政治と宗教は、どのような関係でしょうか？

2．一神教の世界において、呪術はどのような役割を果たすでしょうか、考えてみましょう。
3．トルコでイスラームの傾向が強くなっているといわれます。それが強くなると、政治、社会、経済などの側面でどのようなことになるのか、考えてみましょう。

【読んでみよう】
1．小杉泰『イスラームとは何か』講談社現代新書、1994年。
　　イスラームを概括的に知ることができる。イスラームを知る場合、初めに読んでおくべき入門書。
2．新井政美『イスラムと近代化―共和国トルコの苦闘』講談社メチエ、2013年。
　　イスラームとトルコの近現代史を知ることができる。

[佐島隆]

19章 イスラーム社会の女性たち──トルコを事例に

☞ **考えてみよう**

　みなさんは、イスラーム教徒の女性と聞いてどのようなイメージをもっているでしょうか。おそらく、多くの人は、ベールやスカーフなどで頭髪を隠している姿を思い浮かべることでしょう。また、ベールやスカーフをかぶっている理由を、宗教の決まりによって仕方なくかぶらされているのだろうと考えるかもしれません。実は、イスラーム社会のなかには、ベールやスカーフをかぶっていない女性たちもたくさんいますし、かぶっている女性たちは強制ではなく自発的に着用していることも多いのです。また、かぶっている女性たち、かぶっていない女性たちの宗教や社会に対する考えは実に多様です。イスラーム教徒の女性たちがいかに多様であるかについて、1923年の建国以来、**政教分離**を行ってきたトルコを事例に考えてみましょう。

❶ トルコの政教分離と女性

（1）世俗化に集約されるトルコの近代化

　トルコは自他ともに認めるイスラームの盟主であったオスマン帝国から、1923年に共和制を敷く世俗国家に移行し、イスラーム諸国のなかで政教分離を表明した数少ない国家として知られている。19世紀末には西洋的な価値観、思想、生活習慣などが、主にヨーロッパで教育を受けた官僚、軍人、知識人によってトルコに紹介され始めた。この時期からイスラームの見直しは始まっていたが、より徹底してイスラームを遠ざけようとしたのが、トルコ共和国初代大統領のムスタファ・ケマル・アタテュルク（1881～1938）であった。

　彼は、イスラームそのものを禁止したわけではなかったが、イスラームを個人の信教の自由のもとに行う「私的」な領域に限定し、イスラームが国家や政治という「公的」な領域に関わることを拒否した。1924年に、イスラーム世界の最高権威をあらわすカリフ制を廃止し、オスマン王家全員を国外に追放した。同時に、宗教法廷や宗教学校を廃止した。1925年には、各種のイスラーム神秘主義教団の閉鎖、ムスリムとしてのトルコ人の象徴であるトルコ帽の着用禁止、イスラーム暦に代えて国際的な暦の採用を行った。1928年にはイスラー

ム世界を結びつけるアラビア文字を廃棄してローマ字を採用している。のちに元に戻ったが、1941年には、アラビア語による礼拝の呼びかけをトルコ語に代えることまで行った。このようにイスラームを遠ざける改革を次々に行い、トルコでは、「世俗化」が「近代化」を意味することになった。

（2）「近代化の試金石」となった女性

　近代化が世俗化をもとに行われたトルコにおいて、「女性の解放」は、オスマン帝国の宗教的残滓（ざんし）を清算するためにも、国民国家の建設と世俗化の達成のためにも、重要なことであった。大都市イスタンブールに限られたことではあったが、オスマン帝国末期の時点で、すでに女性の地位向上をめざした雑誌が出版され、なかには新しく入ってきた西洋的服装と伝統的服装を対比させてその善し悪しを議論したものもあった。しかし、女性の地位を根底から変えたのはケマルであった。ケマルは、1926年に一夫多妻禁止を盛り込んだ民法を導入し、男女の教育機会の平等を図り、1934年には女性に選挙・被選挙権を与えた。日本において女性に同様の権利が与えられたのが1945年の第二次世界大戦の敗戦後であったことに比べると、非常に早い時期であったことがわかる。

　ケマルは、トルコ共和国のモデルを西洋においていたが、一方で、イスラーム化以前の中央アジア以来のトルコ文化の再評価をし、トルコ民族主義を鼓舞した。イスラームに代わるトルコ人のアイデンティティを支えるものとしてトルコ民族主義が提示されたのだが、これは女性にもあてはめられ、男性と平等で力強かった本来のトルコ女性というイメージが普及された。「新しい女性」を望んだケマルは、隣国イランのようにベール禁止令こそ出さなかったが、ベールをかぶらず、西洋服を着た女性を伴って国民の前にあらわれ、自ら見本たろうとした。

　ベールをかぶらない女性を伴うということは、女性のベール使用と男女隔離というイスラームの封建的束縛から自由になるということである。ケマルは女性の教育の重要性を強く説いている。あるスピーチにおける彼の言葉「女性にその目で世界をみさせよ。そして、世界に女性の顔をみさせよ」は非常に示唆的である。「女性が世界をみる」は女性の教育のことを、「世界が女性をみる」は女性がイスラームの象徴であるベールを脱いで顔をみせることを意味した。

すなわち、教育によってイスラームから決別するだろうと説いているのである。これ以降、女性が顔をみせることがトルコの「近代化の試金石」となっていった。

2 さまざまなトルコ女性たち

(1) スカーフをかぶらない女性たち

　ケマルのとった「世俗化」の方向を支持し、彼を信奉する者をケマル主義者、すなわち、ケマリストという。彼の名前のケマルに英語で「〜する者」をあらわす -ist がついた造語である。女性に法的諸権利を与えてくれたケマルを、女性の最大の理解者とみなす女性は多い。彼女たちは、信仰行為を個人の良心に従って行うものとして認識し、それが何らかの権威によって強制されるべきではないとする。彼女たちは、「イスラーム教徒である」という自覚はあるが、イスラームの宗教的義務とされる日常の礼拝などに熱心でないことが多い。そして、女性をイスラームの封建的束縛から解き放し公的な場所に登場させることを近代化の証と考えていたケマルの考えに沿うように、スカーフをかぶっていない。

　ケマルのとった教育の世俗化の結果、トルコでは医者、弁護士、大学教員、公務員などの専門職に、比較的幅広い階層から多くの女性が就くことになった。学歴があって有能であれば、女性が役職者になることは日本よりずっとたやすいと思われる。銀行などで手前のカウンターに男性たちが並んでいる一方で、上司である女性が奥の役職者の席に深々と座っているのはよくみかける光景である。また、ケマル自身が軍人出身であることもあり、軍人たち、およびその妻たちも世俗的な体制の擁護者と自認していることが多い（写1）。

　また、スカーフをかぶっていない女性のなかにはケマリストたちよりさらにリベラルなフェミニストたちがいる。ケマリストたちが、女性の権利は国家から与えられるもので、教育によってケマルの思想が理解できればおのずと性差別は解消していくと考えたのに対して、フェミニストたちは、ケマリストたちが検討しなかった「性的不平等」や「父権制」を議論すべきだと唱えた。西洋化をめざすことに関してはケマリストたちと同じ方向性を持っているが、次に述べる「スカーフをかぶり直した女性」たちとの関わりでは、際立った差がでた。

19章　イスラーム社会の女性たち

（2）スカーフをかぶり直した女性たち

　1980年代、スカーフを巻いて髪の毛と首を完全に隠し、ゆったりとしたコートを着て、身体の線が出ないような服装で通学をする女子学生が増えた。それまでトルコにおいては、イスラームに傾倒する者は地方出身で伝統的な価値観に縛られた教育や経済的向上に縁のない人々とされていた。しかし、1980年代の時期からは、まったく逆に高い教育を受ける機会を持つ若者が中心となっていた。彼女たちは世俗化したトルコにおいてあらためてイスラームを選択したので、「スカーフをかぶり直した女性たち」と呼ぶことができる。急速に増えたこのイスラーム主義女子学生に危機感を感じた大学当局は、彼女らを授業や試験から閉め出すという処置をとり、世間に賛否両論の議論を巻き起こした。この処置に対して彼女らは、自らの手で反対運動を起こし、大学の前での座り込みデモ、措置撤廃のための署名運動などを行った。この現象は、教育を受ければおのずとイスラームから遠ざかるとされた共和国の理念を大きく揺るがし、彼女たちは大学で学びつつ身体を隠すという行為で、現代トルコのイスラーム主義運動を顕現する象徴的な存在となった（写2）。

写1

左から、軍人の妻、専門学校教師、小学校教師。3人ともスカーフを被っていない。
出所：イスタンブル、1991年筆者撮影。

写2

イスラーム色の強い政党へのキャンペーン・デモ。スカーフと上着で全身を覆っている女性が多い。
出所：イスタンブル、1991年筆者撮影。

　この過程で興味深いことがいくつかあった。**イスラーム主義者**の女性たちが大学当局の措置を非難する際に、民主主義を標榜する国家としてあるまじき行為だとしてスカーフ着用の自由を求め、一方一部のケマリストたちが彼女たちを民主主義の破壊者だとして嫌い、民主主義の擁護者を自認するケマリスタた

写3

筆者が調査した農村の女性。スカーフをしているが首や髪の毛はみえている。
出所：トルコ西黒海地方、1992年筆者撮影。

ちが衣服着用の自由を侵害しようとしたのである。このとき、フェミニストはスカーフ着用に反対せず、むしろ女性の身体とセクシュアリティが商品化されることを問題視し、この点でイスラーム主義者たちとの間で対話が成立している。

その後、さまざまな事件を経てスカーフ着用に対する過度な警戒感の見直しが行われ、2008年に大学生のスカーフ着用が、また、2013年には公務員や国会議員などのスカーフ着用の自由が認められた。

(3) スカーフをかぶり続ける女性たち

このように、スカーフの着用の有無が政治化しているグループだけではなく、昔からの習慣でスカーフをかぶり続けている女性たちがいる。たとえば村に住む女性たちである。筆者が文化人類学的調査を行った村では、女性たちはみんなスカーフをかぶっていたが、かぶる理由を「慣習だ。これがないと寒くて風邪を引く」といっていて、特にイスラームと関連づけていなかった。彼女たちのかぶるスカーフはさまざまな機能があり、より生活に密着していた。既婚未婚による厳密な区別はないが、若い女性は花柄、年配の女性は白地というように大まかな年齢差を示す媒体となる。スカーフの結び方によってどの村出身であるかが判別できる。また、スカーフに縁取られる刺繍の技巧は、女性の間で賞賛の対象となるなどである。

彼女たちは農作業をやりやすくするため、スカーフを首の後ろで結ぶので首がみえたり、髪の毛のほつれがみえたりすることが多い（写3）。こうした彼女たちのかぶり方は、同じくスカーフをかぶっているイスラーム主義者の女性たちの一本の髪の毛もみせないような厳密なかぶり方とは大きく異なる。またスカーフの形態も、イスラーム主義者の着用する抽象的な模様を持つ絹製で大判なスカーフとは異なり、多くは花柄で綿製の小さめのスカーフである。

ところが、こうした村の女性たちのスカーフは状況に応じて変化していく。

たとえば、教育を受けて教師や看護士などの職業を持った場合や、家族とともにドイツなどへ移民となった場合である。国内で職業を持った場合はスカーフをかぶらなくなる女性が多かったが、海外へ移民となった場合は、移民先のヨーロッパの生活様式にあわせてスカーフをかぶらなくなる女性と、あえてイスラームを自分たちの伝統・文化として、あらためてスカーフをかぶり直す女性がいる。その場合のスカーフは、かつて慣れ親しんだ村での結び方ではなく、上述したイスラーム主義者のような結び方となっていく。

☞ あらためて考えてみよう

　以上、やや図式的ではありますが、トルコのさまざまな女性のあり方をみてきました。まず、イスラーム世界のなかでも、トルコのように、スカーフをかぶらない女性たちがいる国があることが理解できたことでしょう。また、スカーフをかぶるかかぶらないかで外見的に二分化することができますが、実は単に2つに分けられるのではなく、そのなかではさらなる分類が可能で、またその関係性も入り組んでいて重層的であることがわかりました。さらに、保守的にみえる村の女性も、いつでもスカーフをかぶり直したり、スカーフをかぶらなくなったりする柔軟性があって、動態的であることもわかりました。私たちは、一見わかりやすいスカーフ着用という現象においても重層性と動態性があることふまえて、内実をよくみる必要があるのではないでしょうか。

【Questions】
1．現在、私たちがふだん着ている洋服とは西洋の服のことです。私たちはいつから、なぜ、洋服を着るようになったのでしょうか？
2．日本の女性に対して法的諸権利はいつ、どのように与えられたか整理してみましょう。
3．日本において政教分離の原則が問題になる事例を考えてみましょう。

【読んでみよう】
1．片倉もとこ『イスラームの日常世界』岩波新書、1991年。
　　　イスラーム教徒たちのゆったりとした生活や世界観がわかる好著。
2．梨木香歩『村田エフェンディ滞土録』角川文庫、2007年。
　　　小説であるが、19世紀末の多様な人々が行き交うトルコや女性の様子が活写されている。

[中山紀子]

20章 湾岸産油国における安全保障と国際関係

☞ **考えてみよう**

　近年、〈中東〉における事件や動乱に関するニュースを目にしない日はほとんどありません。武力紛争やテロリズムで被害に遭う方々やその遺族の悲劇、また政治・経済・社会への負の影響を思うと、〈中東〉の平和と安全保障が強く願われます。

　私たちは、〈中東〉は不安定であると考えがちです。しかし、いわゆる **GCC**（正式名称はアラビア湾岸諸国協力評議会。多くの場合は略して GCC（Gulf Cooperation Council）あるいは「**湾岸協力会議**」と称される）を構成する6か国（アラブ首長国連邦、オマーン、カタル、クウェート、サウディアラビア、バハレーン）は、1981年に発足して以来、21世紀に入っても、比較的に安定を保っています。ですから、日本への石油供給は実際には混乱に陥ったことはありません。

　GCCは、アラビア半島の君主政国家による地域機構で、加盟国間の幅広い分野での協力推進を謳っています。そして安全の確保に成功し、また近年は高い油価に恵まれたこともあり、GCC諸国では安定した経済成長が持続しています。

　GCC諸国は、なぜ安全保障を確保できているのでしょうか。湾岸産油国に関する考察は、一括りにされがちな〈中東〉という広大な地域に関して、湾岸アラブ産油国というサブ地域の特性を浮き彫りにする視点を提供してくれます。現地の課題と日本の課題が共有される「GCC諸国の安全保障」に関して考察してみましょう。

1 GCC諸国の政治的特性

（1）**安全保障とは何か**

　安全保障は、獲得した価値に対する脅威の客観的・主観的な不在と定義される。この概念が広く用いられた第二次世界大戦の直後には、国家にとっての軍事的安全保障が重視された。つまり、ある国家が他国からの軍事的脅威に対して、国民、領土、資産などを防衛する戦略が主に論じられたのである。

　しかし現代では、安全保障は、誰にとっての安全の確保か、またどのような分野に関する安全の確保かを意識して論ずることが求められている。安全保障は、誰に対する脅威を取り除くことであろうか。国家にとっての脅威、社会に

20章　湾岸産油国における安全保障と国際関係

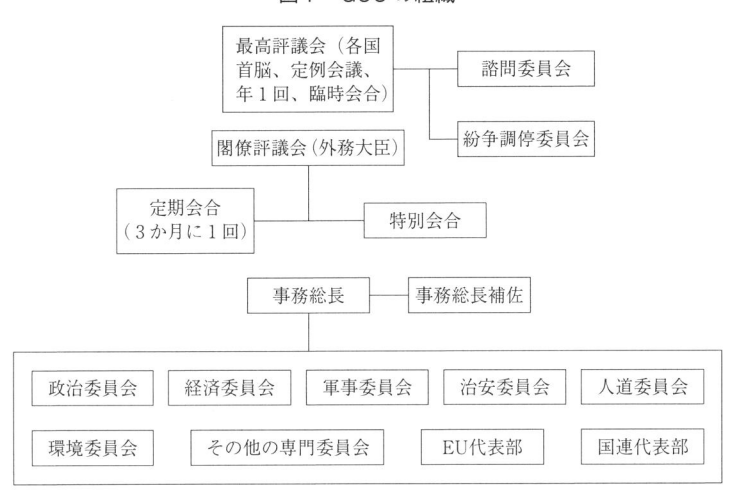

図1　GCCの組織

```
           ┌─────────────────────┐
           │最高評議会（各国     │──┬──諮問委員会
           │首脳、定例会議、     │  │
           │年1回、臨時会合）    │  └──紛争調停委員会
           └──────────┬──────────┘
                      │
           ┌──────────┴──────────┐
           │閣僚評議会（外務大臣）│
           └──────────┬──────────┘
                      │
    ┌─────────────┐   │   ┌─────────┐
    │定期会合     │───┼───│特別会合 │
    │（3か月に1回）│   │   └─────────┘
    └─────────────┘   │
                      │
              ┌───────┴────────┐
              │事務総長        │──事務総長補佐
              └───────┬────────┘
                      │
  ┌──────┬──────┬──────┬──────┬──────┐
  政治   経済   軍事   治安   人道
  委員会 委員会 委員会 委員会 委員会

  ┌──────┬──────────┬──────┬──────┐
  環境   その他の    EU     国連
  委員会 専門委員会  代表部 代表部
```

出所："The Organizational Structure", The Cooperation Council for the Arab States of the Gulf より筆者作成。

とっての脅威、個人にとっての脅威は、同じであろうか。このズレに注目する文脈として、人間個人の安全を重視する「**人間の安全保障**（human security）」という概念の台頭を位置づけることができる。

　安全保障には軍事的安全保障のみではなく、政治体制の安全保障（安定性、体制の維持、民主主義や人権の達成）や経済的安全保障（雇用確保、エネルギー安全保障、食料安全保障など）、環境の安全保障などが含まれている。また、ある政治主体が、別の政治主体を「脅威」とみなすには、自身の認識構造が関わっている。そこで価値（イデオロギーやアイデンティティ）と安全保障の関連が検討されるようになっている。

（2）湾岸協力会議（GCC）を構成する6か国の特性

　GCCは、王政・首長国から構成される地域機構である（図1）。サウディアラビアは、1902年から32年までの征服活動により領土を拡張し、アラビア半島中北部を統合した。他の5か国は、19世紀から20世紀初めに英国と保護協定（内政は自治を確保するが、外交と安全保障は英国の権限とする協定）を結んだが、英国の中東からの撤退宣言を機に、独立に踏み切った。

Ⅱ部　地域から国際社会を考える

表1　GCC諸国の特徴

国　名	元首の称号	独立年	独立の経過	選挙実施機関
アラブ首長国連邦（UAE）	大統領（首長）	1971年	英国の保護下から	連邦国民評議会の総議員の半数のみ
オマーン	スルタン	1971年	同　上	諮問評議会
カタル	首　長	1971年	同　上	地方自治評議会（農業省と地方自治省への助言機関）
クウェート	首　長	1961年	同　上	下　院
サウディアラビア	二聖地の守護者、国王	1927年	1932年現在の王国名を宣言	各地方区の評議会（議員総数の半数のみ）
バハレーン	独立時には首長、2002年に国王を宣言	1971年	英国の保護下から	下院および各州の評議会

出所：筆者作成。

　1981年、GCCの設立がリヤド会議にて宣言された。2008年にはGCC共通市場が発効する成果をあげている。ただし、将来の通貨統合案や政治統合案が検討されたが、合意に至っていない経緯がある。そこで地域機構としてのGCCの統合度は、「途上国」の地域機構との比較では高いとしても、**ヨーロッパ連合**（European Union: EU）には及ばない水準と評価されている。

　GCCは、1984年に「半島の盾」軍を設置したが、小規模であり、イラクのクウェート侵攻（1990年）を阻止できなかったという限界が指摘されている。また、近隣のイラン、イラク、イエメンを加盟国としない点では、君主制クラブともいわれている。

　GCC諸国の間には、政治的・社会的な多様性がみられる（表1）。イラクやイランとの距離、保守性の度合い、エネルギー輸出への依存度などの相違が原因である。サウディアラビアは、イスラームを正当性の源泉とし、イスラームの法や慣行の厳格な解釈を施行している。

　クウェートとバハレーンは、国政と地方選挙で比較的に民主化度の高い選挙制度を施行している。ただし、どのGCC諸国でも議会は立法権を完備していない。またUAEの選挙権と被選挙権、オマーンの被選挙権は限定されており、両国では普通選挙は実現されていない。

　オマーンは、アラビア語、ヒンドゥー語、ペルシア語、スワヒリ語などの話

者が伝統的に混住してきた多文化社会である。カタルは、液化天然ガスの輸出に成功し著しい経済成長を遂げ、研究・教育機関における欧米化路線が目立ってきた。バハレーンは、国王を輩出するスンナ派系政治勢力と、雇用機会や予算分配で差別を受けるシーア派系民主化勢力の間で政治的対立が次第に先鋭化してきており、新しい国民統合のあり方が必要である。

UAE は、7つの首長国の連邦制を採用しており、文化や経済の開放度が高いドバイ首長国、保守性の強いシャルジャ首長国、政治の中心アブダビ首長国などの地域毎の特色が強い。

(3) GCC 諸国間の政治的均衡

GCC 諸国は、軍事的脅威から自由ではない。GCC 諸国は、イスラエル、イラン、イラク、エジプトなどの地域軍事大国に囲まれる地勢に置かれている。冷戦中にはイラン・イラク紛争（1980～88年）が勃発し、地域情勢に多大な悪影響を及ぼした。だが、イラクのクウェート侵攻（1990年）に対する湾岸戦争（1991年）を境に、多国籍軍の抑止力が誇示されたため、中東の国家間で大規模な武力紛争は発生していない。

一方で GCC 諸国間は、国境紛争を解決してきた。1950年代のサウディアラビア・オマーン間のブライミー紛争に代表されるように、サウディアラビアによる近隣諸国への拡張主義の余韻がまだ残っていたが、GCC の設立を経て、1994年12月のマナーマ宣言では、国境紛争の解決が宣言された。以後、バハレーン・カタル国境紛争に関する**国際司法裁判所**（International Court of Justice: ICJ）による勧告（2001年）などを経て GCC 諸国間の深刻な紛争は解決に向かった。

ただし近年も GCC 諸国間の論争や路線対立が報じられている。GCC のなかでサウディアラビア以外の5か国は、イラクとイランのみではなく、サウディアラビアという地域大国に圧倒されないよう、独自のアイデンティティを構築し続ける必要があることが一因である。

他方、GCC 諸国は、激動の中東情勢のなかで、相互の協力なしでは、各国が単独で諸問題に対処しなくてはならないリスクが発生する。そこで GCC 諸国の関係が決定的に悪化することはないだろうとみられる（表2）。

表2　GCC諸国の達成と近年の動向

	政　治	経　済	社　会	軍　事
達　成	定期的対話 信頼醸成措置	市場統合	移動の自由	「半島の盾」軍設置 国境問題の解決 テロ対策協力
近年の動向	統合案の提起と反対	通貨統合案の先送り	GCC鉄道網の検討	中東（リビア、シリア）の武力紛争に関与 統合海軍設置案の浮上

出所：筆者作成。

2 GCC諸国の安全保障

　GCC諸国の今後の安全保障上の課題として、主に次の4点がある。すなわち、①未解決の国境紛争、②大国の役割、③テロ対策、④GCC諸国の政治・経済・社会的発展である。

（1）未確定の国境紛争・国家間対立の火種

　GCC諸国にとって、近隣諸国のなかでも、イランの脅威は対処が難しい問題である。その理由は、国境が確定しておらず、領土紛争の火種を抱えていることが一因である。イランは1971年にペルシア湾に浮かぶ大トンブ島・小トンブ島、アブームーサー島の3島を占領した後、国際司法裁判所での調停を提案するUAEの主張に応じていない。またイランは、クウェート、バハレーン、カタルとも未確定の国境・領土問題を抱えている。

　GCC諸国とイランは、いわゆる**安全保障のジレンマ**に陥っている（コラム⑪参照）。イランの側は、GCC諸国による軍備増強や米軍のGCC諸国での駐留に関して、不信感を抱いている。つまり、イランとGCC諸国は、互いに相手に不信を抱くため、自国の軍備を増強して対処しようと試みるが、それがまた相手側の警戒感を刺激するジレンマから脱することができなくなっているのである。GCC諸国は、イランに対して宥和策と対立策の間で揺らいでいる。

（2）大国の役割の両義性

　米国は、湾岸諸国のエネルギー部門の開発や、投資や合弁事業を通じたイン

表3　GCC諸国における駐留米軍の規模（2011年）

国　名	米空軍の兵数	米海軍の兵数	陸軍の兵数	海兵隊の兵数
アラブ首長国連邦（UAE）	86	12	6	69
オマーン	20	1	3	10
カタル	192	4	370	30
クウェート	不特定	不特定	不特定	不特定
サウディアラビア	76	20	146	28
バハレーン	10	1821	21	272

出所：US Department of State, *Active Duty Military Personnel Strengths by Regional Area And by Country*, December 31, 2011をもとに筆者作成。

フラ整備、市場経済の育成、保健・研究・教育などでの交流を通じて、各国の発展に多大な貢献を果たしてきた。また米国は、イラン・イラク戦争中、クウェートから、イラクによるペルシア湾航行中の同国船舶に対する保護の提供を依頼されたことを契機として、海上警備の役割を拡大した。さらに1990年のイラクによるクウェート侵攻に対しては、多国籍軍の中核として1991年にクウェート解放作戦を主導した。

2003年以後は、サウディアラビア駐留米軍はほぼ撤退したと発表したが、代替として、バハレーン、カタル、UAEに海空軍部隊を駐留させている（表3）。米国は、現在もGCC諸国を防衛する役割を期待されている。たとえば、2014年6月、自称「**イスラーム国**（ad-Dawla al-Islāmīya. 英訳Islamic Stateを略してIS）」がイラクとシリアで建国を宣言すると、対処できるのは米国であるという見方が中東諸国の識者から表明された。

しかし、米国の中東政策には3つの深刻な問題がある。1つ目に、米国は、中東でさまざまな紛争の利害関係国となっている。米国は、イスラエルを厚遇する一方で、パレスチナ問題の解決には強い影響力の行使を控えてきた。またイランに対しては、1979～80年の米国大使館占拠事件の後、国交を断ち、経済制裁を課してきた。さらに米英両国による2003年のイラク侵攻は、占領政策の失敗とあわせて、中東全域を不安定に陥れてしまったのである。

2つ目に、米国政府は、GCC諸国の民主化の遅れや人権侵害の事例を国務省の報告書のなかで指摘してきた。ただし、米国が中東諸国に対して政治改革を迫る方針は、一貫性に乏しいと指摘されている。今後、もしもGCC諸国の

なかで政治運動が発生した場合に、米国がどのような立場をとるのか、難しい選択になると予想される。

3つ目に、米国のメディアは、高水準のジャーナリズムで名高い一方で、イスラーム教やアラブ文化に対する攻撃的報道や偏向を再生産してきた。「イスラームは、テロリストや独裁の文化」などとする偏見は、新しい**オリエンタリズム**（コラム⑫参照）と呼ばれている。湾岸（GCC）諸国の知識人は、米国の一部の知識人がイスラームやアラブの文化に対する脅威の源泉であるとみなしている。

（3）テロ対策の難しさ

アルカーイダや自称「イスラーム国」などのテロ集団が、今後の深刻な脅威として警戒されている。近隣地域では、冷戦後、「破綻国家」が増加している。つまり、政府機能が停止し、警察や軍、経済政策や福祉等の破綻が深刻となり、過激派やテロリズムの拠点となる国が増えている。ソマリア、スーダン、レバノン、イエメン、イラク、シリア、アフガニスタン、パキスタンなどで、政府機能が低下し、混乱が生じている。GCC諸国を取り巻く地域情勢は厳しさを増している。

2003年以後、アルカーイダの襲撃や爆破事件がサウディアラビアで続いた。サウディアラビア政府は、テロ集団に対する追跡や逮捕などの断固とした治安対策をとる一方で、テロリズムの危険を呼びかける広報を強化したり、元テロリストを再教育して社会復帰させるプログラムを立ち上げたりした。

今後、GCC諸国は、中東各地の紛争にみずから関与して、危機管理を実現しようとする傾向を強めるであろう。GCC諸国は、レバノン、パレスチナ、スーダンなどの域内紛争に、仲介役や援助を提供する戦略をとってきた。

しかし2011年のリビア内戦では、北大西洋条約機構（North Atlantic Trety Organization: NATO）主導の飛行禁止区域の設定作戦にUAEとカタルの空軍機が参戦した。また2014年には、米国との有志連合の枠組みで、UAE、サウディアラビア、バハレーンの空軍機は、自称「イスラーム国」をシリアで空爆した。これらの軍事行動については、中東を安定化させる効果を発揮してきたといえるのか、まだ結論は出ていない。

表 4　GCC 諸国が直面する挑戦

分野	軍事的安全保障	政治的安全保障	経済・社会的安全保障	エネルギー安全保障	食料安全保障	「文化」の安全保障
GCC 諸国の課題	国境紛争（対イラン）テロ対策（アルカーイダやイスラーム国などに対して）	民主化運動人権保護市民社会の多元化とエンパワーメント←→安定性の確保とのバランス	経済多角化教育の充実職業訓練雇用対策サイバー空間の安全高福祉（富の分配の公平）の維持	国内消費用の再生エネルギーや省エネルギー技術の導入	自給確保価格安定	イスラームやアラブ文化の維持、アイデンティティの模索

出所：筆者作成。

（4）政治・経済・社会の発展

アラブの春（コラム⑬参照）は、GCC 諸国にはまだ広がっていないようにみえるが、実際には各国は、各国内で小規模なデモなどを経験することとなり、政治運動の広がりを強く警戒し始めている。

民主化推進や人権保護の観点からは、国内の政治改革運動を「脅威」と捉えることは、人々の観点を軽視してしまうおそれがある。と同時に、急激な民主化運動は、収拾に失敗すると内戦を引き起こしてしまうリスクがある。そこで、国家と市民の関係を友好的に保ちつつ、経済社会の改革、市民社会の多元化やエンパワーメントが有力な漸進的改革案であるという見方も有力である。

2011年以後、民主化推進勢力によるデモが継続しているバハレーンの今後が深刻な問題となっているが、他の GCC 諸国は、比較的に高い国内の安定性を保ってきた。アフリカなどで**資源の呪い**（本書の29章を参照）といわれる資源争奪の内戦が発生してきたことと比べると、GCC 諸国は、インフラ整備、行政の効率性、石油の富の分配制度などで一定の成果をあげてきたと評価できる。

今後は、経済の多元化や相対的貧困への対策が鍵となる。GCC 諸国は、付加価値の高い産業の育成、教育や職業訓練の質の向上、雇用問題、高福祉の維持、食糧問題、再生エネルギー源の拡充などの国内問題に取り組んでいく必要がある（表 4）。

Ⅱ部　地域から国際社会を考える

☞ あらためて考えてみよう

　GCC 諸国は、軍事的脅威のみならず、政治的安全保障、経済安全保障、社会の安全保障、「文化」の安全保障などの課題を抱えています。また、湾岸を取り巻く状況には今後も予想できない問題が次々と発生する可能性があります。果たして、GCC 諸国の各君主政は、自国の主導性が尊重される枠組みのなかで、国際社会との協力のもと、現実的な戦略を模索するのでしょうか。

【Questions】
1．GCC 諸国にとっての安全保障とは何か、考えてみよう。
2．安全保障を確保するための地域機構や地域各国の役割は何だろうか？
3．域外国は、GCC 諸国の安全保障のために何ができるだろうか？

【読んでみよう】
1．船橋洋一『同盟の比較研究』日本評論社、2001年。
　　中東の安全保障問題に関する第一人者アンソニー・コーデスマンによる「第6章米-サウジアラビア関係―変化する湾岸の同盟構造」は、要領よくまとめられている。
2．中村覚編『サウジアラビアを知るための65章』明石書店、2009年。
　　サウディアラビアの歴史、社会、経済、内政、外交に関してバランスよく議論した一冊。

［中村覚］

❖ コラム⑪　安全保障のジレンマ

　なぜ戦争（武力紛争）は絶えることがないのであろうか。国際安全保障学の現実主義（リアリズム）は、自国の安全を懸念する政策決定者たちが、他国に関する情報不足のために陥る陥穽が深刻な原因の1つであると考える。ある国 A が自国の防衛を意図して軍備を増強すると、他国 B はそれを A 国による攻撃の準備や意図であるとみなしてしまい、防衛強化のために軍拡に向かうことになってしまう。すると A 国は、B 国の軍拡を脅威とみなし、一段の自国の軍備増強に走ってしまう。このような関係の緊張化と軍拡の連鎖は、ついには戦争勃発の危険を本当に高めてしまう。

　つまり、自国の安全強化をめざす軍備増強は、しばしば国際社会での相互不信と競争の連鎖を誘発して、結果として自国を一段と深刻な脅威に直面させる事態をもたらしてしまう。この原理を**安全保障のジレンマ**という。安全保障のジレンマが発生してしまう原因は、アナーキー（世界政府の欠如している国際社会）においては、他国の本当の意

志を確認することが究極的には不可能であり、また国家間で軍事力の均衡を維持することが難しいためなどと説明することができる。

　安全保障のジレンマを克服するための教科書的な解決方法は、軍事的信頼醸成措置である。すなわち国家間で、互いの軍備に関する情報や、軍事演習の意図に関して公開を促進し合ったり、検証したりする制度を設け、相互の誤解を防ぐ措置が有用とされる。このための手段は、ホットラインの設置や、国家間の定期的な会合、条約締結、専門機関の設立などである。

　ただし、軍備情報の公開は、敵によって悪用されて先制攻撃の準備に利用されてしまう危険を伴っている。したがって、軍事的信頼醸成措置が効果をあげるための条件として、まず国家間で互いの意図が防衛的であると確認し合い、信頼を確立するための政治的信頼醸成措置の成功が必要である。

（中村覚）

❖ コラム⑫　オリエンタリズムと中東

　国際学において、アジア・アフリカなどの東洋（オリエント、日本を含む）に対して偏見や固定的概念を生み出す西洋の眼差しや考え方を総称し、批判的に論ずる際に、それを**オリエンタリズム**と称する。西洋の理系・文系の諸学問、芸術、メディア、映画、政治的演説や政策立案などが、オリエントを観察対象とし、オリエントに関して、無秩序、停滞、野蛮、後進、東洋的専制、ふしだらで誘惑する女性、反乱、テロリズム、狂信性などのイメージを構成し、再生産してきた。これらの固定的概念は、西洋によるオリエントの征服や植民地化を正当化することとなってきた。

　現代では、特に中東との関連では、十字軍やジハードに関する西洋の誤解に立脚しながら、中東政治に関するテロリズム、独裁、狂信などのイメージが再生産されている。これらの固定概念により、西洋による植民地化や第二次世界大戦、またパレスチナを占領するイスラエルの建国などが正当化されることとなってきた。また、イラン革命や9・11事件に際しては、シーア派やイスラームに対する恐怖が欧米諸国で助長された。さらに近年でも、2003年のイラク戦争前に米国で、いわゆる「ネオコン（新保守主義）」系知識人のほかに、中東歴史研究の大家B・ルイスが侵略に賛成する論陣を張った。

　オリエンタリズムは、西欧の学者、政治家、ジャーナリスト、芸術家などが、観察対象であるオリエントを他者として、自己たちと切り離し、観察対象とする認識構造により成立する。つまり、オリエンタリズム的認識構造のなかでは、現代中東の政治的諸問題に関して、植民地時代以来の西洋による中東への関与が矛盾し、失敗してきた帰結であるとの反省は微塵もみられない。

　ただし、オリエンタリズムを批判する際には、注意が必要である。特に第二次世界大戦後、オリエンタリズムに対する批判を生み出す場として、自由な言説や学問が展開さ

れてきた欧米諸国の良心性の部分を看過することはできない。つまり、西洋を批判するあまりに、オキシデンタリズム（西洋に対して東洋の抱く固定概念や偏見）を生み出してはならないのである。

（中村覚）

❖ コラム⑬　アラブの春

　「アラブの春」は2010年12月以後のチュニジアでの反政府運動に端を発し、アラブ諸国に広がった革命運動、民主化運動、反政府運動の総称。チュニジアでは2011年1月にベン・アリー政権が崩壊しジャスミン革命と称された。エジプトでは2011年の1月25日革命運動によってムバーラク大統領が同年2月に辞任し、世界に衝撃を与えた。さらにリビアでは、約半年の内戦の末、NATOによる空爆の効果もあり、カダフィが死亡し、リビア政府軍は崩壊した。イエメンでは2012年1月に大統領選挙が実施されて新政権が成立した。

　反政府運動は他の国に広まったが、以上が元首の退位に成功した国となった。それらのアラブ諸国では、大統領の支配が30年以上に長期化し、大統領の一族や側近が国の政治・経済を私物化し始めていた。また、2008年のリーマンショック後の食料価格高騰や、若者の雇用状況が悪化していた経済的背景が共通していた。だが運動参加者は、「名誉のため」の革命と動機を語ることが多い。

　前例のない大規模街頭デモを展開し、長期権威主義政権を打倒に追い込んだ反政府運動の秘訣は、新しい動員方法の導入にあった。非暴力抵抗闘争の新しいひな型が取り入れられたほか、非イスラーム的で、かつ各国固有の国民的なシンボルやスローガンが多用された。また、衛星テレビ、ツイッター、フェイスブックなどの新しいメディアの効果が注目された。

　ただしムバーラク政権の崩壊後、まだ存続していたアラブ諸国は次第に対策を工夫し始めた。サウディアラビアでは福祉・雇用対策の強化がみられた。シリアやバハレーンでは、非暴力運動に対して、逮捕や銃撃等による過酷な弾圧が展開された。また、フェイスブックでのデモの予告には、各国政府が素早く対処するようになった。

　現在、体制転換が成功した国で、民主化が定着する見込みがあると評されるのはチュニジアのみとなっている。エジプトでは選挙で当選したムルシー政権とその出身母体ムスリム同胞団への失望が高まった機会に乗じて、軍部が政権を再び掌握した。シリアの内戦は長期化し、リビア、イエメン、イラク、シリアではアルカーイダ系テロ組織の活動領域が拡大している。アラブの春の結末は、民主化の定着は革命の成就よりも難しいという印象を広めることとなっている。

（中村覚）

21章 拡大するイスラーム圏とのビジネス
——イスラーム金融とハラール市場

☞ **考えてみよう**

　現在、日本を含めた先進国の多くで人口の減少傾向が続いています。そんななか、着実な人口増加を示すある集団があります。ムスリム（イスラーム教徒）がそれです。Pew Research Center が2011年に行った調査である *The Future of the Global Muslim Population* によれば、全世界におけるムスリム人口は、現時点ですでに16億人を超え、2030年には約22億人となり、世界人口の実に26.4％を占めるようになる、と推計されています。しかも、その人口増の中心が日本の近隣であるアジア地域にあるといわれているのです。こうした背景から、最近の日本ではムスリムを対象とした取引を望む企業やイスラーム圏からの旅行客の取り込みを狙う企業が増えています。

　しかし、イスラーム圏には日本とはかなり異質な文化や慣習がたくさんあります。そこで本章では、そうした文化や慣習の違いをふまえつつ、イスラーム圏との取引のあり方について、主に金融（イスラーム金融）と商取引（ハラール市場）の面から考えてみることにしましょう。

1 多彩なイスラームのイメージ

　日本人がイスラームに対して抱くイメージは、実に多面的である。ある者は、黒いスカーフ（ヒジャブなど）やチャドルで顔や全身を覆う女性の姿を思い浮かべ、またある者は、ラマダーン（断食月）に断食をしたり、モスクと呼ばれるイスラーム寺院でひざまずいて礼拝（サラート）する敬虔な信者を思い起こすだろう。あるいはまた、欧米を敵視し、ジハード（聖戦）の名のもとにおぞましい自爆テロを繰り返す危険分子を想起する者も少なくないだろう。最近では、「イスラーム国（Islamic State：IS）」と自称する過激派武装集団が台頭し、イラクやシリアおよびその周辺地域を中東の火薬庫と化した。だが、それらはイスラームのほんの一面を表しているにすぎない。

　ところで、**イスラーム圏**（ムスリムが中核を占める国や地域）とはどの辺りを指

図1　地域別ムスリム人口分布

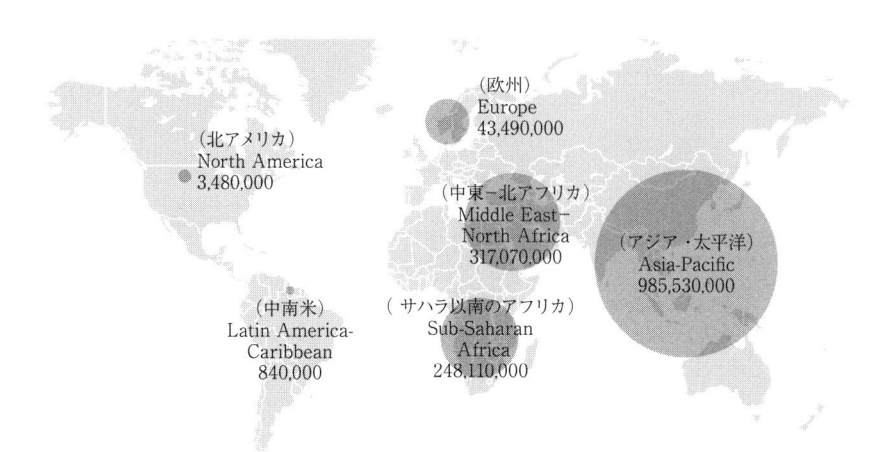

（北アメリカ）North America 3,480,000
（欧州）Europe 43,490,000
（中東－北アフリカ）Middle East-North Africa 317,070,000
（アジア・太平洋）Asia-Pacific 985,530,000
（中南米）Latin America-Caribbean 840,000
（サハラ以南のアフリカ）Sub-Saharan Africa 248,110,000

出所：Pew Research Center（2012, December 18）, *The Global Religious Landscape- Muslims*. http://www.pewforum.org/2012/12/18/global-religious-landscape-muslim/（2014年9月18日アクセス）。各地域の訳は筆者。

すのだろうか。おそらく、アラブ首長国連邦（UAE）、イラク、イラン、サウジアラビア、トルコなどの中東地域を真っ先に思い浮かべる人が多いのではないだろうか。だが、エジプト、スーダン、リビアなどのアフリカにも、マレーシアやインドネシアなど日本に近い東南アジアにもイスラーム圏がある（図1）。特にアジア・太平洋地域のムスリム人口は突出して多く、世界の全ムスリム人口の実に6割以上を占めているのである（ハラルマーケット・チャレンジ・プロジェクト『ハラルマーケットがよくわかる本』総合法令出版、2013年、2頁）。

2 シャリーア

イスラーム圏の金融や商取引の話になると、必ず登場するのがシャリーア（イスラーム法）である。シャリーアとは「人の道」を意味し、イスラームの神アッラーの教えを預言者ムハンマド（マホメッド）がまとめた聖典コーランとムハンマド自身の言行を基本とするイスラームの根幹となる考え方である。

シャリーアの内容は、法律的な部分や軍事に関わる部分など多岐にわたるが、生活面に関しては、豚肉、イスラームの戒律に従って処理されていない

肉、アルコール、ギャンブル、ポルノ等を禁止するなどの厳格な戒律がある。そうした戒律は、当然、金融やビジネス取引にも波及する。では、具体的にはどうなっているのだろうか。まず、イスラーム金融からみておこう。

3 イスラーム金融

(1) シャリーアに則った金融取引

イスラーム金融とは、シャリーアに則(のっと)った金融取引をいう。シャリーアは、利子(リバー)の授受、食肉(特に豚肉)会社、酒造会社、ギャンブル、タバコ、ポルノを行う会社などへの融資は一切禁止している。したがって、イスラーム金融ではこうした事業への融資は排除されるのである。

(2) イスラーム金融最大のタブー

私たち日本人がこれまで利用している一般の金融システムとイスラーム金融の最大の違いは、利子(リバー)の有無である。シャリーアでは、利子はカネがカネを生むもの、つまり「不労所得」であり、不当な利益、あるいは搾取とみなされ、その授受を厳格に禁止しているのである。

しかしそうはいっても、すべてのムスリムが高額商品を即金で購入できるとは限らない。できればローンを組みたいと考える人がいてもおかしくはないだろう。だが、ローンは利子を伴うためにシャリーア違反となる。そこで、銀行等の金融機関を利用しながらも、利子を伴わない販売の仕組みが考案されている。ここでは紙幅の制約もあるので、次の2つの仕組みのみを紹介しておこう。

① **ムラバハ** ムラバハとは、イスラーム金融商品のなかでも非常にポピュラーな取引形態である。私たちが日ごろ利用するショッピングローンの仕組みとほぼ同じと考えてよい。ただし、日本では銀行やクレジット会社に対して利子を支払うが、イスラーム金融では利子は禁止されているため、一旦、銀行が商品を購入して、本来の購入希望者である顧客に利益を乗せて転売する形がとられる。

② **イジャラ** イジャラとは、リース契約に似た形態である。まず、銀行が顧客に代わって、機械などの商品を購入する。イジャラでは、銀行が購入し

たその商品を顧客に転売するのではなく、リースすることになる。銀行は、商品の購入代金を上回るリース料を設定し、一定期間にわたって顧客からリース料金を受け取る。リース料と購入代金の差額が、銀行の利益になる。

4 ハラール市場とは何か

(1) ハラール市場

イスラーム金融とともに最近の国際社会において注目されているのがハラール市場である。ハラール（HALAL：ハラル）とは、シャリーアで許された「健全な商品や活動」全般を指す。ハラールといえば、食品がよく知られているが、化粧品や医薬品、介護用品、あるいは物流なども含む。また、広義ではイスラーム金融もハラールの1つと考えられる。

ムスリムたちは、ハラール商品であると認められるもの以外は避けなければならない。たとえば、豚肉や酒などのアルコールは、ハラールとはいえないため、避けなければならない。これは、原材料にも及ぶ。一見して豚肉が入っていなくても、調味料に豚の成分が入っていれば、ハラール商品として不適格となる。

2000年から2001年にかけて発生した「味の素事件」では、インドネシア味の素は、製造過程で豚肉の成分を使用していたことがもとで逮捕者を出す騒ぎとなった。現実には原材料に豚の成分は使用しておらず、材料を発酵させるための触媒として使っていたのだが、インドネシア当局は、それすらも認めないという判断を下した。

(2) ハラール市場に向けた取り組みと今後の展望

最近、急増するムスリムとの取引を活発化させたいと考える日本の国内企業（ホテルや飲食店など）が増えている。ムスリムの来日客が年々増加の一途をたどっているからだ。特に最近はLCC（Low Cost Carrier：格安航空会社）の積極的な路線展開や、日本政府による査証（ビザ）の緩和や免除も、イスラーム圏からの来日客の増加の一因となっている（『自治体国際化フォーラム』2014年2月号、10頁）。

ここで、国内企業のムスリム対応の具体的な事例をあげておこう。たとえ

ば、千葉県のホテルスプリングス幕張では、豚由来の成分やアルコールなど、シャリーアで禁じられた食品を使わないようにするとともに、ムスリムに提供する料理の調理にはムスリム専用の器具を使っている。

神奈川県の新横浜ラーメン博物館では、ムスリム向けに豚肉やアルコールなどシャリーアで禁じられた食材を使っていない「ムスリムフレンドリーメニュー」の提供を2013年7月より開始した。さらに、ムスリムが1日5回行う礼拝に対応するため、礼拝の場所やマット、メッカの方位を確認するコンパスを常備するようになった。

ホテルグランビア京都では、ハラール食品を提供しているほか、お祈り用のカーペットや聖典コーランも常備している。

またその一方で、自社商品をイスラーム圏に輸出する日本企業も増えている。国内の食肉加工業のサラム・フーズ・プロセッシングは、ハラール食品を求めている国内のホテルやレストランにハラール食品を提供する一方で、ハラール認証を受けた食品の輸出にも乗り出しているが、今後ともこうした会社が増加するとみられている（佐々木良昭『ハラールマーケット最前線』実業之日本社、2014年、164-169頁）。

つまり、日本企業は、**インバウンド**（外から中に入ってくること。来日客を受け入れることなど）、**アウトバウンド**（中から外に出ていくこと。商品等を輸出することなど）の両方でハラール市場との関わりを強めているのである。いま日本では少子高齢化の進展に伴い、国内需要の低迷が続いている。そのため日本企業の多くは、外国人に商品を買ってもらわないと成長できなくなりつつある。他方で、世界のムスリム人口は着実な伸びを示している。イスラーム圏では今後、人口増加に加えて、堅調な経済発展も見込まれており、インバウンド・アウトバウンドの両面において、日本企業にとってますます重要な位置を占めるようになるだろう。

☞ **あらためて考えてみよう**

日本企業の多くは、国内で少子高齢化が進むなか、またグローバルな競争が激化するなかで、海外需要の取り込みが急務となっています。その意味で、今後とも着実な人口増加と経済発展が見込まれているイスラーム圏の人々との関係性を高め、その需要を、インバウンド・アウトバウンドの両面で取り込む動きが活発化してい

ることは当然の流れといえるのではないでしょうか。
　しかし、ここで留意すべき点があります。それは、一口にシャリーアやハラールといっても、国や地域ごとに微妙な違いがあるという点です。たとえば、アルコール全般はどのイスラーム圏でも禁止されていますが、イスラーム圏のサウジアラビアでは医療用のアルコールを解禁する動きが出ています。
　イスラーム金融を利用し、あるいはハラール製品を取り扱う企業は、現地の最新情報を入手し、各地の認証や制度をしっかりと理解したうえで、慎重にビジネスを進めていく必要があるといえるのではないでしょうか。

【Questions】
1．通常の金融取引とイスラーム金融取引の違いがなぜ生じるのかについて検討し、イスラーム圏ではどのような工夫がなされているのかについて調査してみよう。
2．ホテルや旅行代理店などの観光関連企業や飲食店がムスリム客を増やすために配慮すべき点は何か、具体的に話し合ってみよう。
3．日本企業がハラール製品をイスラーム圏に輸出する際に留意すべき点についてみんなで考えてみよう。

【読んでみよう】
1．佐々木良昭『ハラールマーケット最前線』実業之日本社、2014年。
　　飲食、宿泊、観光業者をはじめ、昨今の日本国内で急速に進むハラール対応ビジネスの現状を報告している。
2．ハラルマーケット・チャレンジ・プロジェクト『ハラルマーケットがよくわかる本』総合法令出版、2013年。
　　市場規模200兆円ともいわれるイスラーム市場への参入に不可欠な「ハラール」について、その需要やビジネスの可能性を描く。

［宮崎哲也］

移動空間から考える

イスタンブルのアタテュルク空港を歩く人々＝撮影：佐島隆

22章 移　民

☞ **考えてみよう**

　近年、日本に住む外国人が増えてきたと感じませんか。1990年前後から日本にはさまざまな形で外国人労働者が入ってきています。最近の日本の若者は右傾化しているなどといわれ、いわゆる**ヘイトスピーチ**、つまり人種差別的な言葉を集団で叫ぶ人たちなどもいますが、みなさんは外国出身の人たちが日本に住むことに関してどのように感じますか。

　少子高齢化が進む先進諸国では、移民を受け入れて人口減少を食い止めようという考え方が有力になっています。日本政府の考え方も確実にその方向に進んでおり、外国から来た人たちとの共存は避けられない現実になろうとしています。ヨーロッパの経験を参考にこのことを考えてみましょう。

1 移民の歴史

　いま、全世界で2億人近い人たちが自分たちの出身国を離れて生活しているといわれる。そこには、生活や生命を脅かされる状況から逃げてきたいわゆる**難民**や、生活のために仕事を求めて移動する**越境労働者**が含まれる。このような人たちを指して**移民**と呼ぶ。移民は、観光客やビジネスマンのように、自分の意思で一時的に外国を訪れたり滞在したりする人たちとは区別される。

（1）移民とは

　人間の移動自体は歴史上一貫してみられるものであるが、ここでは移民を現代の現象として考えたい。実際に、近代以降、現代に至るまで人の移動は大規模化している。

　移民という言葉は、国家から国家へ移住する人々、別の言い方をすれば**国際移民**に限定して使われることが多い。国際移民とは国家の存在を前提にした考え方であり、ある国家の国民が他の国家へ移住するということになる。この場合、**国民国家**の存在が前提となる。国民国家とは、**国籍**や**市民権**によって人間を国家と結びつけて国民とし、同時に国境を画定し領土を明確化する近代型の

国家のことである。この国民国家は、18世紀以降にヨーロッパで成立した国家のあり方であり、20世紀に2度の世界大戦を経て世界中に広がった。国家が国民を定義して領土を占有すれば、その定義にあわない人たちはその領土を離れなければならなくなる。また、戦争があったり、国家によって国民の生活水準が違ったりという差異が生ずれば、よりよい場所に人間が移動しようとす

写1　トルコ系移民の親子

出所：ドイツ・デュースブルク市、2009年筆者撮影。

る流れも生じる。また、国家が自らに都合のいい人材を確保しようという動きも出てくる。そうした状況を、交通手段の発達が助長する。そういった意味で、移民は近現代の概念であるといえるのである（写1）。

（2）植民地時代の移民

　18世紀から19世紀にかけて、ヨーロッパの人口は6000万人あまりから1億2000万人近くと、ほぼ2倍にふくれ上がった。一方で、産業革命による製造業の発展に伴って、都市における労働力の需要が高まり、農村人口が都市へ流動するようになる。さらに、19世紀にヨーロッパによる世界の**植民地化**が進むと、西ヨーロッパを中心（先進工業地域）とし、その他の世界を周辺（原料供給地兼市場）として、はじめて世界が「1つ」になった（ウォーラーステインはこれを「**近代世界システム**」と名づけた）。この時代は、多くの移民がヨーロッパから出て行った時代であった。1824年から1924年の100年間で、ヨーロッパを5200万人が離れた。そのうち、北米へ3700万人、南米へ1100万人、オーストラリアへ350万人が移住したという（山田史郎「移住と越境の近代史」山田ほか編『移民』ミネルヴァ書房、1998年）。同時に、1850年までに少なくとも1500万人の奴隷がアフリカからアメリカ大陸に連れてこられたという（カースルズ・ミラー『国際移民の時代』名古屋大学出版会、1996年）。

(3) 第二次世界大戦後の移民

2度の世界大戦を経て、ヨーロッパからアメリカ大陸への人の移動は終息する。代わって、アメリカとヨーロッパの双方で、南北間の移動が開始された。アメリカ合衆国では、中南米からの移民が増加し、いわゆるヒスパニック系住民が増え始める。第二次世界大戦で国土が荒廃した西ヨーロッパでは、1950年代に入り戦後復興が始まると、労働力となるべき世代の男性人口が戦争で失われていたため、深刻な労働力不足が生じた。特に、西ドイツとフランスの労働力不足は深刻で、これを補うために南欧や中東から労働者が流入するようになる。これを**ヨーロッパ新移民**という。

ヨーロッパ新移民は、当初、帰国を前提とした外国人労働者として考えられていたが、1970年代以降、定住化が進んだ。さらに、東西冷戦の終結後に世界各地で頻発するようになった地域紛争によって、多くの難民が生じた。難民の定義と保護を定めた1951年の「**難民の地位に関する条約**」の原加盟国が多い西ヨーロッパ諸国は、非常に多くの難民を受け入れた。それらの結果、現在西ヨーロッパ諸国の多くでは、移民とその子孫が人口の10～20％を占めるまでになっている。

(4) 移民の拡大

1980年代になると、アメリカ合衆国などの移民国や西ヨーロッパ諸国に加えて、中東やアジアにも国際労働力移動の流れが波及する。1970年代の2度にわたる**オイルショック**を経て、中東の産油国は、石油輸出による巨額の貿易利潤、いわゆるオイルマネーを手にするとともに、深刻な労働力不足に陥った。これ以降、中東産油国は有力な外国人労働者の受け入れ国となっていく。

一方で、この時期にアジアにおける有力な外国人労働力受入国となったのが日本である。1980年代後半のバブル経済到来によって、日本も大幅な労働力不足を経験する。これによって日本は「外国人労働者」の流入を経験するのである。これ以降に流入した定住外国人を**在日コリアン（オールドカマー）**と区別して**ニューカマー外国人**と呼ぶ。

1990年代には、東西冷戦構造の崩壊によるイデオロギー対立から地域紛争へのシフトが起こり、政治的迫害、宗教的迫害などの理由で世界を流浪する難民

の急激な増加が世界的な課題となった。

(5) 移民の変容

　1990年代の後半には、多くの先進国で**少子高齢化**が進行し、労働力人口の極端な不足が予測され始めた。そのため、21世紀の到来とともに、それまで歓迎されざる客のように捉えられて来た移民の存在は、労働力不足や国家や自治体の財源不足を補う、有力な手段と考えられるようになった。いまや先進国は、新興国の経済発展を担う**高度人材**を自国に招き入れるための競争さえ展開している。

　また、情報化社会の到来や交通網の発達、そしてグローバル化により、移民のあり方そのものが変化した。従来の、自国の人口爆発や不安定な社会情勢から逃れ、「新天地」を求めて不可逆的な移住を余儀なくされるというようなイメージとは異なったものになっている。求める生活のために何度も移動を繰り返し、あるいは出身地と移住先を行き来しながら国家を超えた空間に自らの居場所を確保する新しいタイプの移民があらわれたのである。彼らは、インターネットなどの情報技術を駆使して出身地や他の世界とつながり、情報をやりとりしながら生活世界を築いている。こういった、国家や領土を越えた国際的な空間を移民が活用する様子を**トランスナショナリズム**と表現する。21世紀は、選択的な移民導入の制度を整えた先進国による人材獲得と、トランスナショナルな移民の駆け引きの世界になってきているのである。

2 ヨーロッパ新移民

(1) ヨーロッパ新移民の発生

　ヨーロッパ新移民は、かつてのヨーロッパから世界へという流れに逆行し、20世紀後半にあらわれた、ヨーロッパに外部から流入する新しい移民の流れを指す。1950年代のはじめこの流れが始まった当初は、戦後復興で好景気となった北西ヨーロッパの労働力不足と南ヨーロッパの不完全雇用を、労働力の移転によって解決し、ヨーロッパ内部の不均衡を解消する意図があった。すなわち、越境した労働者が母国へ送金するとともに技術移転を行い、母国の発展に寄与させるという理想モデルであった。このことは、ヨーロッパ共同体（現在

写2　トルコ系移民集住地区の市場

出所：ドイツ・デュースブルク市、2006年筆者撮影。

のヨーロッパ連合＝EU）の構築にも関連しており、1957年のローマ条約（EU基本条約）には将来の域内労働力移動の自由が盛り込まれていた。これは現在の**EU域内移動の自由**の理念につながっている。

　この考え方を基礎に、定住を前提としない労働者が一定期間の契約によって移住し、期間が過ぎると送り出し国に帰国するという**ローテーション政策**のモデルが生まれた。その典型が西ドイツであり、1950～60年代の経済的奇跡（Wirtschaftwunder）の時代に、イタリア（1955年協定締結、以下同）、スペイン（1960年）、トルコ（1961/64年）ほか、多くの国々との協定に基づいて、外国人労働者の呼び寄せが行われた。

　同様に、フランス、ベルギー、ルクセンブルグ、オランダ、オーストリア、スウェーデン、デンマーク、ノルウェーなども外国人労働者の雇用を進めた。イギリスへも旧植民地からの労働者の流入があった（写2）。

（2）「家族再統合」と定住化

　しかし、このローテーション政策は労働者が帰国せずに定着する傾向をみせたことで崩壊した。その要因は、帰国せずに働きたい労働者の気持ちと、仕事に慣れた彼らを帰して新しい人を迎え入れるリスクを嫌う雇用者の利害が一致したことが大きい。そして、1973年のオイルショックを境に高度経済成長が一気に終息し、新たな労働者の募集が全ヨーロッパで停止されたことで、決定的な変化が生じる。すなわち、いったん帰国するとあらためて出稼ぎに出ることが困難になったことが、外国人労働者の定住化傾向を促進することとなったのである。

　また、1970年代は**家族再統合**（Family reunion）の時代でもある。ヨーロッパで定着した労働者が家族を呼び寄せるようになったのである。これには、ヨー

ロッパで発達した人権思想が作用し、受入国と出身国をまたいだ家族の分断を問題視する世論があらわれたこと、外国人労働者の居住地域において若年の単身男性がかたまって居住することへの懸念が生じたこと、移民自身が結婚の適齢期を迎え、結婚して出身地から配偶者を呼び寄せるケースが増加したことなどの複合的な要因が作用している。家族再統合は、外国人労働者を、「帰国を前提としない移民」へと変化させた。そして、ヨーロッパで育ち、あるいは生まれた第2、第3世代があらわれることとなった。

(3) ヨーロッパのイスラーム

こうして生じたヨーロッパ新移民の多くをムスリム（イスラーム教徒）が占めていた。ムスリムを社会内に多く抱えることは、西ヨーロッパ諸国にとっては初めての経験であった。そのため、それまでとは違った関係が生じた。

ヨーロッパのムスリムの代表的なグループを各国別にみてみると、イギリスでは旧植民地パキスタン・バングラデシュなどの南アジア出身者、フランスでは旧植民地および保護領であったアルジェリア、モロッコ、チュニジアといったマグレブ諸国出身者、ドイツでは主に2国間協定で労働者として流入したトルコ共和国出身者が、それぞれ多くを占めている。

全体に、当初は単身者ばかりの労働者であったために文化的社会的な問題が表面化しなかったが、家族再統合以降進んだ移民化によって、さまざまなことが問題になり始めたという経緯が共通している。移民化が進むと、**イスラーム法**に基づいたさまざまな宗教的な義務があるムスリムは、それらを円滑に進めるための環境づくりを模索し始めた。職場での礼拝の許可に始まり、モスクなどの礼拝施設の設置、イスラーム法に沿った**ハラール食品**の販売などがその例である。これらの需要を自分たちで満たすために集住化が進み、各国の都市に**イスラーム地区**が出現した。さらに、第2世代が学齢期に達すると、教育の問題も生じた。言語の問題で学習機会を十分に得られない子どもたちがあらわれる一方で、宗教と教育のぶつかりあいもみられるようになる。

フランスにおける**スカーフ問題**がその典型例としてよく知られている。これは、1980年代末に始まった、教室でのスカーフ着用の是非をめぐる論議である。この論争は、しばしば誤解されるようにイスラームに対する偏見が直接の

原因ではなく、公教育の場において特定の宗教の特徴が発露されることに対する問題提起であった。しかし、イスラームが「イスラーム法」を通して、生活や社会の規範や政治や経済の制度も規定するという見方が知られるようになると、**イスラーム異質論**の文脈で論じられるようになったのである。

このようなイスラームに対する不信感は、2001年のアメリカ同時多発テロや2005年のロンドン同時爆破テロを経ることで増幅された。一方で、教育の機会が十分でないことなどで、第2、第3世代の社会経済的な地位は低くなりがちである。失業と偏見が非行や軽犯罪に結びつき社会的イメージを損なうと同時に、ヨーロッパでの生活に展望を見出せない若者たちが、テロ組織の支持者となる悪循環も一部でみられる。2014年には、シリア、イラクで猛威を振るうイスラーム過激派「イスラム国」にそうした若者が世界各地から合流しているとして、国際的な危機感が生じた。さらに2015年、パリの新聞社襲撃事件が起こり、西欧的価値観とイスラームの関係の複雑さがあらためて問われるとともに、テロの逆輸入に対する深刻な懸念が広がっている。

☞ あらためて考えてみよう

以上、ヨーロッパを中心に移民現象についてみてきました。日本ではバブル期にパキスタンやイランからの労働者が増加したことへの社会的反応を経て、1990年に入管難民法が改定され、中南米の**日系人**とその子孫の日本国内での居住や就労を認めたことと、1993年の**外国人の技能実習制度**の導入により、実質的な外国人労働者の就労の制度的枠組みが形成されました。その後、**多文化共生**という用語によって、そうした外国人との社会的共存への取り組みが求められるようになり、2006年には総務省により**多文化共生推進プラン**が示されました。しかし、その内容はそれまでに地域やNPOなどが行ってきた支援活動を追認したものという性質が強かったのです。

ここで注目したいのは、ヨーロッパではかつて、文化を持った「人間」を「労働力」と見誤ったことにより多くの問題を抱えることになったということです。少子高齢化を見据えた成長戦略のなかで外国人雇用の枠組みがさらに拡大されようとする日本でも、労働力ではなく人間としての、移民の受け入れについて真剣に考える時期がすでに来ているのです。

【Questions】
1.「外国人労働者」と「移民」という言葉の間の違いは何だろうか？

2．現代の国際社会で、文化の異なる人々と関わらずに生きていくことは可能だろうか？
3．ヨーロッパ新移民の歴史から、日本が学べることはどんなことだろうか？

【読んでみよう】
1．多文化共生キーワード事典編集委員会編『多文化共生キーワード事典』明石書店、2004年（改訂版2010年）。
　　多文化共生に関連するさまざまなキーワードを解説した入門書。
2．内藤正典『ヨーロッパとイスラーム』岩波新書、2004年。
　　ヨーロッパにおけるムスリムの状況を国別に紹介している。

［石川真作］

23章　難民と国内避難民

☞ **考えてみよう**

　もし、ある日突然、自分の家に帰れなくなったとき、あなたならどうしますか。自分の部屋にあるものも、家にあるものも、ほとんど置き去りにして、身の回りのわずかなものと思い出だけを持ち、友人や恋人、親戚とはぐれ、かろうじて家族だけで、時に一人で、今住む家から、街から、国から、今すぐに離れなければならなくなったとき、あなたは何を持っていきますか。誰を捜しますか。そしてどこへ行きますか。

　何とか逃れた先で、あなたは「難民」や「国内避難民」となり、やがて「避難所」に入ります。知らない人との窮屈な暮らしが始まります。いつまで続くかわかりません。そんななかで、もし「もう前の家や街、国に帰れない」と知ったとき、あなたは何を思いますか。そしてそこから、明日の人生をどうつくろうと考えますか。

■1 「強制移動」という意味

（1）これは誰の問題なのか

　あなたは、「考えてみよう」にどのくらい真剣に取り組んだだろうか。「私には起こらないだろう、でも想像してみようか」という気持ちで読んだ人も、多いのではないだろうか。一方でこの章について、「読むには辛すぎる」という気持ちになった人もいるだろう。

　少し前まで、「考えてみよう」で尋ねた状況は、日本ではあまり起こらないと思われていた。しかし、残念ながら、これは錯覚だった。そのことを私たちに思い知らせたのは、2011年の東日本大震災と東京電力福島第一原子力発電所事故であった。復興庁によれば、2014年12月の時点で、なお、23万4000人の人々が、自分の家に、街に、帰れていない。時計は、人々が家や街から出て行ったきり、止まったままである。

　この章を始めるにあたり、忘れてはならない点を示しておこう。それは、ある日突然、家を、街を、離れなければならないという状況が、自分に関係ない話だと決していえない、ということである。もし経験がないというなら、それ

はたまたま、今まであなたの身に降り掛からなかっただけなのだ。つまり、あなたにも起こりうる。だから、もとの住み処を離れ、そこでの暮らしを諦めるとはどういうことなのか、今のうちにしっかり理解しておかなければならない。逃げているときに、そんなことを考える余裕などはないからだ。

(2) それでは何が問題なのか

　ある日突然、大変な出来事が起きて、嫌でも自分の家や街から逃げなければならなくなることを、**強制移動**（forced displacement）という。英語をみてほしい。Displacement という言葉が出てくる。これは、dis と placement に分けられる。直訳すれば、自分がある所に「いる（placed）」ことが否定（dis）される、という意味になる。第二次世界大戦中、ユダヤ人であるという理由で自らの国から逃れざるをえなかったフランス人哲学者のシモーヌ・ヴェイユは、国民と国民感情の崩壊とあわせ、これを「根こぎ」の一部と考えた。植物を根っこごとひきはがしてしまうように、人間が住んでいるところから引き離される。そして、根っこごとはがされた植物がよほどうまく扱われないと枯れてしまうように、人間も、丁寧に扱われない限り、その肉体や魂は「枯れて」しまう。ここに、強制移動の一番の問題点がある。

　単に移動するだけであれば他の人でもできる。旅行や出張はもちろん、場合によってはよりよい暮らしを得るために、これまで住んでいた所を棄てる決断をする人もある。だが、強制移動は違う。移動によって、人々の人生が枯れてしまう。これが問題なのである。そして、そのような結果には当然何らかの原因がつく。それは、ある国や人々の集団、時に自然が、暴力をふるい、生活の基盤を奪い、つまりそこにいられなくなるように人々を追いやるからである。一般にこのような事態は、今日、**人権侵害**（human rights violation）という名で呼ばれ、理解される。したがって、要約するなら、「強制移動は、人権を侵害するがために問題」だということになる。いうまでもなく、これはなんとかしなければならない問題である。

　そこで次に、強制移動を世界的視点から整理してみる。現代世界はどのような状況にあるのだろうか。

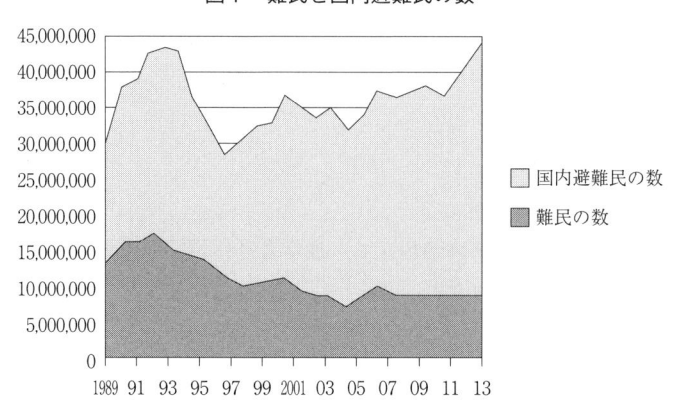

図1　難民と国内避難民の数

出所：難民数は、UNHCR, *The States of World Refugees 2000*, Annex 3, p. 310（1980-1999をカバー）、*UNHCR Global Trends 2006*, table 20, p.105（2000-2006をカバー）、ならびに各年の *UNHCR Statistical Handbook*（2007-2012をカバー）および *UNHCR Global Trend*（2013をカバー）を、国内避難民数については、Internal Displacement Monitoring Centre, *Global IDP Estimates*（1990-2013をカバー）をそれぞれ参照した。

2 世界で起こる強制移動

(1) 難民と国内避難民

ここで、図1のグラフをみてほしい。

これは、1989年から2013年まで、世界でどのくらいの人々が家を追われ、街を離れ、国を逃れたかを示したものである。このグラフを出発点に、現代世界における強制移動を理解することにしたい。

まず、ここで2種類の人々が扱われていることに注目しよう。**難民**（Refugees）と**国内避難民**（Internally Displaced Persons）である。おおざっぱにいえば、紛争や暴力、災害に堪え兼ねて、国境を越えて逃げてきた人々を難民と呼び、国境を越えられずに自国に留まった人々を国内避難民と呼ぶ。

実は、国際的な統計の残っている限り、どの時代も、難民より国内避難民のほうが多い。にもかかわらず、「国内避難民」という単語は、1990年代になるまで存在さえしなかった。簡単にいえば「見て見ぬ振り」をされてきたのである。

ところが、その国内避難民が、まさに1990年代から無視できない問題となっ

てくる。それまで、国内避難民をどう扱うか、どう救うかは、避難民のいる国に任されてきた。しかしこれは、体のいい放置と同じである。避難民の救援に当たることができるだけの資金や組織、人々がいるならそれでいい（ただ、そうだとしても、それによって避難民が本当に救われたかどうかは別である。東北の例をみてもらいたい。日本政府は多額の資金と資源と人々をもって避難民を救おうとしているが、どこまで人々の生活は元に戻っただろうか）。問題はそのような力もなく、意志さえない場合である。救うつもりのない国のなかで、避難民は大変不安定な生活を強いられる。何より衣食住を欠く。そして、自分たちの国で起こる政治的対立、民族間の争いに巻き込まれる。明日の安全もわからない。そのような国は、時に**破綻国家**（failed state）と呼ばれる。「破綻」してしまった国のなかで、救う者はなく、逃げようもない。これでは、逃げている人々の人生は枯れてしまって当然ではないか。

（２）複合的緊急事態と世界の対応

　1991年２月、中東の一角に多数の避難民を抱える国があった。イラクである。この国には、「クルド人」と呼ばれる一群の人々がいた。この人々は自国であるイラクから長らく迫害を受けてきた。この時期に起きた湾岸戦争のときもそうであった。そこで人々は、同じクルド人の住む隣国トルコへ逃れようとした。しかしトルコは、何十万にも上る人々が押し寄せることをおそれ、国境を固く閉ざした。その結果、難民にもなれず、自国に救ってももらえない人々が、イラクとトルコの国境沿いに多数置き去りにされることになる。

　実は、国際社会は、難民を救う組織を持っていた。**国連難民高等弁務官事務所**（United Nations High Commissioner for Refugees: UNHCR）という。この組織は、1951年につくられた**難民条約**（コラム⑭参照）に沿って、世界の難民を保護する活動にあたっていた。しかし、難民条約はあくまで難民を相手にするものであり、国内避難民ではない。一方で、膨れ上がるクルド人国内避難民を誰も救わないという事態は避けなければならない。こうした状況のなか、何らかの決断を求められていたのが、当時の高等弁務官・緒方貞子であった。緒方は熟考のすえ、難民ではない国内避難民を救うことを決意する。それはいわば「掟破り」であった。しかしこの決断が、1990年代以降、国際社会が難民と国内避

難民をどう扱うかについて、決定的な方向を与えることになる。

　ジル・ロッシャーという難民問題の研究者がいる。彼によれば、1990年代以降、UNHCR は「難民保護組織」から「人道組織」へと変化した。変わりたかったわけではない。変わらざるをえなかったのである。この時期、国家間での争いは鳴りを潜め、代わりに一国内で複数の民族や集団が闘い合う**国内紛争**が頻発する。だが、これは単なる戦いではない。敵対する人々をこの世界から消し去ろうとする大規模な殺し合い、つまり**民族浄化やジェノサイド**を伴う。当然、それに巻き込まれた人々は逃げる。逃れた人々の暮らしは衣食住や医療・教育を欠き、非常に不安定になる。つまり、1990年代に起こった事態は、紛争と呼ぶにはあまりに多くの出来事を伴ったのである。だから国際社会は、これに**複合的人道危機**（complex humanitarian emergency）という新しい名前をつけた。新しい事態には新しい布陣で立ち向かわなければならない。そのため、国連を軸に数多くの組織がつくられた。だがその中心の1つは、なおもUNHCR であった。国連によれば、1990年代に起きた複合的人道危機には、すべて強制移動が伴っている。UNHCR は、強制移動の被害者を保護する、いわばベテラン組織である。中心を担わざるをえなかったわけである。そしてこの基本的図式は、今日もあまり変わっていない。自らの身に危険が起こるところ、人々は逃げる。そして逃げる人々は、庇われなければならないからである。

3 強制移動とアフリカ

　ところで、強制移動とアフリカは、長い間、切りたくても切れない関係を続けてきた。そもそも歴史を遡れば、最も大規模に展開された強制移動の1つは**奴隷貿易**である。ぐんと視点を縮めて20世紀後半に絞ったところで、強制移動の被害を受けた人々が最も多かった1つはアフリカだった。そこへ、1990年代以降の複合的人道危機が追い討ちをかける。現在、アフガニスタンやシリア、ウクライナなど、アフリカ以外の国や地域で強制移動の被害者が増えているが、最新のデータでも、世界全体のほぼ3分の1にあたる約385万人の難民と約1300万人の国内避難民が、アフリカの人々で占められている。

　そのようなアフリカ諸国において、強制移動問題をどう解決するかは、他の

地域以上に切実であった。世界的規模で、世界的な組織によって世界的に解決するだけでは、足りないのである。まず、難民条約だけでは、保護できる人々の対象範囲が狭すぎた。そのためアフリカ諸国は、1969年に**アフリカ統一機構難民条約**という独自の定めをつくり、保護できる人々の範囲を広げた。次に、UNHCRや国連だけでは、人々を保護するための人手が足りなかった。だから時間をかけて、**アフリカ連合**という自前の地域組織から、自前の平和維持軍を送り込んで、保護活動を強化することにした。最後に、国内避難民を保護するためのルールを、国際社会は1998年まで持っていなかった。アフリカ諸国は、それができた後すぐに自らの地域で使い始めた。しかしそれでも不十分だったため、2009年、**カンパラ条約**という国内避難民を保護する独自のルールまでつくった。切迫した強制移動問題は、アフリカに、地域的規模で、地域的組織によって地域的に解決することを求めた。そしてその動きが、アフリカを強制移動問題対策の最先端に押しやったのである。

　だが、こうした「最先端」は、アフリカの抱える問題の深刻さをそのまま裏返したものである。しかも、今日のアフリカはさらなる挑戦を受けてもいる。たとえば、アフリカには、保護に必要な資金が足りない。UNHCRは、2015年にアフリカの難民・避難民保護に必要とされる資金を21億ドル強（1ドル＝120円で換算すれば約2520億円）と見積もった。国連の通常予算51億ドル強（2012〜13年。年がやや古いのはこれ以降のデータが現時点では出ていないからである）と比べると、実に国連予算の40％にあたるお金がアフリカで必要とされているのである。もちろん、実際には先進国をはじめとする各国からの援助もある。しかし巨額の資金が必要な点に変わりはない。加えて、難民や避難民を受け入れる国が、その限界をみせ始めた。今日、アフリカのなかでアフリカの難民を受け入れている主要国は、エチオピア、ケニア、チャド、南アフリカ共和国である。この4か国で、少なくみても160万以上の人々を引き受けている計算になる。UNHCRの予算は、難民・避難民の発生国に加え、このような受け入れ国にも重点的に配分されているが、その資金でまかなうことができるとは考えにくい。2013年、南アフリカ共和国が、難民となるために必要な手続きの条件を厳しくした。難民を偽って出稼ぎ目的に来ようとする人々が多く、難民を申請する人が30万人以上いたためである。これには、国際社会からの反発が当然起

こった。しかし、難民を支える「体力」が限られるなかで、どれだけの人々を受け入れればよいかという問題は、簡単に答えを出すことができない難問である。

☞ あらためて考えてみよう

　強制移動は、あなたにとって関係のない話ではありません。ですから、他の人が移動によって被る苦痛や不便を、あなたも同じように受けるかもしれません。そのため、あたかも自分の身になって、移動を強いられた人たちの苦痛を理解し、それを和らげ、できる限り元の暮らしに近い生活ができるようにすることは、今後大切な取り組みになってくるでしょう。

　では、ここで問います。もしあなたの住む街に、これまで会ったこともない人たちが、強制移動を理由に大勢やって来たとき、あなたはどうしますか。言葉が通じないかもしれない。あなたの持つ価値や習慣を敵視するかもしれない。あるいは、その人の地域が、放射能に「汚染」されているかもしれない。そのような人々がやってきたとき、あなたはその人たちをどのような目でみるでしょうか。何を考えるでしょうか。そして、どこまで本気でその人たちとともに暮らそうとするでしょうか。難民・避難民の問題は、異質な他人とともにどう生きるかという新しい問いへと、あなたを連れていくのです。

【Questions】
1．難民と国内避難民の違いは何だろうか？
2．複合的人道危機は、なぜ引き起こされるのだろうか？　また、その結果どのような事態が起きるだろうか？
3．強制移動に対し、アフリカはこれまで独自の努力を重ねてきた。その結果、どのようなプラスとマイナスが生じただろうか？

【読んでみよう】
1．東野真『緒方貞子——難民支援の現場から』集英社新書、2003年。
　　冷戦後の10年間、難民と国内避難民を守る組織のリーダーとして活躍した緒方氏の考えと行動を描く。
2．秋山豊寛『原発難民日記——怒りの大地から』岩波ブックレット、2011年。
　　福島の事故から避難している人々は、実は「難民」ではない。だがこの人々は、「移動を強いられる」ことの苦しさを私たちに伝えている。

[池田丈佑]

コラム⑭　難民条約と難民議定書

　難民を救うためには、難民がどのような人々であり、いかなる権利を持つか、また、世界の各国や非国家組織がどのようにこの人々を扱えばよいかについて、何らかの基準を設けておく必要がある。1951年に定められた「難民の地位に関する条約（難民条約）」は、この要請に応えてつくられた。現在、最も広い地域をカバーし、最も包括的に保護の基準を示している。

　しかし、そのような難民条約も、できた当初はヨーロッパのためのものであった。つまり、ヨーロッパにいる難民たちをヨーロッパの国や国際社会がどう支えるかという問題が中心で、それ以外の地域は、範囲に入っていなかったのである。だが、大戦後世界各地で発生した難民は、ヨーロッパに限定された基準が不十分であることを突きつける。その結果、難民条約の内容は、1967年にできた「難民の地位に関する議定書（難民議定書）」によって改定され、はじめて全世界的な広がりを持つに至った。

　今日、難民条約と難民議定書に規定された文言は、強制移動問題に立ち向かううえで基本となる理念でありルールである。それによれば、難民とは次のような人々をいう。

「人種、宗教、国籍もしくは特定の社会的集団の構成員であることまたは政治的意見を理由に迫害を受けるおそれがあるという十分に理由のある恐怖を有するために、国籍国の外にいる者であって、その国籍国の保護を受けることができない者またはそのような恐怖を有するためにその国籍国の保護を受けることを望まない者」（難民条約1条A項（2））

（池田丈佑）

24章　インバウンド観光と日本の旅行業

☞ 考えてみよう

　2013年、日本の観光業界は2つの明るい話題で賑わった。1つは日本を訪れた外国人観光客が、節目の目標であった年間1000万人を超えたこと、もう1つは、2020年のオリンピック・パラリンピックの開催地が東京に決定したことである。東京都はオリンピックの経済効果は1兆円、波及効果は3兆円と試算している。また、みずほ総合研究所は、訪日外国人が2020年に観光庁の目標である2000万人を達成した場合、旅行消費額は3.2兆円と試算している。しかし、このような巨大な経済効果は本当に見込まれるだろうか？

　この章では、急増するインバウンド観光（訪日外国人旅行）の現状から日本経済への影響について考えるとともに、日本の観光産業の中心をなす旅行業界の今後についても考えてみよう。

1 世界の潮流と日本のインバウンド観光

(1) ますますグローバル化する世界

　国連世界観光機関によれば、世界のアウトバウンド旅客数（自国から他国へ就労目的以外で出国する人、いわゆる旅行者）は2012年で12億人といわれている。また、そのなかの半数の約6億人が、航空機を利用し、残りが陸路または海路によって出国している。

　そして、世界の人口は現在72億人で、2030年には84億人、2050年には96億人になるといわれている。人口が増加すれば、それに比例してアウトバウンドも増加する。観光産業が21世紀最大の成長産業の1つになるといわれる理由がここにある。果たして2050年には、一体何億の人たちが世界を往来するのだろうか。

(2) 日本におけるインバウンド観光の現状

　日本では以前から、アウトバウンド数（日本人海外旅行者）に比べインバウンド数（訪日外国人旅行者）が著しく少ない状況が続いてきた。たとえば、2002年

のアウトバウンド数は1652万人であったのに対し、インバウンド数は524万人であった。政府は、この差を是正すべく、「観光」が日本の力強い経済を取り戻すためのきわめて重要な成長分野であり、急速に成長するアジアをはじめとする世界の観光需要を取り込むことにより、地域活性化や雇用機会の増大などの効果が期待できるとし、2003年に**観光立国宣言**を行った。そして、これを受けてビジットジャパン事業（訪日旅行促進事業）がスタートした。

その後、2008年には**観光庁**が設立され、その主導のもとに「観光立国推進基本計画」が策定された。その具体的な施策である訪日プロモーションやビザ要件の緩和等の効果があらわれ、ビジットジャパン事業がスタートしてから10年目の2013年に訪日外国人観光客が1000万人を超えることとなった。

（3）急増するアジアからの訪日観光客

1000万人の内訳をみてみると、アジアからの旅行者が795万人と全体の76.7％を占めている。2013年以前からのトップ3である韓国、台湾、中国のうち、韓国と中国については、尖閣問題や竹島問題などの政治的要素から伸び率は停滞気味である。一方、経済成長著しい東南アジア諸国が、政府のビザ要件緩和策などの効果と相まって、タイが対前年比174％、香港154.8％、ベトナム153％と大きく伸び、そのあとにインドネシア、マレーシアなどが続いている。2014年もこの傾向は続くうえ、9月にはフィリピン、ベトナム、12月にはインドネシアの日本入国ビザが免除されたため、東南アジア諸国からの旅行者がさらに増えて1300万人を突破する勢いである。

（4）観光先進国をめざす日本

年間の訪日外国人客数1000万人突破は、日本にとっては大きな出来事であったが、他国と比べるとその数字がいまだ少ないことがわかる。国連世界観光機関がまとめた「2013年世界観光ランキング」（海外旅行者受入数）での日本の順位は、世界のなかで27位に留まっている。観光先進国でありランキング1位のフランス（8500万人）や、2位のアメリカ（6970万人）と比べると、まだまだ海外から旅行者を呼び込めていないことがわかる。アジアにおいても4位の中国（5570万人）、10位のタイ（2650万人）、11位のマレーシア（2570万人）など、日本

とは大きな差があるのである。

しかし、このことを逆からみれば、かなりの発展の余地があるということになる。少子高齢化による人口減少期に入り、内需拡大に期待できない日本経済において、裾野が広くさまざまな産業への波及効果が大きい観光関連産業に寄せられる期待は大きい。

（5）輸出産業としてのインバウンド観光

では、なぜ今、観光のなかでもインバウンド観光が注目をあびているのか。外国人が日本に観光旅行にやってくるインバウンド観光は輸入産業なのか、それとも輸出産業なのか。

答えは後者である。海外からの旅行者が、観光を通して行う消費は、旅行者を受け入れる国にとって「輸出」にあたる。国内で生産された観光やその他の商品・サービスを海外の旅行者が購入することになるので、外貨の獲得――輸出につながるわけである。世界各国が積極的に観光産業に力を入れているのもうなずける。日本にとっても、旺盛な需要をはらむ海外市場を取り込むことができるインバウンド観光は、大変重要な意味を持つものなのである。

2013年の日本の旅行収支、すなわちアウトバウンド（日本人の海外旅行）の総支払額からインバウンド（訪日外国人旅行）総収入額を差し引いた金額は、6545億円の赤字となった。しかし、前年の1兆617億円の赤字に比べると、大幅な収支改善を果たしている。

日本のアウトバウンド観光は、人口減や円安傾向の影響を受け、2012年の1850万人を頂点に漸減傾向にある。それに対しインバウンド観光は、2014年もアジア地域を中心に順調に増加を続け、ついに2014年4月の単月の旅行収支は、44年ぶりに177億円の黒字となった。

（6）新免税制度による小売業への波及効果

さらに2014年10月、訪日外国人需要の取り込みの一環として、外国人旅行者向け消費税免税制度が改正され、消耗品を含むすべての品目が消費税免税の対象となった。従来、免税対象品目としては、家電製品やカメラなどの非消耗品に限られていたが、今回の改正で食料品や飲料類、薬品、化粧品類などもすべ

て免税対象となった。さらに地方の名産品なども免税対象となるため、消費拡大による地域経済の活性化や観光振興が期待される。すでに大手百貨店や全国展開の大手スーパーでは、インフラ整備や人材育成に着手し、販売成果が出始めている。

今後の小売業への波及効果も含め、インバウンド観光の増加は、日本の国際収支の改善にも影響を及ぼしているのである。

2 実はグローバル企業ではない日本の旅行業

(1) 日本人の旅行だけを取り扱ってきた日本の旅行業

さて、日本の旅行市場のうち訪日観光市場のシェアはどれくらいあるのだろうか。旅行消費額で比較してみると、2012年の国内旅行消費額は22.5兆円であるが、そのうちの訪日旅行消費額は1.3兆円で全体の5％にすぎない。

その原因を探ってみると、1つの要素がみえてくる。それは、日本の旅行業界は、ビジネスモデルとして、**発地型旅行商品**しかつくってこなかったことである。発地型旅行商品とは、都市圏を中心とした旅行の出発地に拠点を持つ旅行会社が、商品を企画・販売し、都会の消費者を各地域へ送り出す「送客型」ビジネスのことである。

そのため、日本の旅行業の取り扱い額の99％は日本人の旅行なのだ。その日本人だけの閉鎖的な市場で、1万社の旅行会社が顧客獲得にしのぎを削っている業界なのである。

(2) 海外旅行の流通とランドオペレーター

一方、海外旅行商品の企画・造成には、**ランドオペレーター**という機能が存在する。ランドオペレーターとは、海外旅行の到着地に拠点を持つ旅行会社で、出発地からの旅行会社の依頼を受け、現地でのホテルや交通手段などの手配、旅行内容の企画（着地型商品）を行う旅行会社のことである。ランドオペレーターは特定の国や地域を専門に取り扱うため、現地国に本社を持つ会社が多いが、日本に本社を持つランドオペレーターも混在する。日本からの海外旅行はこれらのランドオペレーターの存在なしには、商品はつくれないのである。

Ⅱ部　地域から国際社会を考える

　ところで、訪日観光旅行において、到着地である日本のランドオペレーターは存在するのか。日本の旅行業界は先述したように、発地型旅行商品をつくってきた歴史から、ランドオペレーターが担うべき、日本各地域の**着地型旅行商品**をつくるノウハウを持っていない。また、ランドオペレーターという流通機能上、収益率が少ないことも参入の妨げになっていたということも否めない。ここに訪日旅行の取り扱いが少ない日本の旅行業界の弱点があるといえる。

(3) 日本における中国系ランドオペレーター

　たとえば、年間140万人が日本に訪れている中国市場をみてみよう。中国現地で訪日ツアーを企画・販売できる会社は長らく中国の旅行会社だけであった。2011年に初めて日本の大手旅行会社1社が取り扱うことができるようになり、先頃日本で2社目の認可が中国政府から認められたばかりである。しかも日本での手配を担うランドオペレーターは、華僑系の人々が経営する民族系旅行会社が、本国のニーズにマッチした手配を行うという構図である。訪日観光の舞台は日本であるにもかかわらず、日本の旅行会社が入れる余地はないのである。

(4) 着地型旅行商品への取り組み

　一方、政府によって2010年に閣議決定された「新成長戦略」において、観光による地域産業の育成と経済の活性化をめざす方針が掲げられた。その結果、さまざまな施策が打ち出され、日本各地で**観光まちづくり**や着地型観光のムーブメントが起こり、地域に根ざしたランドオペレーターが誕生しつつある。現在は、国内旅行向け商品がほとんどであるが、外国人旅行者のニーズも加味しながら地域の特徴を打ち出した着地型旅行商品をつくるランドオペレーターを増やすことが求められている。この役割を担うのが地域の旅行会社であり、この仕組みができれば、増加する外国人旅行者の消費を効率的、効果的に地域経済に取り込むことができ、地域の再生につながるのである。

☞ **あらためて考えてみよう**

　2009年、日本の旅行業者が取り扱った訪日外国人旅行者は、訪日外国人旅行者総数のわずか9.6％にすぎません。もちろん、訪日外国人旅行者が増えれば、旅行者

24章　インバウンド観光と日本の旅行業

の消費行動によって収益は残るでしょう。しかし、その果実が知らぬまに国外に流出（経済効果の漏出）してはいないのでしょうか。

世界の旅行会社のランキングをみても、グローバルなオンライン旅行会社が順位を上げています（表1）。ようやく日本の大手旅行会社も潜在需要の大きな訪日市場に着目し、アジアを中心に現地店舗を拡大し需要の取り込みを始めているのです。今や、日本からの一方通行ではなく、世界各地と日本を相互に結ぶ、ツーウェイツーリズムが求められています。

表1　2013年世界旅行会社ランキング

	企業名（本社所在地）	業　態	取扱額（百万＄）
1	エクスペディア（アメリカ）	OTA	39,443
2	プライスライン（アメリカ）	OTA	39,173
3	カールソン　ワゴンリー　トラベル（フランス）	BTM	31,611
4	TUI（ドイツ）	総合旅行	25,593
5	アメリカンエキスプレス（アメリカ）	BTM	24,256
6	トーマス・クック（イギリス）	総合旅行	18,122
7	JTB（日本）	総合旅行	15,180

出所：JTB総合研究所。OTAはオンライン・トラベル・エージェンシー、インターネット販売を中心とする旅行会社。BTMはビジネス・トラベル・マネージメント、企業の出張業務を一元受注管理し経費削減等を提案する旅行会社である。

【Questions】
1．観光庁のホームページから、訪日外国人の国別順位を調べてみよう。また、過去と現在の順位の違い、変動の要素は何かも考えてみよう。
2．いま、着地型旅行商品は全国各地の自治体や観光協会、旅行会社などがつくり始めている。どのような商品があるのだろうか？
3．世界の旅行会社ランキングの推移や各旅行会社の特徴を調べてみよう。

【読んでみよう】
1．橋本亮一『よくわかる旅行業界』日本実業出版社、2012年。
　　旅行業界の現状と課題を捉え、新しい時代にふさわしい旅行業のビジネスモデルについて知ろう。
2．髙井典子・赤堀浩一郎『訪日観光の教科書』創成社、2014年。
　　ますます注目を集める訪日観光について、理解を深めることができる入門書。さまざまな角度から訪日観光について知ろう。

[北邦弘]

❖ **コラム⑮　旅行会社の添乗員になるためには？**

　旅行会社の**添乗員**は、ツアーコンダクターとも呼ばれている。旅行会社が取り扱うのは形のない旅行という商品である。これはつまり、交通機関、観光施設、宿泊機関（旅館・ホテル）などの各パーツが組み合わされて、旅行計画書（旅程表）として1つの商品を構成している。

　また、旅行商品は、同じ内容であっても、自然条件（天災地変）や交通事情などにより、時に大きく形を変えてしまう生き物のようなものである。そこで、旅行商品のなかでも、団体ツアー（一般団体・パッケージツアー）に同行して、旅行計画にしたがって旅行客が安心して旅行ができるように、交通機関や宿泊機関などと調整し、円滑な旅行の実施を確保できるように、必要な業務を行う者のことを添乗員という。

　添乗員には、大きく2つの役割がある。第1には、前述の旅行計画内容どおりに旅行が実施されるように努める役割のことで、これを**旅程管理**という。第2の役割は、旅行に参加している旅行客が、その旅行を楽しみ、満足感を持つことができるように旅行客を案内し、すばらしい景色にともに感動し、おいしい食事にともに喜びを分かち合い、旅行客と交流を深めることである。

　このように添乗員とは、旅行商品のさまざまなパーツと旅行客とをつなぎ、その旅行が旅行客＝お客様にとって感動を与え、最大限の満足を得られるようにパーツを操る、コンダクター（指揮者）なのである。

　さて、添乗員になるには、まず観光庁長官に登録が認可された旅程管理研修機関が実施する旅程管理研修を受講する。そして、試験に合格したうえで、研修課程修了から1年以内に1回以上の添乗実務を経験しなければならない。

　添乗員の仕事は、さまざまな観光地に旅行ができ、一見華やかな職業にみえるが、旅行会社の代表として、さまざまなトラブルに対してどう対処するのかという判断力と、さまざまな旅行客とどう接し、いかに旅行客の満足を高めるかというホスピタリティ力をあわせもつことが求められる。このようにハードな仕事ではあるが、旅行が成功に終わった後の旅行客の喜びと笑顔が、添乗員の次への仕事の糧となるのである。

（北邦弘）

❖ **コラム⑯　日本の温泉観光地と地方創生—黒川温泉を事例に**

　日本で最もポピュラーな旅行地は**温泉観光地**といえるだろう。現在、（財）日本交通公社の『旅行者動向2013』によれば、老若男女を問わず、常に「日本人の行ってみたい旅行タイプ」の上位にランクされるのは温泉旅行である。また、日本温泉総合研究所の調べによると、日本の温泉地数は3085か所で、宿泊利用のべ人員数は2012年の1年間で約1億2470万人にも達する（2013年3月現在）。日本は温泉の質に加え、旅館の施設や

おもてなしまでもが愛されており、それがこの人気につながっている。

日本人と温泉との関わりは古く、奈良時代に編纂された各地の『風土記』に温泉がすでに登場している。庶民にとって旅が身近になった江戸時代には、湯治場として多くの温泉が栄え、その歴史が引き継がれて現代に至っている。

ただし、現代は海外旅行など他の選択肢も増えたうえ、観光の形態が団体旅行から個人旅行へとシフトしつつある。社員旅行などの機会も減り、温泉観光地も従来の宴会型団体旅行によって宿泊者を確保するのではなく、若者や熟年層の女性中心の個人旅行への経営戦略の変更を求められるようになった。この大きな変化に対応できずに、苦境に立たされている温泉観光地もいまや多い。競争力を有し、国内外から多くの人を集め、魅力ある温泉観光地にするためには、その地域の価値を最大化する戦略的な取り組みが求められているのである。

このような状況にあって、熊本県の黒川温泉は従来の人気を保つだけではなく、新規顧客を開拓した成功事例である。もともとは山あいのひなびた湯治場であり、旅館数も20数軒ほどで農家との兼業が多かった。つまり、当初は有馬や城崎、熱海や草津といった大規模な温泉観光地とは大きな差があったといえる。この黒川温泉を人気の観光地に押し上げた原因は、街全体が１つの宿である、として「黒川温泉一旅館」という考えを関係者が共有することができたことにあるだろう。

洞窟のような露天風呂や、どこか懐かしさを感じさせる自然の里山らしく植栽を行って景観に配慮する工夫など、ハード面の整備を先行させ、まず利用者を増やした黒川温泉は、次にソフト面の整備を進めた。その特徴的な例が、あらかじめ入湯手形を購入することによって、観光客がそれぞれの好みにしたがって計28か所もの旅館の露天風呂に入湯できるという画期的な工夫である。黒川温泉旅館組合が主導して企画したこの手形によって、利用者側は多くの旅館内の入浴施設を楽しむことができるようになった。また、旅館側には入湯手形の料金から一定の割合で分配を受けることができ、新たな収入を得ることができるというメリットが生まれた。さらに、組合にも安定した収入が生まれ、植樹や街づくりに活用されているほか、観光案内所・ビジターセンターである「風の舎」の常勤職員の給与に充てるなど、新たな雇用も生み出している。

しかし、この入湯手形にはデメリットもある。利用者が多くの旅館を利用するということは、それぞれの施設の充実度や清潔度、接遇の良し悪しを比較されてしまうということにほかならない。しかし、黒川温泉はこのデメリットをもメリットに変えた。旅館の間によい意味での競争――切磋琢磨が生じ、全体のレベルが上がり、それが利用者の満足度を押し上げたことにも注目したい。

黒川温泉の成功の要因は、共同体としての意識の徹底に求めることができる。つまり、自分の旅館だけが儲かればいいという近視眼的な考え方ではなく、温泉地全体の隆盛や繁盛を考え、行動したのである。そして、この結果が、全国各地の温泉地が苦戦するなかでの人気獲得につながったのである。

Ⅱ部　地域から国際社会を考える

　地方創生が叫ばれているこれからの時代は、地域が主体となって、自然、文化、歴史、産業、人材など地域のあらゆる資源を活用することによって、交流を振興し、活力あるまちを実現することが求められつつある。そして、この営みに観光学や旅行業が貢献できることは多い。このことを考慮するとき、ケーススタディとして黒川温泉の一連の活動に学ぶべきことはきわめて多いといえるだろう。

（渡邊公章）

25章 サービスとホスピタリティの観光ビジネス
―航空輸送事業の事例から

☞ **考えてみよう**

この章では、航空事業を事例に、サービスとホスピタリティを検討したうえで、これからのグローバル時代におけるサービスとホスピタリティのあり方を考えます。

■ サービスとホスピタリティの違いとは？

(1) サービスとは

サービスは英語の service に由来し、奉仕、給仕、服役などの意味がある。これは「奴隷」や「戦利品として獲得した外国人」を意味するラテン語の ser-vus から来ているといわれている。他に同種の語源に由来する単語として、serve（仕える）、servant（召使、使用人）などがある。このようにサービスとは、主従関係や義務の概念が本質にある。つまり、サービスとは、顧客が、サービス提供者と一時的に主従関係を結ぶことで、非日常を生み出す行為であり、そこには金銭などの便宜の享受が発生する。

(2) ホスピタリティとは

「ホスピタリティ」は「もてなし」として訳されることが多い。しかし実はさまざまな国や地域の文化、宗教、歴史などを背景として「もてなし」には含まれない多様な特徴を持っている。ラテン語のホスペス（hospes）が語源であるといわれており、「客人の保護者」を意味する。そこから派生したラテン語の hospitalis は、「歓待する、客を厚遇する」という意味がある。ギリシャ時代、旅行者はギリシャ神話の全能神、ゼウスの保護を受ける「聖なる人」として厚く迎え入れられる風習があった。聖書でも、他者をもてなすことを奨励するくだりでホスピタリティが用いられている。

さらに、hospes には主人（host）と客人（guest）の両者の意味も含み、双方

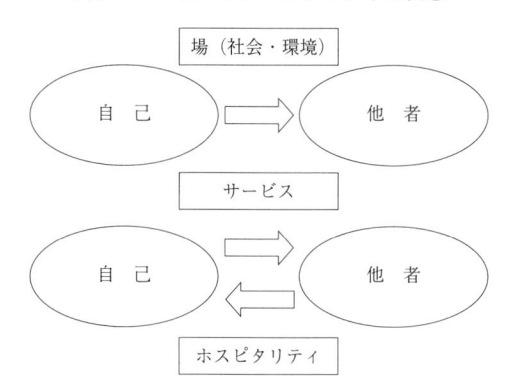

図1　サービスとホスピタリティの概念

```
        場（社会・環境）
  ┌──────┐  ⇒  ┌──────┐
  │ 自 己 │     │ 他 者 │
  └──────┘     └──────┘
        サービス

  ┌──────┐  ⇒  ┌──────┐
  │ 自 己 │  ⇐  │ 他 者 │
  └──────┘     └──────┘
        ホスピタリティ
```

出所：筆者作成。

が同一の立場で相互関係を築くことが根本概念にあることは、サービスの概念と対比するとたいへん興味深い。ホスピタリティは、単に手厚くもてなすという行為のみを指すのではなく、同一平面での人間どうしの相互関係なのである。

（3）サービスとホスピタリティの概念の比較

　それでは、サービスとホスピタリティとはどのような関係にあるのだろうか。ホスピタリティの概念は、自己と他者の当事者間の双方向的な心理作用をあらわす。そしてサービスとは、顧客（他者）に対して物質的、精神的な満足を与えるために、提供者（自己）から受け手へ実施される一方向的な行為をいう（図1）。服部はホスピタリティの概念を、相互共生、相利共生を生み出す主客同一関係とし、サービスの概念を、片利共生の一時的主従関係としている（服部勝人『ホスピタリティ学のすすめ』丸善出版、2008年、101頁）。

　ツーリズム産業からすると、ホスピタリティはサービスの付加価値として認識されていることが多い。人が介するサービス、つまりヒューマンサービスをより情緒的な高い満足をもたらすものとし、従業員の柔軟性の高い対応によって顧客を確保するためのものとして、位置づけられている。

25章　サービスとホスピタリティの観光ビジネス

2 航空事業におけるサービスとホスピタリティ

(1) 航空事業の特性

　航空輸送は、国家や地域の社会経済活動を支える公共交通機関として、安全性、利便性、持続性が求められるとともに、快適性や経済性も重要視されるようになった。よって、国際政治経済の情勢や社会現象に起因するさまざまな外的要因の影響を受けやすい特性を持っている。さらに、公益性も重要な特性である。国際交流の促進、災害時の緊急援助や支援物資の輸送など、国民の福祉の維持促進を担う使命がある。

　ここで、航空輸送のサービスについて、顧客に関する物的、機能的なものと情報的、感性的なものという観点から考えてみよう。航空輸送の物的、機能的なサービスとは、空間におけるもの、つまり機内設備、機内食、空港のカウンターやラウンジの設備などハードな部分と、定時運航、便数、リスク管理などの利便性と安全性を備えた機能的なソフトの部分にあたる。

　一方、情報的、感性的なものとは、ヒューマンサービスにあたる。そのなかにはサービス提供者の挨拶、表情、立ち居振る舞い、気配り、業務知識などが含まれる。

　こんにちでは航空機の利用目的や旅客のニーズが多様化しているため、それぞれの旅客に合ったサービスを提供することは、航空会社の競争力強化につながる。そこで、各航空会社は細分化された運賃の設定、マイレージプログラムの導入、IT化を行っている。

　また、ラウンジや座席の改良、機内食やアメニティの充実などを追求し続けている。しかし、物的、機能的サービスは開発してもすぐに他社に追随されてしまう。あるいは技術の制約や法の規制により、大きく差別化を図ることは難しい。この現象を**コモディティ化**と呼ぶ。

　一方、情報的、感性的サービスについては、つまりヒューマンサービスには工夫の余地があり、他者との差異をつけやすい。

　また、世界各地で段階的な規制緩和が進み、日本では、2000年の改正航空法が施行されたことで、国内航空運賃の設定や路線参入が原則自由化された。これによる新規航空会社の参入などもあり、航空業界は厳しい競争の時代を迎え

図2　レガシーキャリアとLCCのサービスに
おける共通点と相違点

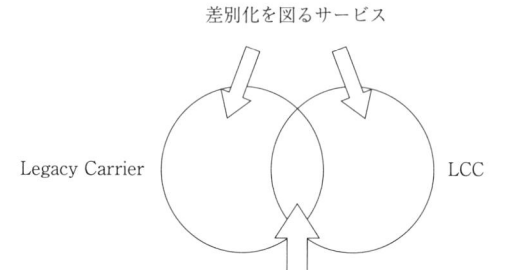

差別化を図るサービス

Legacy Carrier　　　　LCC

基盤的なサービス

出所：筆者作成。

た。この状況を受けて各航空会社は、多角的な教育と工夫でヒューマンサービスの向上をめざし、競争力を高めつつある。

（2）差別化するサービスと基盤的なサービス

　では、LCCとレガシーキャリアとは、それぞれのサービスがまったく異なるかというと、そうとはいえない。図2にあるように、共通点と相違点がある。それらを基盤的なサービスと、差別化を図るサービスと呼ぶこととする。

　差別化を図るサービスのコンセプトは基盤的なサービスの対極にある。極言すれば、空飛ぶホテルをめざしているのか、それとも電車をめざしているのかである。この2つの違いを前提として、それぞれのサービスを模索しているのである。

　では、基盤的なサービスとは何か。すべての航空会社の使命は、公共交通機関としての安全運航である。それは何にも優先される。定時出発率を上げることも求められる。

　航空会社は、企業（経営）戦略から大きく2種類に分類できる。1つは、ピーチアビエーション株式会社やジェットスタージャパン株式会社などのLCC（Low Cost Carrier）である。格安航空会社としても知られ、圧倒的な低価格路線を打ち出している。もう1つは、レガシーキャリアといわれる既存の航

空会社である。フルサービスキャリアともいい、各国の大手航空会社がこれにあたる。

（3）LCCのサービス

　低価格運賃というのは、サービスとしては、最も大きなものの1つであろう。低価格運賃が可能になった理由は徹底したコスト削減にある。予約・発券、機内サービスの簡素化、空港着陸料を抑えられる二次空港の利用とポイント・ツー・ポイント運航（単純な2地点間の航空輸送）、単一機材の使用などである。

　ピーチアビエーション株式会社のHPでは、「一般的なLCCの運賃は、鉄道と同じように『出発地から目的地までの移動』の対価として設定」していると述べており、対価にサービスが付加されていないことを明言している。

　また、エアアジアのキャッチフレーズは "Now Everyone Can Fly.（さあ、今は誰でも飛行機に乗ることができます）" である。つまりLCCはバス、車や電車で移動する人々を航空に取り込む戦略を打ち出しているのである。

　LCCにおけるサービスとして、さまざまな工夫がなされている。オリジナリティを活かしたグッズの作成や地域グルメの販売、客室乗務員手製の観光マップ配布など、できるだけコストをかけない、魅力的な取り組みを行っている。サウスウエスト航空のラップ調機内アナウンス、ヴァージン・アメリカ航空のダンスのプロモーションビデオ風安全ビデオなど、斬新な工夫もみられる。

（4）レガシーキャリアにみるサービス

　レガシーキャリアは、フルサービスキャリアともいわれるように実にさまざまなサービス戦略を展開している。特にファーストクラスとビジネスクラスにおいてそれは顕著であり、近年では豊かなオイルマネーに支えられた経営戦略で中東の航空会社の取り組みが注目される。

　エティハド航空は、これまでのファーストクラスの概念のさらに上をいくレジデンスクラス、「ザ・レジデンス」を設定している。同社HPによると、「贅沢な空の住空間」をコンセプトにしており、最大2名までのプライベート空間

でコンシェルジュが対応し、「機内ではバトラー（専属執事）が給仕をし、機内シェフが希望に沿った料理」をつくり、「個々の旅客のニーズと期待」に応えるとしている。

カタール航空はアル・マハサービス（Al Maha Service）と称して、マンツーマンの接客で、ハマド空港でのアシスト、ラウンジの案内、優先搭乗などを行っている。このサービスの説明には「アラビアン・ホスピタリティ（Arabian Hospitality）」という表現を使っている。

3 グローバル社会におけるサービスとホスピタリティ
―インバウンド・ツーリズムにおける新たな取り組み

日本の航空事業はどのような状況にあるのだろうか。近年、日本は観光立国という目標を掲げ、さらに2020年の東京オリンピックも見据えて、**インバウンド・ツーリズム**を強化している。**観光庁は地域別、国別に戦略的にプロモーションを実施している。**

そのなかでも、特に東南アジアのイスラーム圏からの旅行客を誘致するためのサービスとして展開している、「ムスリム・フレンドリー」プロジェクトを紹介しよう。これはムスリム（イスラーム教徒）の訪日観光客に対して、イスラームの慣習に沿ったサービスやホスピタリティをすることである。その場合、イスラームの慣行としてのハラールと礼拝について対処する必要がある。

"HALAL（ハラール）"の認識について、NPO日本ハラール協会のHPによると、ハラールとはアラビア語で「イスラーム法において合法的なもの」を意味する。ムスリムには生活全般で「ハラール性」が求められる。イスラーム法において豚は不浄なものであり、食してはならない。豚肉以外の肉でも、イスラームの仕方に従って屠殺されなければならず、またアルコールの摂取も禁止されている。もうひとつは「礼拝施設」である。彼らは1日5回、メッカの方向にむかって、祈祷用絨毯や礼拝用衣装を使用して祈りを捧げる礼拝所が必要であるからである。

関西国際空港は「ムスレム・フレンドリー・エアポート」と称して、ムスリムが安心して利用できるよう、ターミナル内に祈祷室を設置し、24時間運用している。ハラール食材を使用したメニューを提供しているレストランや、

「ポークフリー・アルコールフリーメニュー」を設定している飲食店もある。隣接するホテルでは、礼拝に必要な備品一式を揃え、レストランでは、豚、アルコールを使用していないメニューが提供されている。

　航空事業は、世界中の国籍の旅客を迎え、対応する必要がある。たとえば、エミレーツ航空は、約140もの国籍のスタッフがおり、さまざまな民族、文化を持つ旅客に対応している。

　また機内での食事にも配慮が必要である。宗教上、健康上などの理由で食事制限のある旅客のためのもの、また小児・幼児食などがある。宗教食としてはイスラーム教徒、ユダヤ教徒、ヒンズー教徒用に分かれ、そのなかでもベジタリアンや宗派に応じたものがあるなど細分化されている。健康食としては低インシュリン、低コレステロール、グルテンフリーなど実にバラエティに富んでいる。

　客室乗務員の制服や機内・空港サービスには、民族性や国民性を打ち出す工夫がなされている。たとえば、ベトナム航空は、結婚式で着る正装である赤のアオザイを採用し、大切なお客様を迎えていることを視覚的に示している。エミレーツ航空は赤い帽子からヘジャブに見立てた白いスカーフを垂らし、宗教色をエキゾチックに演出する。シンガポール航空はマレー半島一帯の鮮やかな民族衣装、サロンケバヤを使う。ルフトハンザドイツ航空では、期間限定で"Oktoberfest（オクトーバーフェスト――ドイツのバイエルン州の州都ミュンヘンで毎年9月半ばから10月にかけて開催される世界最大規模のビール祭り）"にちなんだ機内食が、バイエルン州に古くから伝わる衣装を着用してサービスされる。トルコ航空の空港ラウンジでは、"pide（ピデ）"というトルコ風ピザの実演コーナーがあり、伝統的な飲み物も提供される。

　このように、航空事業は、世界中の国籍の旅客を迎えるためにホスピタリティあるサービスを提供しているのである。

☞ **あらためて考えてみよう**
　それでは、ホスピタリティの概念は、現代社会ではどのように求められているのでしょうか。
　グローバル化が進展しているこの時代においては、地球規模の視野で考えるグローバル・ホスピタリティが求められています。服部勝人はグローバル・ホスピタ

リティを「人種・性別・言語・民族・国家・生活様式などの違いを超えて、広義のホスピタリティを基盤として、万人が対等となるにふさわしい多元的相関関係を築き、地球規模におけるウェルビーイング（wellbeing――安寧・健康・幸福・繁栄等）を創造するための共通概念」（服部勝人『ホスピタリティ・マネジメント学原論』丸善出版、2006年、316頁）と定義しています。

現代のグローバル化の進行は交通手段の発達によるところが大きいのです。そのうえで各航空会社は、自らの文化をベースにした、オリジナリティあるサービスを戦略的に行ってきました。世界の人々の文化、習慣、宗教などを迎え入れることで、ホスピタリティあるサービスを提供してきたのです。つまり、航空事業のホスピタリティは、国家、地域、人、民族、人種、それぞれの共生の上に成り立っているといえるでしょう。

異なる国と国、あるいは地域をつなぐ航空事業は、グローバル・ホスピタリティによるマネジメントの基盤を築き上げてきた先駆的業界です。航空業界は、今後もグローバル・ホスピタリティをさらに進化させ、時代を牽引していくのではないでしょうか。

【Questions】
1．航空事業において、「差別化されたサービス」と「基盤的サービス」とは何だろうか？
2．航空事業において、「ホスピタリティ」はどのように機能しているのだろうか？
3．現代社会において求められるホスピタリティとはなんだろうか？

【読んでみよう】
1．井上泰日子『新・航空事業論〔第2版〕』日本評論社、2012年。
　　エアライン・ビジネスの歴史、現状の解説からその未来像の追究にチャレンジした一冊である。航空業界についての全体像を概観しよう。
2．服部勝人『ホスピタリティ・マネジメント入門〔第2版〕』丸善株式会社、2008年。
　　ホスピタリティの歴史と異文化における概念の違い、そしてビジネスにおいてどのようにホスピタリティをマネジメントできるのか学ぼう。

［久保由加里］

❖ コラム⑰　航空業界で活躍しよう！

航空会社というと最初にイメージするのは、パイロットとキャビンアテンダントではないだろうか。しかし航空業界の仕事にはさまざまな職種がある。航空整備、航空貨物

輸送サービス、機内食を搭載するケータリング業務、空港で安全運航をサポートする運航管理など数えきれない。これらのセクションのスタッフのチームワークによって航空機1機を飛ばしているのだ。

ここでは、男女問わず特に関心の高い職種であるキャビンアテンダント、つまり客室乗務員と空港グランドスタッフの業務についてどのような人材が求められているのかを考えよう。

これらがサービス業の一種であることは広く知られているが、最も重要なことは、航空とは公共交通機関であると認識することだ。「安全性」と「定時性」が何よりも優先するのである。キャビンアテンダントを例にあげれば、機内という限られた空間のなかで、旅客の安全と快適さを確保する、保安とサービスの業務を遂行しなければならない。

空港グランドスタッフについてはどうだろうか。旅客は、空港でまず最初に顔を合わせるのがグランドスタッフである。仕事の内容は、搭乗手続きカウンターでのチェックイン、搭乗口でのゲート業務、ラウンジ業務など多彩である。国際線では、出入国審査や税関などにおいて旅客のアシスト業務を行っている。

では、キャビンアテンダントと空港グランドスタッフの双方に求められる資質はどのようなものだろうか。勤務が機内、あるいは空港のどちらであっても、お迎えするのは多様な文化、宗教の背景をもっている世界中の人々である。

また、航空機を利用する状況も、ビジネスや旅行、帰省など実にさまざまである。さらには、対応に細やかな配慮が必要なディスアビリティ（心身の機能上の障害）の方々や、VIPもご案内する。多くの人々にとって、航空機の利用は日常的なことではない。だからこそ、その経験は強く記憶に残ることになる。それを支えることによって人生のさまざまなシチュエーションを演出できること、これこそが航空業界の仕事、とりわけキャビンアテンダントと空港グランドスタッフの仕事の魅力であり、やりがいである。

これらの職種に主に求められる資質は、バーバル、あるいはノンバーバルの高いコミュニケーション能力とグローバルなホスピタリティマインドである。旅客のニーズに応えるため、敬語に代表される正しい日本語運用能力と流暢な英語力が必須である。また、常に人々からみられている仕事であり、表情や態度は重要な要素となる。マニュアルどおりのうわべだけの接客ではなく、旅客の感情と状況を性格に読み取って、真摯に、誠実に対応することが必要なのである。ホスピタリティにあふれたヒューマンサービスに人々は感銘を受ける、ということを常に念頭においておくことが求められる。

これらの資質は決して一日で培えるものではない。航空業界を志望する場合、在学中から、話し方や態度を品性のあるものとしておく必要がある。また、ホスピタリティを実地に体験するため、対人ボランティア活動や観光業界でのインターンシップに参加することも大切である。海外留学は語学力の向上だけでなく、利用者としての視点を得ることができる機会として活用したい。なお、関連する法律や規則、手順などが頻繁に

改正される業界でもあり、その意味で入社後も常に自ら学ぶ姿勢が必要となる。

(久保由加里)

アフリカから考える

元国内避難民であった村人たち。ウガンダにて＝撮影：シラクラス

26章 「宗教の大地」の〈これまで〉と〈いま〉
―西アフリカを中心に

☞ 考えてみよう

　「宗教は嫌い！」という日本の若者は少なくありません。確かに、宗教というと、「アブナイ」「マインドコントロール（洗脳）」「カルト」「テロ」といった、とかくマイナスのイメージばかりが連想されがちです。
　しかし、宗教には、「安らぎ」「希望」「勇気」「自信」「思いやり」「連帯感」「生きる目標」などを人間に与えてくれるというプラスの側面があります。だからこそ、宗教という営みは、今日なお世界中に広くみられるのです。
　なかでもアフリカは、多くの宗教を生み出し、受け入れ、育ててきた、まさに「宗教の大地」です。宗教をいたずらに毛嫌いせず、「宗教の大地」の〈これまで〉と〈いま〉について一緒に考えていきましょう。

1 伝統宗教

　アフリカの宗教は、ごく大まかにいえば、**伝統宗教**と**外来宗教**の2つにわけられる。

（1）生業別に発展した伝統的宗教世界

　アフリカの伝統宗教と一口にいっても、それには多種多様な形態があり、けっして同質的あるいは一枚岩的ではない。また、アフリカでは、多くの民族集団が移動と交流を頻繁に繰り返してきたという歴史がある。そのために各民族の伝統宗教もまた、閉鎖的な空間のなかで創造され、ほとんど変化することなく固定的に存続してきたというよりも、むしろ外部からの影響を受けてダイナミックな変容を遂げながら形成されてきた、と考えられている。
　とはいえ、アフリカの伝統的な宗教世界には、生業形態別にある程度共通する大まかな特徴のようなものがあるといわれてきた。
　アフリカは今日、都市化のペースが世界のなかで最も速い地域の1つであり、すでにその人口の半分近くが都市部に集中して暮らしている。しかし、そ

うした現代の都市化以前、アフリカ人の多くは農村部で生活をしていたのであり、彼らは、生業によって、狩猟採集民や農耕民などに大別することができた。そして、アフリカの伝統的な宗教世界は、そうした生業別に異なる発展を遂げてきたのである。

(2) 狩猟採集民の伝統的宗教世界

中西部アフリカにおける**狩猟採集民**の代表例といえば、コンゴ民主共和国やカメルーンなどの熱帯雨林に暮らす**ピグミー**があげられよう。アフリカの宗教に詳しい嶋田義仁によれば、森とともに生きるピグミーのような狩猟採集民は、自然との一体感がきわめて強く、宗教形成に必要な「邪悪」に対する感覚が醸成されなかったため、必ずしも複雑な宗教文化を生み出さなかったという（嶋田義仁「アフリカの宗教」世界宗教百科事典編集委員会編『世界宗教百科事典』丸善出版、2012年、676-681頁）。

(3) 農耕民の伝統的宗教世界

狩猟採集民よりも複雑で豊かな宗教文化を生み出したのが、マリのドゴン、ナイジェリアのヨルバ、シエラレオネのメンデといった**農耕民**の社会である。嶋田によれば、アフリカ農耕民は、狩猟採集民のように自然と一体化するのではなく、むしろ自然と対峙し、自然を切り拓いて農耕生活をしてきた。また、狩猟採集民にとっては「自然の恵み」である野生動物という存在も、農耕民にとっては、自分たちの農作物を食い荒らしたり、人間を襲ったりする「自然の脅威」に映った。このように狩猟採集民とは対照的に自然を敵対的な存在として捉え、それと対峙しなければならなかったアフリカ農耕民社会では、おのずと「邪悪」という意識が生まれ、そこから呪術・妖術、仮面儀礼、先祖崇拝、死者崇拝、神話、憑依（霊などがのりうつること）といった複雑で豊穣な宗教文化が生み出された。

(4) 呪術・妖術

アフリカ農耕民社会のなかで特に発達した宗教文化の1つといえるのが、呪術・妖術である（以下、呪術や妖術などの術語の使用法は筆者によるものである）。

Ⅱ部　地域から国際社会を考える

表1　呪術と妖術

種　類	呪　術 白	呪　術 黒（邪術）	妖　術
目　的	災い、不幸、病気などを取り除いたり、予防したりすること	不幸、災い、危害などを他者にもたらすこと	
施術者	呪術師、呪医	黒魔術師、邪術師	妖術師
	（専門家）		（一般人）
意識／意図の有無	○	○	×
道具の使用	○	○	×
呪文の使用	○	○	×

出所：筆者作成。

　呪術（magic）とは、ある目的を達成するために超自然的な力を意図的に用いようとする行為や技術をいう。これに対して、**妖術**（witchcraft）とは、本人の知らないうちに超自然的な力を用いて他者に危害を加える行為や方法をいう（表1）。両者ともに人間を超えた霊的な力を用いるという点では同じであるが、前者の呪術が意識的な行為であるのに対して、後者の妖術は無意識的な行為であるという違いがある。

　呪術はさらに、病気や不幸の原因を取り除いたり、災いを予防しようとしたりする**白呪術**（white magic）と、逆に他者に対して危害や災いをもたらそうとする**黒魔術**（black magic）に分けられる。後者を**邪術**（sorcery）ということもある。

　アフリカの社会には、人々を不幸や災いから守ったり、病気の治療をしたりする**呪術師**や**呪医**がいまなお数多く存在する。その大半は、呪術を操る能力を先祖などから継承し、自ら修得した専門職業人である。これに対して、人に危害を加えようとする邪術師（黒魔術師）の存在は、多くの場合、妄想の産物あるいは捏造といえる。が、仮に黒魔術を行う者がいたとすれば、それもやはり特殊な技能を持つ専門家と考えられている。そして、そうした呪術師という専門家は、白にせよ黒にせよ、呪術を行う際に呪物・呪具といった道具や呪詛のような呪文の言葉を用いるのが一般的である。

　他方、妖術を行う妖術師は、専門家ではなく普通の人々であることが多い。

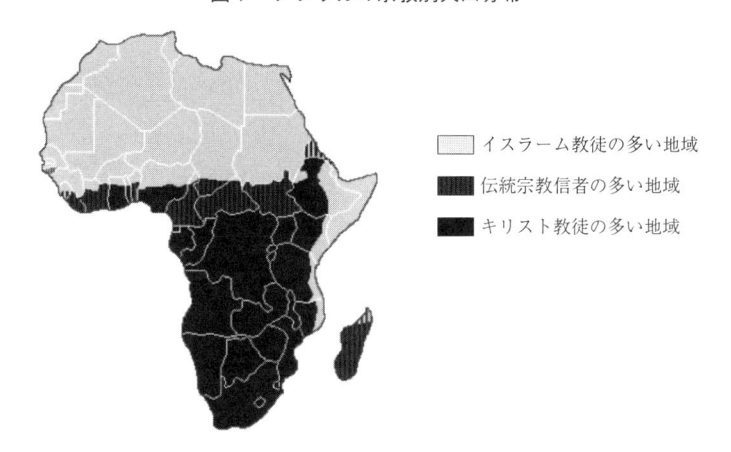

26章 「宗教の大地」の〈これまで〉と〈いま〉

図1　アフリカの宗教別人口分布

　　　　　□ イスラーム教徒の多い地域
　　　　　■ 伝統宗教信者の多い地域
　　　　　■ キリスト教徒の多い地域

出所：http://apnabhaarat.wordpress.com/ を参考に筆者作成。

妖術師は、邪術師と同様に実在せず、おそらく妄想の産物であろうが、それでもいまなおアフリカの一部の社会では、人々が何らかの不幸や災いに見舞われると、その原因として妖術を疑うことがある（コラム⑱参照）。

2 外来宗教

　アフリカは、独自の宗教文化を生み出すとともに、外部世界から多くの宗教を受容してもきた。本節では、そうしたアフリカが受容した外来宗教として、**キリスト教、イスラーム**、そして**日系新宗教**の３つを概観する。

（1）キリスト教

　アフリカ北東部のエジプトからエチオピアにかけての地域には、キリスト教が早くから伝えられ、**コプト教**や**エチオピア正教**といわれる独特なキリスト教の潮流が誕生した。しかし、それを例外とすれば、キリスト教がアフリカに伝播したのは15世紀以降になってからのことである。ポルトガル人宣教師によって**カトリック**の教えがサハラ以南アフリカにもたらされた。しかし、そうしたポルトガル人による宣教は、総じて沿岸部の限定的な地域にとどまった。

　これに対して、19世紀に入ると、アフリカ内陸部へのキリスト教伝道が本格

215

写1　ナイジェリアのアラドゥラ教会の信者たち

ナイジェリアでは、アラドゥラ教会と呼ばれる独立教会が多く誕生した（「アラドゥラ」とはヨルバ語で「祈りの人」の意）。この写真は、そうしたアラドゥラ教会の1つである天上のキリスト教会の信者を撮影したもの。同教会の信者は「スータン」と呼ばれる白色の衣服（ワンピース）を男女ともに着用する。スータンを着ているときには、信者は靴を脱いで裸足になる。女性は頭部を帽子などで覆う。
出所：ナイジェリア最大の都市ラゴスで筆者撮影。

化する。イギリス、ドイツ、デンマーク、スウェーデン、アメリカなどから数多くの白人あるいは黒人の宣教師がやってきて、**イギリス国教会、バプティスト、メソジスト、ルター派**などの教えを伝え、教会、診療所、学校などをアフリカ各地に次々と建設していった。さらに、そうしたキリスト教主流派とは一線を画する、**セブンスデー・アドベンチスト教会、モルモン教**（末日聖徒イエス・キリスト教会）、**エホバの証人**といったキリスト教系新宗教もまたアフリカ伝道を活発化させるようになった（図1）。

　他方、19世紀末以降になると、そうした欧米ミッション系教会から分離した、アフリカ人による、アフリカ人のための教会が次々と誕生した。それらを総称して**アフリカ独立教会**（African Independent Churches）という。独立教会には、ナイジェリア南部で**アラドゥラ教会**（Aladura Churches）、ガーナ南部で**スピリチュアル／スピリチュアリスト教会**（Spiritual/Spiritualist Churches）などと呼ばれる教会群が含まれ、そこでは、聖霊の憑依、熱狂的な祈り、異言（聖霊に満たされて意味不明な言葉などを話すこと）、悪霊祓い、信仰治療などが重視されてきた（写1）。

　そのほか、今日のアフリカでは、奇跡、癒し、悪霊祓いなどを謳う**ペンテコステ的キリスト教**の潮流に属する教会や教団が各地で次々と創設され、活発な活動を展開している。

（2）イスラーム

　7世紀にアラビア半島で誕生したイスラームの勢力は、早くから北アフリカに軍事的に進出したが、イスラームが主に商人を通じてサハラ以南アフリカへ

と伝播するのは10世紀以降になってからのことである。サハラ以南アフリカへのイスラームの伝播は、①川（ナイル川）、②陸（サハラ砂漠）、③海（インド洋）という3つの経路（交易路）を通じて進行した。

アフリカのイスラームに詳しい坂井信三によれば、東アフリカでは、南アラビアやペルシャからイスラーム商人がインド洋経由で渡来してアフリカ人と交流した結果、14〜15世紀頃までに、アラブやペルシャの文化とアフリカ文化が融合した、**スワヒリ**と呼ばれる独特のイスラーム文化が形成された。しかし、東アフリカにおけるスワヒリのイスラーム文化圏は、少なくとも19世紀までは海岸部にほぼ限定されていた（坂井信三「アフリカのイスラーム」日本アフリカ学会編『アフリカ学事典』昭和堂、2014年、22-25頁）。

写2　シエラレオネ北部のモスク

ある日の早朝、近隣のモスクに備え付けられたスピーカーから聞こえてくるアザーンの声で目を覚ました。「アッラーフ・アクバル（神は偉大なり）」で始まるそのアザーンは、ムスリムに対する早朝の礼拝への呼びかけだ。早朝の静寂のなかに鳴り響くアザーンを聞くたびに、自分がいまイスラーム社会のなかにいるということを実感する。
出所：シエラレオネ北部の町ルンサールで筆者撮影。

こうした東アフリカの「点」あるいは「線／帯」状のイスラーム化に対して、それが「面」として進行したのが西アフリカであった。西アフリカでは、10世紀以降、イスラームがサハラ砂漠の交易ルートを通じて伝えられ、13世紀以降になると、サハラ交易者との接触を通じてイスラームを受容した権力者のもとで、マリやソンガイといった広域国家が成立した。しかし、当時の西アフリカにおけるイスラームの受容は、支配者や商人などの一部に限られていた。

ところが、19世紀に入ると、西アフリカでは、セネガルからスーダンにいたる広範な地域でムスリム勢力によるジハード（聖戦）が起き、トゥクロールやソコトといった新たなイスラーム広域国家が建設され、社会の面的なイスラーム化が一挙に進展した。この結果、西アフリカは、南側の沿岸部にはキリスト教徒が多いものの、**サヘル**と呼ばれるサハラ砂漠南側の地域を中心にして多くのムスリムが暮らすようになった。

また、坂井によれば、西アフリカには16世紀頃から**カーディリー教団**のスーフィズムが伝わったが、そのこともまた同地域のイスラーム化の進展に寄与した。「イスラーム神秘主義」とも訳される**スーフィズム**は、外面の戒律よりも内面性を重視するイスラームの思想潮流をいう。そこには、神人合一という神秘的体験、奇跡を起こす聖者への崇拝、精霊への信仰や憑依といった多種多様な信仰実践が内包される。そして、そうしたアフリカの伝統的宗教文化と親和的なスーフィズムが伝えられたことで、西アフリカでは、人々が大きな抵抗感なくイスラームという外来宗教を受容することが可能となった（写2）。

（3）日系新宗教

　新宗教とは、日本では、19世紀中葉の幕末・明治維新以降に創始された比較的新しい宗教のことを指す。そして日本には、**大本教、金光教、世界救世教、生長の家、パーフェクト・リバティー教団（PL教団）、霊友会、立正佼成会、オウム真理教（現アーレフ）、幸福の科学**といった、実に多くの新宗教が誕生してきたのであり、そのうちのいくつかはアフリカ伝道に積極的に取り組んできた。

　そうしたアフリカ伝道の草分け的な日系新宗教といえるのが**天理教**である。天理教のアフリカ布教は、1960年、二代真柱（中山正善）がコンゴ共和国を訪問したことに端を発する。天理教はその後、1960年代に教会や診療所などを同国に開設し、日本から布教師や医療班を派遣して布教・医療活動を積極的に推進した。コンゴでは1990年代に内戦が発生し、天理教の教会も戦争によって大きな被害を被ったが、戦後に教会の建物が再建され、活動も再開された（写3）。

　このほか、1970年代以降、法華系新宗教である**創価学会**がナイジェリアやガーナなどで教勢を拡大したり、世界救世教系の新宗教教団である**崇教真光**がフランス経由でコートジボワールに伝えられ、多くの信者を獲得したりするようになった。

　もちろん、こうした日系新宗教によるアフリカ布教は、キリスト教やイスラームと比べれば、その歴史はきわめて浅く、規模もごく限定的でしかない。しかし、日系新宗教には、キリスト教やイスラームにはない日系新宗教なりの「強み」もまたある。たとえば、創価学会では、「南無妙法蓮華経」という題目

を唱えることが重視されるが、アフリカ人には、"Nam-myoho-renge-kyo"の意味はたとえ理解できなくても、それは異国日本からやってきた魔術的な力を秘めた呪文のように響くかもしれない。また、崇教真光には、「御み霊」と呼ばれる教団独自の金属製ペンダントがあるが、それを初めてみたアフリカ人の眼には、それは未知なる超自然的な力を持つ新種の呪物と映るかもしれない。

日系新宗教がアフリカの宗教文化に与える影響は、今後ともごく限定的なものにとどまるだろう。しかし、日本とアフリカの間には文化的に大きな隔たりがあるものの、否、そうした大きな隔たりがあるからこそ、日系新宗教には、アフリカの人々の心にアピールしうる可能性が秘められている。

写3 コンゴにある天理教教会の子どもコーラス隊らによるCDジャケット

天理教コンゴブラザヴィル教会では、キリスト教の教会文化の影響を受けてコーラス隊の活動が活発であり、2004年には子どもだけのコーラス隊が結成された。この写真は、同コーラス隊が大人のメンバーとコラボレーションして制作したCDのジャケット（表紙）である。
出所：森洋明氏提供。

☞ あらためて考えてみよう

　この章では、アフリカという「宗教の大地」の〈これまで〉と〈いま〉をみてきました。アフリカでは、宗教世界が生業別に発展を遂げ、特に農耕民社会において呪術・妖術を含む複雑な宗教文化が育ちました。他方、こうした伝統宗教に対して、キリスト教やイスラームといった外来宗教もまた広く受容されてきました。なかでもキリスト教は、アフリカ社会のなかで文脈化され、そこから「アフリカ化されたキリスト教」としての独立教会が生まれました。また、アフリカとの間に大きな文化的隔たりがある日系新宗教も、規模や影響力こそきわめて限定的とはいえ、アフリカへと伝播し、一部の人々に受け入れられてきています。そうした「宗教の大地」の〈これまで〉と〈いま〉の理解を通して、アフリカ社会の従来あまり知らなかった側面や新しい姿がみえてきたでしょうか。また、宗教というユニークな視点を用いることで、アフリカと日本のつながりや関係性（国際関係）を見つめ直す

ことはできないでしょうか。

【Questions】
1. アフリカの宗教世界は、生業の形態ごとに異なる発展を遂げた。なぜ、アフリカ農耕民社会では、複雑で多様な宗教文化が生み出されたのか、その理由について話し合ってみよう。
2. 呪術は、専門家がある目的を達成するために超自然的な力を意図的に用いようとする行為を指す。身の回りにみられる呪術あるいは呪術的なものの事例をあげてみよう。
3. 日本には数多くの新宗教がある。自分の知っている新宗教をあげてみよう。そして、そうした新宗教のなかに、アフリカの人々の心にアピールしそうな要素はないかどうか、具体的に話し合ってみよう。

【読んでみよう】
1. 世界宗教百科事典編集委員会編『世界宗教百科事典』丸善出版、2012年。
2. 日本アフリカ学会編『アフリカ学事典』昭和堂、2014年。
　　どちらも事典だが、アフリカの多様な宗教についてわかりやすく解説されている。前者は日系新宗教についても詳しい。

［落合雄彦］

❖ コラム⑱　怖い「妖術師」の話

　誰かを憎んだり嫉妬したりしている人がいたとする。その人が夜に寝ているとき、本人の知らない間に自らの霊が肉体から離脱し、自分が憎んだり妬んだりしている人のところまで飛んでいって危害を加え、その後、起床前に自分の肉体に戻ってくる。これがアフリカ社会における妖術の一例である。

　呪物や呪文を操る特殊能力を必要とする呪術とは異なり、こうした妖術には専門的な知識や訓練は必要とされない。そのため、理論上は誰もが妖術師になる危険性がある。しかし実際には、成人男子に妖術師のレッテルが貼られることは稀であり、多くの場合、老人、女性、子どもといった、社会のなかで周縁化された人々が妖術師に仕立て上げられてしまうことが多い。そして、周囲によって一方的に妖術師にされてしまった者は、極端な場合には村から追放され、その財産を没収あるいは処分されてしまう。

　アフリカ人が常に妖術に怯えながら生活し、しばしば妖術師探し（魔女狩り）をしているというのは明らかに誇張であり、事実にまったく反している。アフリカには、妖術を信じない人も多くいるし、彼らの日常生活が妖術への恐れや関心によって支配されているということはない。しかしその一方、アフリカ社会の一部には、災いや不幸が生じ

ると、その原因を妖術に求めるという傾向がいまなおみられる。たとえばガーナには、妖術師というレッテルを貼られ、村を追放された女性たちが肩を寄せ合って暮らすコミュニティがあるという。こうした「妖術師」に対する迫害行為は、宗教の域を超えた明らかな人権侵害といえる。

(落合雄彦)

27章 コーヒーと文化──エチオピアを事例に

☞ 考えてみよう

　世界で最も多く取引されているコーヒー豆はアラビカ種のコーヒーノキ（アカネ科）の種子です。この植物の原産地は、アフリカ北東部に位置するエチオピアだと考えられています。エチオピア西南部の標高1500mから2000mに立地する森林には、今でもこの植物が自生しています。それでは、アラビカ種のコーヒーノキの原産地周辺では、どのようにコーヒーが飲まれ、コーヒー豆が生産されているのでしょうか。本章では、エチオピアのコーヒー文化と生産方法を紹介したうえで、コーヒーをめぐる世界の動きが原産地に及ぼす影響とは何かを考えます。

1 エチオピアとコーヒー

（1） コーヒー豆生産量と輸出量

　図1は、世界の主要なコーヒー豆生産国の生産量と輸出量を示している。この図から、エチオピアは世界で5番目のコーヒー豆生産国であることがわかる。特徴的なのは、多くのコーヒー豆生産国が生産量の半分以上を輸出しているにもかかわらず、エチオピアの輸出量は生産量の半分以下でしかないという点である。なぜなら、エチオピアには、生産したコーヒー豆の半分以上を自国で消費するほどに、コーヒーを飲む文化が根づいているからである。

（2） コーヒー・セレモニー

　エチオピアの広い地域でコーヒーが飲まれるようになったのは100年ほど前だといわれている。今では都市、農村にかかわらず、エチオピアの人々の多くは生のコーヒー豆を台所に常備し、訪問客があると必ず煎り立てのコーヒー豆を使って淹れたコーヒーでもてなす。また、祝祭日には近所の人々の家を訪ねながらコーヒーを飲む習慣もある。エチオピア西南部のコーヒーノキが自生する森林周辺の農村では、世帯の夫人が1日に3回から4回コーヒーを淹れている（写1）。そのたびに家主は、その場に居合わせた人を招いて、一緒にコー

27章　コーヒーと文化

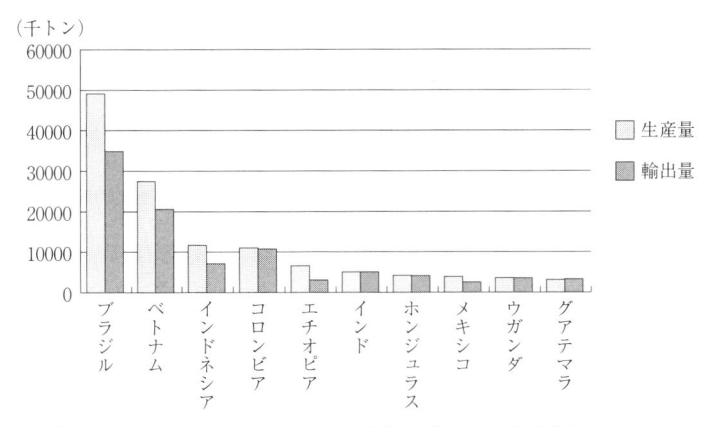

図1　主要なコーヒー豆生産国の生産量と輸出量

出所：International Coffee Organization の統計データをもとに筆者作成。

ヒーを飲む。多くの場合、コーヒーと一緒に空煎りしたオオムギやエンドウマメが供されたりする。農村で飲むコーヒーの特徴は、コーヒーに砂糖を入れて飲むのではなく、塩やバターを入れて飲むという点にある。

(3) コーヒーの多様な嗜み方

エチオピアでは地域によってさまざまな方法で「コーヒー」が嗜まれている。コーヒーノキが自生する森の周辺に住む人々は、従来コーヒーノキの枝や樹皮を煮出して、煮汁をお茶のようにして

写1　コーヒーを淹れる婦人

出所：筆者撮影。

飲んでいたといわれている。また、焙煎したコーヒー豆にバターや塩をかけて食べていたという記録もある。現在でもエチオピア西南部に暮らす多くの民族が、ニンニク、コリアンダー、バジルや唐辛子を煮出して、そこにすり潰したコーヒーノキの葉と塩を加えて味を整えた飲み物を嗜んでいる。また、ケニアと南スーダンの国境付近に暮らす、東クシ系の言語を話すダサネッチと呼ばれる**牧畜民**は、乾燥させた「コーヒーの殻」（コーヒー豆を抜き取ったあとの、外皮、果肉、内果皮が混ざったもの）を煮出した「コーヒー」を飲んでいる。この

写2　アボカド、パパイヤ、エンセーテなどと一緒に栽培されているコーヒーノキ

出所：筆者撮影。

ように、エチオピアの「コーヒー」文化には、私たちの想像をはるかに超えた多様性がある。

（4）コーヒー豆の生産

　エチオピアで生産されるコーヒー豆は、その生産方法によって、プランテーション・コーヒー、ガーデン・コーヒー、セミ・フォレスト・コーヒー、フォレスト・コーヒーの4種類に分けることができる。プランテーション・コーヒーとは、広く開墾された土地にコーヒーノキだけが植えられ、結実量が最大になるように管理して生産されるコーヒー豆のことをいう。これは、中南米などのコーヒー豆生産国で広く採用されている生産方法である。ガーデン・コーヒーとは、小規模農民の家屋を取り囲む屋敷畑で、家畜の糞などを肥料として、果樹やバナナ（エチオピア西南部の場合は主食となっているバショウ科のエンセーテ（*Ensete ventricosum*））と一緒に栽培されているコーヒーノキから収穫されたコーヒー豆である（写2）。アフリカのコーヒー生産国の多くが、このような方法でコーヒー豆を生産している。セミ・フォレスト・コーヒーおよびフォレスト・コーヒーとは、森林に自生するコーヒーノキから採集されるコーヒー豆である。森林からコーヒー豆を採集するという方法は、コーヒーノキが自生する森を持つエチオピア特有のものだ。これまでの研究から、森林から採集されるコーヒー豆は、エチオピアの総生産量の25%から60%を占めていることがわかっている。

2　フォレスト・コーヒーの採集活動

（1）フォレスト・コーヒーを採集する人々の生活

　コーヒーノキが自生するのは、エチオピア西南部の標高1500mから2000mに位置する森である。フォレスト・コーヒーを採集する人々の多くは、標高が2000mを超えるコーヒーノキが自生しない地域で暮らしている（写3）。彼ら

27章　コーヒーと文化

はそこで、主食となるエンセーテやコムギ、オオムギ、ソラマメ、エンドウマメを栽培しており、年間のほとんどを農作業と家畜の世話をしながら、この地域ですごしている。しかし、コーヒーノキの実が赤く染まり始める11月上旬から中旬にかけて、彼らは家族総出でコーヒーノキが自生する森へと出かけていく。彼らは、短いときであれば1か月、長いときであれば半年ほどコーヒーノキが自生する森に住み込みながら、コーヒー豆の採集活動を行うのである。

写3　フォレスト・コーヒーの採集を行う人々が住む地域の景観

出所：筆者撮影。

写4　コーヒーノキが自生する森のなかで下草や低灌木を刈り取る作業をする青年

出所：筆者撮影。

（2）フォレスト・コーヒーを採集する際のルール

　フォレスト・コーヒーを採集するのは、コーヒーノキが自生する森の周辺に暮らす人々だけではない。コーヒーノキの実が赤く染まりはじめると、コーヒーノキが育たない地域から、サラテニア・ブナまたはサラテニアと呼ばれる出稼ぎがやってくる。エチオピアの公用語で「ブナ」とはコーヒー、「サラテニア」とは労働者という意味である。彼らはコーヒーノキが自生する森を保有する人々のもとに集まる。多いときには100名前後、少ないときには10名弱のサラテニアが森の保有者のもとにやってくる。

　彼らはヤクトというルールにしたがって、コーヒー豆を採集する。ヤクトとは、森の保有者とサラテニアの間で採集したコーヒー豆を均等に分けるというルールを意味する。たとえば、Aさんが保有する森でBさんが100kgのコー

225

写5 樹上のコーヒーノキの実を採集する少年

写6 地面に落ちたコーヒーノキの実を採集する少女

出所：筆者撮影。

出所：筆者撮影。

ヒー豆を採集した場合、半分の50kgは採集したBさんのものになるが、残りの50kgは森の保有者であるAさんのものとなる。また、採集したコーヒー豆の半分を自分のものにするためにサラテニアは、コーヒーノキの生育を阻害すると考えられている下草や低灌木を刈り取る作業を森の中で行わなければならない（写4）。

（3）フォレスト・コーヒー採集の実際

　コーヒー豆の採集は、まず樹上に実っているコーヒーノキの実を採集することから始まる。人々は紐を括りつけてバッグのようにしたプラスチック製の穀物袋を肩から吊るし、そこに採集した実を入れていく（写5）。この袋は後日、採集した実の貯蔵にも利用される。持ち込んだすべての袋が満たされると、やかんやお皿、ボウルなどのあらゆる容器が採集に利用される。樹上の実が概ね採集されると、地上に落ちた実の採集を行う（写6）。採集した実は森のなかのひらけた陽のあたる場所で乾燥させる。実の採集を終えると、人々は、下草や低灌木を刈り取る作業を行う。その作業を終えると、ルールに従って自分が採集した実を2等分し、片方を森の保有者に渡すと、もう片方を自分の所有物として持ち帰る。結果として、森の保有者に多くの実が集まるのであ

る。たとえば、2008年に行われた採集活動において、森を保有するMさんの世帯は乾燥させた実を1965.5kg手に入れた。しかし、ヤクトというルールにしたがってコーヒーを採集したAさんは80kg程度を採集し、自分のものとなったのは40kgであった。

3 フォレスト・コーヒーをめぐる近年の動き

(1) フェアトレード

　世界の多くのコーヒー豆生産者は、財産や収入の多くを、コーヒーノキの苗や肥料を購入するために投資している。しかし、いざコーヒー豆を売ってみると、投資した現金を回収できないほどにコーヒー豆の価格が下落していることが頻繁にある。そのようなコーヒー豆生産者を救済する方法として**フェアトレード**が注目を浴びている。フェアトレードとは、開発途上国で生産される原料や製品に付加価値をつけて、高値で継続的かつ安定的に取引を行う貿易方法である。フェアトレードの特徴として、①途上国の生産者が支払った生産にかかるコストをまかなうことができる価格を最低価格として原料や製品を取引する点、②利益を求めるものの、立場の弱い開発途上国の生産者や労働者の生活改善と自立を目的としている点があげられる。コーヒー豆を取り扱うフェアトレードの場合、先進国におけるコーヒー豆の販売価格を高めに設定し、利益の一部をコーヒー豆生産者に還元したり、森林を保全しながらコーヒー豆を生産している生産者からは、コーヒー豆を市場価格より高値で買い取ったりする取り組みが行われている。国際コーヒー機関（International Coffee Organization）によると、世界市場で取り扱われるコーヒー豆のうち、8％がフェアトレード商品として扱われている。

(2) フォレスト・コーヒーとフェアトレード

　近年、エチオピアのフォレスト・コーヒーも、コーヒー豆生産者の生活向上と森林保全を目的として、フェアトレード商品として取引されるようになった。エチオピアの国土面積に森林が占める割合は3％だといわれている。コーヒーノキが自生する森は、エチオピアにとって非常に貴重な自然資源であり、多くが国の森林保護区に指定されている。このような森から採集されるコー

ヒー豆を安定的に高値で買い取るというフェアトレードの試みが、近年活発になっているのである。その目的は、コーヒー豆を採集する人々の生活の向上と森林の保全という点にある。たとえば、森林から採集されたコーヒー豆を高値で買い取れば、それだけコーヒー豆を採集する人々は現金を稼ぐことができる。そして、現金を稼ぐことができれば、森林の木を伐採して売却したり、より多くの作物を生産しようとして、森を新たに切り開いたりすることがなくなると考えられている。つまり、農民の生活は向上して、森林も同時に守られるというシナリオが想定されているのだ。

　具体的には、まず、コーヒーノキが自生する森を保有する人々が構成員となる森林管理組合が組織された。そして、森林管理組合員のインセンティブを高めるために、彼らが採集したフォレスト・コーヒーを市場価格よりも高値で買い取るという仕組みが整えられた。しかし、フォレスト・コーヒーを対象としたこのようなフェアトレードにも陰の部分がある。

(3) フェアトレードの陰①：エチオピアにおけるコーヒー文化の衰退
　エチオピアでは他のコーヒー豆生産国とは異なり、国内で生産されたコーヒー豆の半分以上が国内で消費されている。そして、エチオピアには、コーヒーを飲む文化が根づいている。このような状況のもと、エチオピアのコーヒー豆が海外輸出用に高値で売れるようになるとどうなるのだろうか。まず、人々は自分が採集したコーヒー豆の多くを、海外輸出用により高く買ってくれる商人に売却するようになる。その結果、エチオピア国内に流通するコーヒー豆が減少し、エチオピア国内のコーヒー豆価格は高騰してしまう可能性がある。エチオピアの多くの人々が、コーヒー豆を買うことができなくなり、コーヒーを飲めなくなってしまうという可能性が考えられるのだ。エチオピアで育まれてきたコーヒー文化、コーヒーを媒介したエチオピアのおもてなしの文化は、果たしてどうなってしまうのだろうか。

(4) フェアトレードの陰②：エチオピアにおけるコーヒー豆生産技術の衰退
　エチオピアには4つのコーヒー豆生産方法があり、それらが同じ地域で併存しているということはすでに指摘した。それでは、このなかで一番頑張って

コーヒー豆を生産している人々は誰だろうか。森からコーヒー豆を採集する人々であろうか。自分の家の屋敷畑からコーヒー豆を採集している人々であろうか。それとも、個人的に広い土地を開墾し、コーヒーノキの苗や肥料を購入し、多くの人を雇ってコーヒー豆を生産している**プランテーション**の経営者だろうか。おそらく、一番頑張ってコーヒー豆を生産しようとしているのは、コーヒー・プランテーションの個人経営者ではないだろうか。彼らは一生懸命、よいコーヒー豆を生産しようと日々努力しており、財産の多くをより良い苗や肥料の購入に使っている。しかし、森に自然に生えているコーヒーノキからコーヒー豆を採集する人々はどうなのだろうか。彼らは特にコーヒーノキを管理しているわけでもないし、お金を払って労働者を雇用しているわけでもない。肥料や苗を購入するということもしていない。つまり、フォレスト・コーヒーを採集する人々は、コーヒー豆生産に多くの資材を投入していないのである。フォレスト・コーヒーだけを高く買い取るというフェアトレードのあり方は、コーヒー豆生産に多くの資材を投入している人々にとってはメリットのない仕組みだといえよう。結果として、コーヒー・プランテーション経営者のやる気はそがれてしまい、コーヒー豆生産から撤退してしまうかもしれない。これまで培ってきたコーヒー栽培の知識や技術が、フェアトレードが導入されることによって、受け継がれなくなってしまう可能性がある。

（5）フェアトレードの陰③：フォレスト・コーヒー採集者間の経済格差の拡大

　フォレスト・コーヒーを採集するのは、コーヒーノキが自生する森を保有する人々と、コーヒーノキの実が熟すころになると周辺地域から集まってくるサラテニアと呼ばれる人々である。サラテニアはヤクトというルールにしたがって、コーヒー豆を採集する。結果として、森の保有者に多くの実が集まることになる点はすでに指摘したが、フォレスト・コーヒーを高値で販売できるのも、森林管理組合の構成員となっている森の保有者だけである。このことから、森の保有者はフォレスト・コーヒーを売却することで多くの現金を稼得することができる一方、サラテニアにとってフェアトレードはそれほど意味のない活動であるということがわかる。それ以上に、フォレスト・コーヒーを高値で売却できる森の保有者と、高値では売却できないサラテニアのあいだの経済

Ⅱ部　地域から国際社会を考える

格差は拡大してしまうおそれがある。

☞ あらためて考えてみよう

　これまで、エチオピアのコーヒー文化とフォレスト・コーヒーの生産方法を概観してきました。そして、近年活発になっているフォレスト・コーヒーのフェアトレードが現地社会に与えるマイナスの影響についてお話してきました。コーヒー豆のフェアトレードは決して悪いものではありません。実際に成功例はたくさんあります。しかし、成功例をそのまま他のコーヒー豆生産国と状況が大きく異なるエチオピアに持ち込むことには不安があります。ある地域で生活する人々の生活実践を私たちがよく知らないために、先進国に住む私たちがよかれと思って行った行為が、彼らをかえって苦しめているという事例はたくさんあります。私たちがよかれと信じている行為が途上国に及ぼす影響をみなさんで考えてみましょう。

【Questions】
1．コーヒー豆の生産量と輸出量について、エチオピアの特徴とはどのようなものでしょうか？
2．エチオピアに特徴的なコーヒー豆の生産方法はどのようなものでしょうか？
3．私たちがよかれと思った行為が途上国にとってマイナスの影響を与えた事例を集め、どのような対応をとればプラスの効果が大きくなったか考えてみましょう。

【読んでみよう】
1．臼井隆一郎『コーヒーが廻り世界史が廻る』中公新書、1992年。
　　コーヒーが歴史上の出来事にいかに関わってきたのか、第二次世界大戦までのコーヒーと世界史の関係を学ぶことができる。
2．オックスファムインターナショナル『コーヒー危機』筑波書房、2003年。
　　コーヒー生産に携わる途上国の人々が、世界市場に巻き込まれ貧困に陥っている様子と、フェアトレードの意義と機能がわかりやすく解説されている。

[伊藤義将]

28章 健康格差とユニバーサル・ヘルスケア
――エチオピアを事例に

☞ 考えてみよう

　どれほど画期的な治療薬、優れた治療技術でも、それに手が届かない人たちの病気を治すことはありません。日本のように所得の高い国の人々と、多くのアフリカ諸国のように所得の低い国の人々との間には、大きな**健康格差**があります。どうすれば健康格差をなくせるのでしょうか。この章では、HIV 治療薬の問題を例に世界の健康格差について考えます。また低所得国で暮らす人々に医療を提供するユニバーサル・ヘルスケアの仕組みについて、エチオピアを事例にして考えます。ユニバーサル・ヘルスケアとは、医療費を支払うことが難しい貧困層も含めて、誰もが手の届く医療を提供する仕組みのことです。

1 貧しい国の人々に HIV 治療薬を

　HIV とは、**ヒト免疫不全ウイルス**（Human Immunodeficiency Virus）の略称である。HIV に感染した人の多くは、治療を受けなければ数年の間にエイズを発症し、死に至る。HIV の世界的な流行は1980年代に始まり、世界の製薬会社は競って HIV 治療薬の開発にのりだして、1990年代の半ばには治療薬の有効な使い方が確立した。

　HIV を体内に持っている人のことを HIV 陽性者という。現在の治療薬は、ヒトの体内から HIV を完全に取り除くことができない。しかし、HIV 陽性者は治療を受けることで健康を維持し、他の人々と同じように生き続けることができる。

　ところが、有効な治療薬が開発されても、世界の多くの HIV 陽性者は長い間、治療を受けられずにいた。治療薬が非常に高価で、所得の低い国の人々にとっては、収入をはるかに上回る治療費が必要だったからである。所得の高い国では、多くの HIV 陽性者が治療を受けて健康を取り戻したのに対して、アフリカではエイズで死亡する人が1998年に100万人を超え、その数は2004年ま

Ⅱ部　地域から国際社会を考える

図1　HIV治療薬の啓発ポスター

健康な生活のためにHIV治療薬を規則正しく服用するよう呼びかけている。
出所：ファナ陽性者HIV協会作成。

で増え続けた。

　この状況を変えたのは、2002年に設立された世界エイズ・結核・マラリア対策基金（グローバルファンド）である。グローバルファンドは低所得国の人々に対して、HIVのほか結核、マラリアといった感染症対策に必要な資金を提供している。その資金は、日本を含む各国の政府のほか、ビル・ゲイツ財団のような民間財団や、民間企業などが提供している。グローバルファンドが設立されたことではじめて、HIV治療薬を低所得国の人々に届ける地球規模の仕組みができたのである。

　エチオピアは、グローバルファンドの資金提供を受けている国の1つである。エチオピア政府は、国内で治療を必要としているHIV陽性者に対して、2005年から無料でHIV治療薬を提供している（図1）。2013年には、エチオピア国内だけで32万人がHIV治療を受けた。エチオピアでは、2005年には年間12万人がエイズで死亡していたが、2013年には4万5000人にまで減少した。治療薬が普及したことで、新たにHIVに感染する人も減少した。というのも、HIV治療を正しく受けている人は体内のウイルス量がずっと少なくなり、他人にウイルスを感染させにくいからである。

2 誰もが安心して治療を受けられるために

　豊かな国に生まれた人と貧しい国に生まれた人とでは、健康に大きな格差がある。人の健康は、生まれた国によって大きく左右されている。HIV治療薬の問題は、そのような健康格差が極端にあらわれた例の1つだと考えてよい。

健康格差が問題なのは、1つには治療を受けられるかどうかが、病気を患った人たちの人生そのものを左右してしまうからである。世の中にはもちろん、病に苦しみながら素晴らしい仕事をした人も少なくないが、一般的にいえば、なるべく健康で長い人生のほうが多くのことを達成しやすい。もう1つ忘れてはならないのは、病気は貧困を招くということである。一家の働き手が病に倒れて収入を失ったり、治療費を支払うために土地やその他の大切な財産を売り払ってしまったりして困窮する家族は少なくない。もともと貧しい家族が困窮することはもちろん、それまで人並みの暮らしをしていた家族が、病気が原因で貧困に陥るケースも多いのである（写1）。

写1　エチオピアの村で農作業をする家族

ひとりひとりの健康が一家の生計を支える。
出所：田中利和氏提供。

世界の健康格差を減らすにはどうすればよいのだろうか。それはつまり、誰もが医療費の心配をしないで、あたりまえに治療を受けられる、ユニバーサル・ヘルスケアの仕組みを、世界中でつくりだすにはどうすればよいかという問題だと考えていい。

そのために重要なことは2つあり、1つにはグローバルファンドのように、低所得国に資金を提供する地球規模の仕組みをつくることである。2つ目には医療費を支払うことが難しい人を含めて、広く人々の健康を守るような仕組みを低所得国につくりだしていくこと、たとえば**コミュニティ・ヘルス・ワーカー**を国中に配置したり、**国民健康保険**の制度をつくるといったことがあげられる。

(1) コミュニティ・ヘルス・ワーカーの役割

コミュニティ・ヘルス・ワーカーは、日本の保健師に近い職種である。「何週間も咳が続くときには結核の恐れがあるから早めに受診しましょう」、「性交渉の時にはコンドームを使えばHIVなどの性感染症を予防できるし、望まな

い妊娠も防げます」などと、人々が健康を守るための基本的な情報を人々に伝える役割を担っている。コミュニティ・ヘルス・ワーカーは医師とは違って、必ずしも高度な医療教育を受けているわけではない。しかし人々を病気や貧困から守るために、きわめて重要な役割を果たすことができる職種である。

　エチオピア政府は、2005年から2009年までのわずか4年間で3万人のコミュニティ・ヘルス・ワーカーを養成し、国中にくまなく配置した。彼らは村や町を訪問し、「HIV予防」「結核予防」「予防接種の促進」「母子保健（母親と乳幼児の健康を守る）」など、16項目の健康情報を人々に提供している。たとえば、乳幼児の健康の状況をみると、2002年にはエチオピアの**乳幼児死亡率**は13.3％もあった。つまり、エチオピアで生まれた子ども100人のうち、13人以上が5歳になる前に病気などで死亡したということである。それが2013年には、エチオピアの乳幼児死亡率は半分の6.4％まで下がった。これほど急速に乳幼児死亡率が下がった理由はいろいろあるが、コミュニティ・ヘルス・ワーカーの配置もその1つといえよう。

（2）国民健康保険の仕組み

　次に、健康保険について説明しよう。健康保険に加入していれば、いざというときに小さい出費で適切な治療を受けられ、医療費の支払いのせいで貧困に陥る恐れも格段に減る。しかし民間の健康保険は、たいてい保険料が高額で制約も多いため、最も保険を必要としている所得の低い人たちが加入しにくいという問題がある。

　日本には、低い保険料で誰でも加入でき、幅広い病気の治療費をカバーしてくれる国民健康保険という優れた仕組みがある。最近では、低所得国でも国民健康保険に似た仕組みを導入する動きがある。たとえば、アフリカのガーナでは、2004年にこの仕組みが導入され、毎年多くの人々が加入しているという。また、エチオピアでも、一種の国民健康保険制度を導入することが検討されている。

　世界保健機関の統計によれば、1990年のエチオピアの平均寿命は45歳で、日本（当時79歳）との差は34年もあった。それが2012年には、エチオピアの平均寿命は64歳にまで伸び、日本（84歳）との差は20年にまで縮まっている。すで

に説明したように、その背景にはコミュニティ・ヘルス・ワーカーの配置や、HIV治療薬の無償配布といった、エチオピア政府の取り組みがあった。エチオピアで国民健康保険の導入がうまくいけば、平均寿命の差はもっと縮まると期待できよう。世界の健康格差を小さくしていくために、低所得国にユニバーサル・ヘルスケアの仕組みを導入することは、きわめて大切なことである。

☞ あらためて考えてみよう

　ここまで、医療を提供する「資金」や「仕組み」に注目して話を進めてきました。しかし読者のみなさんのなかには、お金や制度だけで、すべての人の健康問題が解決するのか疑問に思う人がいるかもしれません。最後に、そのことについて少し考えておきましょう。

　優れた国民健康保険制度を持つ日本は、最もユニバーサル・ヘルスケアの理想に近づいた国の1つです。しかしその日本でさえ、社会的な孤立や貧困などの問題のため適切な治療を受けていない人たちがいます。特に雇用が厳しくなった1990年代の半ばから、日本の都市ではホームレスが急増しました。とりわけ高齢のホームレス生活者のなかには、結核や高血圧といった病気を患う人が多く、治療を受けられないまま症状が悪化し、亡くなっていった人たちもいます。

　エチオピアではコミュニティ・ヘルス・ワーカーの配置によって健康の改善に取り組んでいるという例を紹介しました。しかしその取り組みが届きにくい人たちもいます。筆者がエチオピアを訪れたとき、こんな人に出会いました。HIV陽性者の女性で、無料の治療薬はきちんともらって服用しているけれども、それでも身体にいろいろな不調を抱えており、暮らしも困窮しています。彼女は耳があまり聞こえません。それに彼女は学校に通ったことがないので、文字で意思疎通することもできない。ひとりで生活しており、彼女を日常的に見守ってくれる人もいない。彼女に健康についての知識を伝えるのは難しいし、それ以上に、彼女がいま何に苦しみ、何を必要としているのかを知ることが難しい。

　すべての人に医療を提供する「仕組み」をつくることと、実際にひとりひとりの人間が必要としているケアを提供することとの間には、大きな隔たりがあります。どこまでケアすればユニバーサル・ヘルスケアといえるのでしょうか。それは私たちひとりひとりが考えなければならない問題なのです。

【Questions】
1．健康格差が問題である理由を2つあげてください。また、代表的なユニバーサル・ヘルスケアの仕組みを2つあげてください。
2．ユニバーサル・ヘルスケアの仕組みを導入しても、すべての人の健康問題が解決

するわけではないのはなぜですか？
3．ユニバーサル・ヘルスケアの仕組みで解決しない健康問題をどうやって解決すればよいのか、みんなで考えてみましょう。

【読んでみよう】
1．近藤克則『「健康格差社会」を生き抜く』朝日新書、2010年。
　　健康格差は低所得国だけの問題ではない。本書を読むことで、日本では雇用格差の拡大が、派遣労働者と正社員両方の健康を蝕んでいることがわかる。
2．林達雄『エイズとの闘い―世界を変えた人々の声』岩波ブックレット、2005年。
　　所得の低い国の人々に安価な HIV 治療薬を提供する仕組みが実現した背景には、治療を求める世界の HIV 陽性者の運動があった。世界を変えた HIV 陽性者の声を聞いてみよう。

[西真如]

❖ コラム⑲　国際連帯税

　グローバルファンドは、HIV と結核、マラリアを対象とするという限定つきながら、グローバルな規模で健康のための資金を提供する仕組みとして有効であることがわかっている。この仕組みを他の病気や健康問題にも拡げることができれば、世界の健康格差は今より小さくできると期待できよう。しかし問題は、その資金をどのように調達するかである。

　グローバルファンドは、各国政府や民間財団からの「寄付」が頼りなので、必要な資金を確保するのにたいへんな苦労がいる。そこで、もっと安定した財源を確保するための方法として国際連帯税を提案する人たちもいる。この**国際連帯税**は、巨額の資金が動いている国際的な金融取引や航空運賃に課税することで、世界の貧困問題に取り組む財源を確保するというアイデアであるが、実現にはまだ時間がかかりそうである。

（西真如）

29章 天然資源の恵みと呪い

☞ 考えてみよう

　世界には原油、天然ガスや金、ダイヤモンドなどの天然資源が領土や領海に埋まっていて、それらを採掘し海外へ輸出している国があります。このような国は、他の国が欲しがる資源をどんどん輸出して、資源を売ったお金で政府も国民もみんなが大金持ちになれるはず、と思いませんか。しかし実際には、豊かな天然資源に恵まれたアフリカの国々には、貧しく電気もない生活をしている人々がたくさんいます。逆に、日本には原油も天然ガスもなく、昔あった金山や銀山なども今はほとんど枯渇してしまいましたが、私たちは経済的には豊かな暮らしをしているといわれます。
　これは一体なぜなのでしょうか。アフリカの国々が豊かな天然資源に恵まれているにもかかわらず、多くの問題を抱えている理由を考えてみましょう。

1 天然資源とは何か

　私たちは暮らしにさまざまな「資源」を利用しているが、特に自然界を利用して得られるものを「**天然資源（natural resource）**」と呼んでいる。この天然資源は多種多様であり、森林や木材も資源であれば、河川や湖は「水資源」と呼ばれるほか、魚介類などは「水産資源」であり、米や小麦、大豆といった食糧も自然から得られる資源である。しかし、ここで問題になるのは**枯渇性の天然資源**である。

（1）枯渇性天然資源

　天然資源のうち再生しないもの、つまり土の中や海底から掘り出し、使い続けていくといつかは無くなってしまう資源を枯渇性天然資源と呼ぶ。逆に、たとえば森林などは植樹をすることで時間をかけながらもまた育つので、非枯渇性資源、あるいは再生可能な資源と呼ぶ。
　枯渇性天然資源において、特に現在の私たちの生活のなかで重要なものは、燃料となる原油や天然ガス、石炭といった**化石燃料**、建築や製造業などに必要

Ⅱ部　地域から国際社会を考える

写1　ザンビア北部の銅産地コッパーベルト州チンゴラの銅精錬所

銅鉱石が積み上がった山や電線、溶鉱炉などがみえる。
出所：筆者撮影。

写2　新しく建設中の銅精錬所（2011年）

天然資源向けの中国の投資が多く流入しており、中国人の労働者も多くみられる。
出所：筆者撮影。

な鉄、あるいは銅などといった**鉱物資源**、またそのなかでもパソコンや携帯電話・スマートフォンなど電子機器の部品をつくるのにも必要なモリブデンやタングステンといった**稀少鉱物**である。そのほか、金やプラチナといった鉱物は装飾品として昔から使われているが、現代では電子部品の回路や自動車の触媒として使われるなど、製造業にも欠かせない材料となっている。

（2）天然資源を求めつづける世界経済

　天然資源開発の歴史は近代の世界経済の歴史とも、戦争の歴史とも大きく重なる。18世紀後半以降、西欧諸国は東西アジア、オセアニア、南米、アフリカの各地に植民地を建設したが、その目的の1つは金、銅や原油などの天然資源の獲得であった。このような目的で重要な植民地となっていた代表的な地域には、現在のイラン、サウジアラビアを含む中東、**ナイジェリア**（原油）、**ザンビア**（銅）（写1・写2）、**南アフリカ**（金、ダイヤモンド）などがあげられる。これらの国々では植民地から独立した後も、**多国籍企業**による資源開発が続けられている。また、戦前の日本にとって、現在のインドネシアなどの東南アジア地域は、原油そのほかの天然資源の重要な供給地であった（佐藤仁『「持たざる国」の資源論』東京大学出版会、2011年）。

　今日でも世界の貿易において、海上をタンカーで運ばれる荷の3分の2は原油や天然ガスで占められている。また、**国連貿易開発会議**（United Nations Conference on Trade and Development: UNCTAD）の発行する世界投資報告書（*World Investment Report 2014*）によれば、2004年の時点で世界からアフリカへ向けられた新たな**直接投資**のうち53%が**採取産業**（extractive industry）と呼ばれる天然資源開発の分野で占められていた。採取産業とは、鉱山開発や原油や天然ガスなどの採掘を行う産業のことである。近年ではアフリカのサービス業向けの投資も増加しており、採取産業向けの新規投資の割合は2013年には11%と減少している。しかし、植民地時代からこれまでを考えると、世界からアフリカへ向かう投資の大部分が天然資源の開発を目的としていたことがわかる。

2 天然資源があれば国は豊かになるのか

　私たちの生活や経済は鉱物資源や化石燃料に大きく依存している。その一方で、すべての国がこれらの天然資源を持っているわけではない。世界の国々が必要とする天然資源が自国に埋まっているとすれば、資源を輸出して利益を得られるのだから、それは幸運なことであり「恵み」であるとも考えられる。しかし実際には、天然資源を有する多くの国が、貧困、紛争、政府の汚職などの問題を抱えている。

（1）アフリカの資源国の豊かさを比べる

　国と国を比べるには、数字で表すのがわかりやすい。しかし、国の豊かさや暮らしやすさなどを数字で計ることは容易ではない。たとえ金銭的には豊かであっても、紛争など暴力的な環境や、病気で人々の寿命が短い場合、あるいは不平等のために人々の権利が侵されている場合があるからだ。ここでは国連が出している**人間開発指数**（Human Development Index: HDI）で各国の状況を計ることにしよう。HDIはスコアの高い国、すなわち人々が豊かな暮らしをしている国から順に並べていくので、順位を表す数字が大きいほど、国内の状況は悪いと考えることができる。表1にはアフリカのなかで天然資源に経済を依存している上位15か国を順に並べ、HDIの順位を書き出してある。2013年のHDIは187か国について計算されているので、最下位の国は187位となる。表にあげられた国のなかには、HDIの順位でワースト10の国が5か国あり、他の国々も順位が低い。つまりこれらは、天然資源が豊かであるにもかかわら

Ⅱ部　地域から国際社会を考える

表1　アフリカ各国の天然資源依存度とHDIおよび汚職指数

国　名	資源依存度[1]	HDI順位[2]	汚職指数[3]
コンゴ共和国	71.2	140（48）	22
赤道ギニア	51.4	144（44）	19
モーリタニア	50.0	161（27）	30
ガボン	44.3	112（76）	34
アンゴラ	42.2	149（39）	23
チャド	26.4	184（ 4）	19
ザンビア	20.1	141（47）	38
ギニア	18.3	179（ 9）	24
コンゴ民主共和国	17.4	186（ 2）	22
ナイジェリア	16.4	152（36）	25
ブルキナファソ	14.9	181（ 7）	38
ガーナ	13.6	138（50）	46
エリトリア	13.5	182（ 6）	20
マ　リ	12.9	176（12）	28
カメルーン	8.4	152（36）	25

(1)世界銀行の *World Development Indicators 2014* に基づく。数字は2012年時点の石炭、天然ガス、原油、鉱物資源から得られた利益がGDPに占める割合の合計。
(2)国連の *Human Development Report 2014* に基づく。順位の数字が大きいほど人間開発度は低いと解釈できる。括弧の中は後ろから数えた順位を示す。
(3)Transparency Internationalの *Corruption Perception Index 2013* に基づく。100に近いほど政府は清廉であり、0に近いほど汚職が多いと解釈できる。
出所：筆者作成。

ず、人々が豊かに暮らすことが世界でも特に難しい国々なのである。
　実は、表1は正確には「天然資源が多い国」ではなく、「経済を天然資源輸出に依存している国」について表している。経済の天然資源依存度の高い国では紛争や貧困問題などが多くみられる傾向にある。ただし、どちらが原因でどちらが結果かは明らかではない。たとえば、国内紛争により経済を支える製造業や農業などが機能しなくなってしまったため、結果的に天然資源の輸出が経済を支えていると考えることもできる。
　しかし、以下のように天然資源が豊富にあることが問題の原因だと考えられる理由もいくつかある。

（2）天然資源と汚職の関係
　表1の一番右の欄には、汚職指数を示してある。この指数は100点満点で、数字が小さいほどその国に汚職が多いと考えられていることを示している。こ

こではほとんどが20から30のスコアで、世界のなかでも特に汚職が多い国々だと解釈できる。天然資源と汚職の多さの間には何か関係がありそうだ。

　天然資源が豊かであれば、政府はその資源を国家全体の所有物とみなして独占的に管理し、外国へ輸出し、収入を得ることができる。つまり、国民からは税金を集める必要がない。税金を集めていないのだから、政府は納税者や企業に対して、「あなたたちからの税金をきちんと有効に、みんなのために使っています」という**説明責任**を果たす必要がない。そのため、天然資源が豊かな国では民主主義が発達しづらい。また、民主主義が機能しなければ政府の汚職に対するチェック機能も働かず、その結果として、汚職が増えることになる。

（3）製造業や農業の停滞

　天然資源が新たに発見されたり、その価格が急に上がったりすると、資源輸出から得られる収入も急に増える。大量の資金が急に経済に流れ込むと、**オランダ病**（Dutch disease）と呼ばれる経済の構造変化が起こり、天然資源開発以外の産業が衰退してしまうことがある（コラム⑳参照）。

　実際、1970年代には**石油輸出国機構**（Organization of the Petroleum Exporting Countries: OPEC）によって石油価格が突然引き上げられた。これは日本を含め石油の輸入に依存する国では、輸入費用の増大となり**オイルショック**（oil shock）と呼ばれたが、産油国では逆に**資源ブーム**となった。石油を輸出して得られる収入が急増し好景気になると、特に都市部では建設ラッシュが起きバブルのような状況になった。その際、たとえば西アフリカのナイジェリアでは、貧しい地方の農村から、若者が職や豊かになるチャンスを求めて大量に都市へ出ていった。この結果、農村では人手不足になり、人々の食料を供給するという重要な役割を持つ農業が急激に衰退してしまった。国民の大部分が農民であるにもかかわらず、農村はさらに貧しくなってしまったのである。さらに、国内でさまざまな工業製品や食料を時間をかけて生産するよりも、石油の輸出から得られた潤沢な資金で海外から輸入するほうが早く費用も安かったために、国内の製造業はなかなか発展しなかった。

（4）価格変動からの影響

　天然資源の価格は、世界の市場で決められており、一般的にドル建てで取引きされている。天然資源を豊富に持ち輸出する国は、この価格の変動からも強く影響を受け、時には多額の借金を負うことになる。

　市場では、その資源への需要と供給のバランスで価格が決まる。2000年代以降、かつては発展途上国であった中国やインドなどが徐々に経済的に力をつけ、**新興国**と呼ばれるようになってきた。それに伴い、エネルギー源である化石燃料や鉱物資源に対する新興国の需要も増えたために、天然資源の価格は上昇した。しかし同時に、天然資源の価格は株価や為替などといった**国際金融市場**の動きとも連動して大きく上下するようになってきた。

　天然資源価格が高く、資源輸出による収入が多いときには、資源輸出国の政府には潤沢な資金が手に入り、公務員の数を増やしたり、給与を上げたり、国内の経済・社会開発のために多くのプロジェクトを開始するなど、支出を増やすことができる。しかし、ひとたび天然資源価格が下落してしまうと資金が足りなくなるため、政府は国内の銀行や外国銀行、あるいは外国政府からお金を借りることになる。自国内で使うお金が足りない場合に、政府が自ら紙幣を新しく印刷して造ってしまうと、通貨の価値が急激に下落する**インフレーション**が起こる。そのような場合には物価が急に上がり、人々の暮らしや経済活動に混乱をきたすことがある。一方、外国から借りた外貨は勝手に印刷することはできないため、債務は返済されなければならないが、発展途上国の少ない輸出収入のなかから多額の返済を続けることは、経済にとって大きな負担となる。

（5）資源に「呪われる」

　上でみたような数々の問題は、天然資源が豊かであることによって起こるため、まとめて「**資源の呪い（resource curse）**」と呼ばれる。「恵み」であるはずの天然資源が「呪い」になるのである。上記のほかにも、天然資源への依存度が高い国では、人々の貧富の差が激しい、とりわけ若者の失業が多い、犯罪や紛争などの暴力が多くみられるなどの問題もある。もちろん、天然資源の豊かさだけでこれらの問題すべての原因を説明することはできない。アフリカ諸国が抱える問題には、政治、歴史、文化、宗教、自然、そのほかさまざまな要因

が相互に、複雑に関連している。しかし天然資源の輸出に経済を依存しているということが、アフリカの国々が直面する数々の問題の大きな要因の1つであることは確かである。

☞ あらためて考えてみよう

これまで、アフリカの国々についてみてきました。しかし目を転じてみると、アメリカ合衆国や、オーストラリア、ノルウェーなどは、それぞれ豊かな天然資源をもつ国々であるが先進国となっています。また、マレーシアやインドネシアも豊かな天然資源を持つが、多くのアフリカ諸国よりも経済的には豊かになっています。アフリカの資源の呪いに苦しむ国々とこれらの国々の違いは一体どこにあるのでしょうか。

また、天然資源を現在生きている私たちだけが使い尽くしてよいのかどうか、考えてみる必要もあります。次の世代に生きる人たちに、自国の天然資源を利用する権利はないのでしょうか。このような「世代間平等」に関する問いは、天然資源から得られた富をどのように使うかを考えるうえで重要になってきます。さらに、アフリカの天然資源を実際に開発しているのは誰なのか、天然資源から得られたお金は誰の手に渡りどのように使われるのか、国際学を学ぶみなさんであるからこそ、考えなければならない問いなのです。

【Questions】
1. 天然資源が豊かであることとアフリカの国々の状況にはどのような関連性が考えられるだろうか？
2. 経済が天然資源の輸出に依存しているのには、どのような理由が考えられるだろうか？
3. 天然資源からの収入を国の発展に活かすためには、どのようなことが必要だろうか？

【読んでみよう】
1. 白戸圭一『ルポ 資源大陸アフリカ』朝日文庫、2012年。
   アフリカ特派員だった新聞記者（当時）が実際に目でみたアフリカの資源国の現状が書かれている。現地の問題についてのイメージをつかむのに最適な本。
2. ポール・コリアー（中谷和男訳）『最底辺の10億人』日経BP社、2008年。
   世界の最も貧しい人々が暮らす国々が抱える問題について、わかりやすく書かれており、「天然資源の罠」という章では「資源の呪い」についても具体的な話が紹介されている。

[出町一恵]

Ⅱ部　地域から国際社会を考える

❖ コラム⑳　「オランダ病」と北海油田

　天然資源を産出する国の経済が停滞してしまう、という現象には「オランダ病（Dutch disease）」という名前がついている。これは1980年代にイギリスやスカンジナビア半島に囲まれた北海で原油が発見された際に、同じく北海に面するオランダが石油開発で利益を得た一方で製造業や農業が停滞してしまったことを指し、イギリスの経済誌で「オランダ病」と書かれたのがきっかけである。しかし最近では、もっぱら資源の豊かな発展途上国の問題について使われる言葉になった。

　資源の「呪い」やオランダ「病」といった言葉は、人間的で一見奇妙に思える。もちろん、天然資源そのものが呪術的な力を持つわけではない。オランダの「病」の経験から考えてみると、「呪い」のなかの大きな問題の1つは、ドルなどの外貨資金が一度に大量に一国の経済に入ってくることだということがみえてくる。このような多額の資源収入のことを英語でwindfallと呼ぶ。風にあおられてポトリと落ちてくるもの、日本語に訳してみれば「棚からぼた餅」である。このような予測しない収入は、宝くじにあたったのと同じような心理状況を人間にもたらす。宝くじを買う人のなかには、当たる前に「もし当たっても、貯金して、堅実に……」と考える人が多いであろう。しかし実際に大金が手に入るとついつい浪費してしまい、生活が狂ってしまうことがあるという。アフリカの資源国でも同じことがみられる。資源収入が増えると政府の金遣いは荒くなり、公務員の給料が上がり、豪華なビルが建つ。政治家も政府の役人もやはり人間。資源収入を無駄に使わないための規則など、国の制度づくりが重要だということがわかる。

　　　　　　　　　　　　　　　　　　　　　　　　　　　　　　（出町一恵）

30章　アパルトヘイトの歴史と終焉

☞ **考えてみよう**

　アパルトヘイトについては、聞いたことがある、おおよそ内容は知っている、という人もいるだろう。一般には、アフリカの南端、**南アフリカ共和国**（以下、南アと呼ぶ）で行われた人種に基づく隔離ないし差別、あるいは**人種隔離・差別政策**であると説明される。ではなぜ、人種差別ではなく、アパルトヘイトという固有の用語（南アの公用語の1つアフリカーンスで「分離」を意味する）で呼ばれるのか。それは、その人種差別が、南アおよび国際社会の政治・経済・社会構造と深く関わっていたからだ。この章では、アパルトヘイト＝人種差別という理解ではすまされないということを考えてみよう。

1 アパルトヘイトの歴史的背景

（1）南アにおける「人種」

　人種や民族をめぐるさまざまな差別は、残念ながら、いまなお世界各地に存在する。だが、アパルトヘイトは単にある人種集団の他集団に対する差別感情や態度だけでは説明がつかない構造を持っていた。また、南ア特有の歴史を背景に生まれた、社会と国家そのもののあり方を規定する構造であり制度でもあった。ドイツやイタリアで生まれたファシズムが、暴力的なところが似ているからといって、イコール＝軍国主義ないし独裁ではすまないのと似ている。

　アパルトヘイトは、全住民を対象に半世紀近くの期間にわたって、正式な国家政策として実施された。すべての南ア住民が**白人**（ヨーロッパ系）、**カラード**（混血および先住民系）、**アジア人**（インド系）、**アフリカ人**（いわゆる「黒人」と呼ばれる人々——ただし、アパルトヘイト体制下では白人以外の3集団の総称として「黒人」が使われることがあった——）の4種類に分けられ、住居、教育、労働、公共施設、さらには結婚など私生活に至るあらゆる面にわたって分断＝差別することが法的に義務づけられた。差別すること・されることを拒否した者は、犯罪者として処罰されることを覚悟しなければならなかったのである。

(2) 植民地化の歴史

　現在の南アの地では、ヨーロッパ人による植民地化以前、褐色の肌の先住民**コイサン人**と北方から流入した**バンツー語族**（アフリカ大陸の中南部に居住する「黒人」）が共存していた。15世紀にアフリカ大陸南端を回るインド洋航路が開拓され、17世紀にはオランダ人がケープ地方に入植し、やがて地元民の抵抗を排除しつつ内陸部に勢力を広げていった。18世紀末、フランス革命が引き金となったヨーロッパ全土を巻き込む戦争の一環として、英国がケープ地方を占拠し植民地とする。ここから白人対黒人に加えて、白人内部の英国系対**アフリカーナー**（オランダなど非英国系）の対立が始まる。また英国の支配下にあったインドから大勢の労働者が移住してくるようになり、今日のインド系住民の土台を築いた。

　白人両派の対立は、英本国対アフリカーナーの戦いとなった**南ア戦争**（1899～1902年）で頂点に達し、英国の勝利ののち南アは英帝国の自治領となる。だが、所得水準や社会的地位などが英国系に比べて劣るアフリカーナーの不満はなくならず、1948年の総選挙でアフリカーナーの支持を受ける**国民党**が政権を掌握すると、アパルトヘイト政策が全面的に導入されていく。英国系対アフリカーナーという白人内部の対立も、アパルトヘイトの背景をなしていたのである。

2 アパルトヘイトの実態と終焉

(1) 施設隔離と人口登録

　アパルトヘイトというと、公共施設、交通機関、学校さらにはスポーツ施設に至るまで人種ごとに分断されている光景が思い浮かぶかもしれない。だが、**施設隔離**はむしろ末端現象で、アパルトヘイトの根幹は、土地の収奪と人口統制および労働の管理にある。黒人を痩せた狭い土地に追い込んで、白人の農場、工場、鉱山で低賃金労働せざるをえない状態をつくりだし高利潤をあげることが目的だったからである。以下、アパルトヘイトの主な制度をみてみよう。

　まず、隔離・差別体制の土台をなすのが**人口登録法**に基づく人種分類である。すべての国民は先祖や外見を調べられて、先の4種類のいずれかに分類さ

れた。またこの人種分類を維持するため、人種の異なる男女の結婚や性交渉は禁止された（**婚姻法・背徳法**）。アパルトヘイト末期の1987年を例に、南アの総人口3520万人に占めるグループごとの割合をみてみると、概数で白人が14％（490万人）、カラード９％（310万人）、アジア人２％（90万人）、アフリカ人75％（2630万人）となっている（レナード・トンプソン（宮本正興ほか訳）『南アフリカの歴史』明石書店、1995年、497頁）。

　どこに住めるか、どんな土地を所有し利用できるかも、この人口分類に基づいて決められた。都市部を中心とした土地分割を定めていたのが**集団地域法**で、その土地がある人種の地域と宣告されると、他の人種は家屋を壊されて追い出された。1984年までに899か所、90万ヘクタールが特定人種の地域とされたが、その84％は白人地域だった（ロジャー・オモンド（斎藤憲司訳）『アパルトヘイトの制度と実態』岩波書店、1989年、31頁）。

（２）ホームランド
　他方、最大多数を占めるアフリカ人は、**ズールー、コーサ**などの南ア政府の解釈によって編成された10の**民族（エスニック）集団**に分けられ、それぞれの集団ごとに農村部中心のホームランドが割り当てられた。ホームランドではそれぞれが独自の政治・経済・社会的発展をめざす、とされた。貧困問題であれ政治参加であれ、ホームランドの問題というわけである。この言い分を貫くために、南ア政府はホームランドを最終的には「独立」させる計画だった。実際、トランスカイなど４つのホームランドでは「独立」式典が挙行されたが、国際社会でその独立を承認したのは南ア一国だけだった。

（３）出稼ぎ労働システム
　南ア政府がホームランドにこだわったのは、人種隔離の実施というだけでなく、アフリカ人からの土地収奪と低賃金労働実施を可能にするシステムの根幹をなしていたからである。肥沃で広大な土地は白人の農場に占有されており、人口の75％を占めるアフリカ人のホームランドに割り当てられたのは、全土のわずか13％にあたる痩せた土地にすぎない。このため、暮らしていけない住民の多くはホームランドを出て、白人地域の農場、工場、鉱山で低賃金の出稼ぎ

労働者として働かざるをえない。また、多くの女性が自分の子どもをホームランドの親族に託して白人の家庭で家政婦として働いた。ホームランドから働きに出て来たアフリカ人は「外国人」のような扱いを受け、**パス**（身分証明証）の常時携帯を義務づけられて、携帯していないことがわかると逮捕された。1975年からの9年間だけでも逮捕者は190万人を数えた（オモンド、前掲書、119頁）。

　こうした人口管理と労働者の団結権の抑圧（1979年までアフリカ人の労働組合は非合法）によって、アフリカ人の低賃金と白人所有産業の高利潤が保証された。1984年を例にとると、アフリカ人の平均収入は白人の25.4％にすぎなかった（オモンド、前掲書、92頁）。ホームランドには子どもと老人が残され、家族の仕送りと細々とした自給農業などで命をつないだ。これによって南ア政府は子どもと老人にかかる費用も都市部より減らすことができる。アパルトヘイトは、ホームランドと白人地域を結ぶ**出稼ぎ労働**が支えていた。

（4）南部アフリカ諸国

　アパルトヘイトは、南部アフリカ地域全体の平和と安全に関わる問題でもあった。アパルトヘイトが1948年に導入された頃は、それがただちに国際政治の焦点となることはなかった。冷戦期の当時、反共を掲げる南アを西側諸国が重視したこと、南アが金やダイヤモンドの産地でこれら諸国と経済的な結びつきが強かったことなどが背景にある。同時に、南ア周辺のポルトガル領アンゴラ、同モザンビーク、白人入植者が支配するローデシア（現ジンバブエ）が南アに匹敵する抑圧的支配を敷き、国際社会の注目を集めていたためでもある。

　ところが、それぞれアンゴラ解放人民運動（MPLA）、モザンビーク解放戦線（FRELIMO）、ジンバブエ・アフリカ民族同盟（ZANU）などの民族解放組織が中心となって武力闘争を展開したすえに、1975年にアンゴラとモザンビーク、1980年にジンバブエが独立すると、状況は逆転する。それまでの南アを守る砦がアパルトヘイトと戦う**最前線国家**となったからである。

（5）不安定化工作

　追いつめられた南アが選んだのが、政治、経済、軍事とあらゆる面で最前線

諸国に打撃を与える**不安定化工作**であった。政治面では政党どうしの対立を利用した内政干渉、経済面では取引停止や交通の遮断、電力などエネルギー供給の拒否などが行われたうえ、軍事力も行使された。アンゴラには正規軍が派遣され、モザンビークに対しては空爆や爆弾テロが実施された。さらにそれぞれの国の反政府武装勢力を使って、政府機関への攻撃だけでなく、一般住民を対象にした無差別殺戮も行われた。モザンビークの反政府武装勢力であるモザンビーク民族抵抗（RENAMO）の場合は、資金援助、武器供給、軍事訓練、飛行機を使った潜入まで南アが担当した。

（6）アパルトヘイトの終焉

1990年2月、南アのデクラーク大統領は、アパルトヘイト諸法の廃止、黒人解放組織の「**アフリカ民族会議**」（ANC）の合法化、ANCの最高指導者で27年間獄中にあったネルソン・マンデラ（コラム㉑参照）の釈放を宣言した。その後の紆余曲折を経て1994年4月、初の全人種参加選挙が実施され、ANCが第一党、マンデラが大統領に選出されて、アパルトヘイト体制は終焉した。

☞ あらためて考えてみよう

アパルトヘイトを廃絶に追い込んだものは何であったのかについて、あらためて考えてみよう。

まず、南ア国内外の客観的条件が変化したことがあげられます。国際環境としては冷戦の終焉によって南アの「反共の砦」としての役割がなくなり、西側諸国がアパルトヘイト政権を支え続ける意味がなくなりました。南ア国内でも、グローバルな事業展開を望む南ア資本からすれば、国連の制裁を受け続けることで、外資導入・製品販売・市場開拓などあらゆる面で不利益を被ります。他方で、国内市場では黒人の購買力が増大し顧客として重要になっていたのでした。

ですが、そうした状況変化以上に注目すべきなのは、第1に、弾圧と犠牲にもかかわらず、反対運動を繰り広げた南ア民衆の闘いでしょう。アフリカ人、カラード、インド人はもちろん、少数の白人も運動に加わりました。ANCなど主な組織がアフリカ人中心主義ではなく非人種主義に立脚していたこと、情勢を見極めたうえで和解を主導した指導者の判断も特記されます。また、ANCが非合法だった頃に、政府への登録を条件に活動の自由を得た労働組合と、アフリカ人居住区で多種多様な活動を展開したさまざまなNGOも大きな貢献をしました。

第2は、アフリカ諸国とりわけ**南部アフリカ開発共同体**（Southern African

Development Community: SADC）を中心とする南部アフリカ諸国が、時には南アの不安定化工作による多大な犠牲を余儀なくされながらも、アパルトヘイト反対闘争を政治的、外交的に支援してきたことです。

　第3は、アパルトヘイト反対、特にその象徴としてのマンデラ釈放を求める世界各地の**市民運動**です。こうした声も反映して、国連加盟国の経済制裁も徐々に投資禁止など実効性のあるものになっていきました。この変化を見逃した日本が1987年、南アの第1の貿易相手国となり、批判を受けるという出来事もあったほどです。アパルトヘイト反対を掲げた世界の市民運動は、国境を越えた**グローバル市民運動**の先駆けとして評価されるのではないでしょうか。

【Questions】
1．アパルトヘイトは人種差別だけでは説明できない、といわれるのはなぜだろうか？
2．出稼ぎ労働がアパルトヘイトにおいて果たす役割を説明してみよう。
3．人種差別を公式になくした南アだが、経済格差は依然大きく、犯罪は増えている。なぜだろうか？　アパルトヘイト時代から何が変わり、何が変わらないのであろうか？

【読んでみよう】
1．峯陽一『南アフリカ』岩波新書、1996年。
　　アパルトヘイト誕生からその終焉まで歴史を追って概観し、あわせて新生南アの課題も論じている。
2．平野克己『経済大陸アフリカ』中公新書、2013年。
　　ポスト・アパルトヘイトの南アフリカに代表される21世紀のアフリカの経済発展を描く。

[佐藤誠]

❖ コラム㉑　アパルトヘイトとネルソン・マンデラの生涯

　アパルトヘイトをなくすための闘いに、数知れぬ人々が生涯を捧げた。だが、その第1のリーダーはといえば、ネルソン・マンデラ（1918～2013）以外ありえない。27年間の獄中生活から解放された彼を初めての選挙で大統領に選んだアフリカ人民衆や、アパルトヘイト反対の叫びを「マンデラ釈放！」に統一していった世界各地の市民はもちろん、アパルトヘイト政権の側もマンデラでなければ事態を収拾できないと判断して、かなり早い段階で監獄からマンデラを招いて話し合いをしたことが、今ではわかっている。

マンデラの功績としては、一般に2つのことがいわれている。第1は、アパルトヘイト反対運動を導き通して、その廃絶と南アフリカの民主化を成し遂げたこと。第2は、国際情勢の変化や彼我の力量分析とアパルトヘイト廃絶後の展望にたって、最終段階で広く和解を呼びかけて新生南アへの平和裏な移行を実現したこと、である。
　ここではもう1点追加したい。それは、大統領となってからも、一期で後進に道を譲って引退してからも、一貫して世界の平和と虐げられた人々のために献身し続けたことだ。民族解放闘争の指導者が独立後、権力を手にすると一変し、独裁者として私利私欲にふける例は、われわれはアフリカにかぎらず数多く目撃してきた。アパルトヘイト反対運動の優れた指導者であるにとどまらず、マンデラはアフリカの生んだ20世紀最大の政治家といってよいであろう。

（佐藤誠）

執筆者紹介

(執筆順，＊は編者)

＊佐藤　史郎（さとう・しろう）
　……………………………… 1 章，コラム①
　大阪国際大学国際教養学部専任講師／国際関係学・安全保障論

小牧　一裕（こまき・かずひろ）………… 2 章
　大阪国際大学人間科学部教授／ディスコミュニケーション論

＊岩崎　真哉（いわさき・しんや）………… 3 章
　大阪国際大学国際教養学部専任講師／英語学・認知言語学

山本　玲子（やまもと・れいこ）
　………………………………… 4 章，コラム③
　大阪国際大学国際教養学部准教授／英語教育学

多田　昌夫（ただ・まさお）……………… 5 章
　大阪国際大学国際教養学部教授／応用言語学・英語教育学

清水　耕介（しみず・こうすけ）………… 6 章
　龍谷大学国際学部教授／国際関係学

中村　浩子（なかむら・ひろこ）………… 7 章
　大阪国際大学国際教養学部准教授／比較教育学・教育社会学

村田　菜穂子（むらた・なほこ）
　………………………………… 8 章，コラム⑥
　大阪国際大学国際教養学部教授／日本語学・語彙論・語構成史

木村　敏明（きむら・としあき）………… 9 章
　東北大学大学院文学研究科教授／宗教学・宗教人類学

渡辺　一生（わたなべ・かずお）………… 10 章
　総合地球環境学研究所プロジェクト研究員／東南アジア研究・地域情報学

河野　泰之（こうの・やすゆき）………… 11 章
　京都大学東南アジア研究所教授／自然資源管理・東南アジア研究

舟橋　健太（ふなはし・けんた）………… 12 章
　龍谷大学現代インド研究センター研究員／文化人類学・南アジア地域研究

石坂　晋哉（いしざか・しんや）………… 13 章
　愛媛大学法文学部准教授／社会学・南アジア地域研究

佐藤　孝宏（さとう・たかひろ）………… 14 章
　人間文化研究機構地域研究推進センター研究員／環境学・農業生態学

笠井　敏光（かさい・としみつ）
　……………………………… 15 章，コラム⑨
　大阪国際大学国際教養学部教授／考古学・博物館学

＊村田　隆志（むらた・たかし）
　……………………………… 16 章，コラム⑩
　大阪国際大学国際教養学部准教授／日本美術史・博物館学

安木　新一郎（やすき・しんいちろう）
　………………………………………… 17 章
　大阪国際大学国際教養学部准教授／貨幣論・ロシア経済論

＊佐島　隆（さしま・たかし）……………… 18 章
　大阪国際大学国際教養学部教授／宗教人類学

中山 紀子（なかやま・のりこ）………19章
中部大学国際関係学部教授／文化人類学・トルコ地域研究

中村 覚（なかむら・さとる）
　………………20章, コラム⑪・⑫・⑬
神戸大学大学院国際文化学研究科准教授／中東地域研究・国際安全保障論

宮崎 哲也（みやざき・てつや）………21章
大阪国際大学国際教養学部教授／国際ビジネスマーケティング

石川 真作（いしかわ・しんさく）………22章
東北学院大学経済学部准教授／文化人類学・多文化共生社会論

池田 丈佑（いけだ・じょうすけ）
　………………………23章, コラム⑭
富山大学人間発達科学部准教授／国際関係論・倫理学

北 邦弘（きた・くにひろ）
　………………………24章, コラム⑮
大阪国際大学国際教養学部教授／観光ビジネス

久保 由加里（くぼ・ゆかり）
　………………………25章, コラム⑰
大阪国際大学国際教養学部准教授／観光人材育成論・観光事業論

落合 雄彦（おちあい・たけひこ）
　………………………26章, コラム⑱
龍谷大学法学部教授／アフリカ研究

伊藤 義将（いとう・よしまさ）………27章
京都大学大学院アジア・アフリカ地域研究研究科助教／生態人類学・民族生態学

西 真如（にし・まこと）……28章, コラム⑲
京都大学グローバル生存学ユニット特定准教授／文化人類学・アフリカ地域研究

出町 一恵（でまち・かずえ）
　………………………29章, コラム⑳
神戸大学大学院国際協力研究科助教／アフリカ経済論・開発経済論

佐藤 誠（さとう・まこと）…30章, コラム㉑
立命館大学名誉教授／国際関係学・アフリカ研究

黄 志軍（こう・しぐん）……………コラム②
大阪国際大学国際教養学部教授／日本語文法論・比較言語学

バロウ，ジャック（Barrow Jack Earl）
　………………………………コラム④
大阪国際大学国際教養学部教授／応用言語学・語学教育

ギュルベヤズ，アブドゥルラッハマン
（Guelbeyaz Abdurrahman）………コラム⑤
大阪大学外国語学部特任准教授／言語学

松井 嘉和（まつい・よしかず）……コラム⑦
大阪国際大学名誉教授／日本語教育

小瀬木 えりの（おぜき・えりの）…コラム⑧
大阪国際大学国際教養学部教授／文化人類学・比較社会学・フィリピン地域研究

渡邉 公章（わたなべ・ひろあき）…コラム⑯
中村学園大学短期大学部教授／観光まちづくり・産業観光

【編者紹介】

佐島　隆（さしま・たかし）
大阪国際大学国際教養学部教授／主要業績：「言語の使用とアレヴィー認識をめぐるコンフリクト」A. ギュルベヤズ責任編集『言語と人間性―コンフリクト社会に見る言語行為と多言語』松本工房、2015年

佐藤　史郎（さとう・しろう）
大阪国際大学国際教養学部専任講師／主要業績：「核兵器―非人道性のアイロニーとパラドクス」高橋良輔・大庭弘継編『国際政治のモラル・アポリア』ナカニシヤ出版、2014年

岩崎　真哉（いわさき・しんや）
大阪国際大学国際教養学部専任講師／主要業績："A Cognitive Grammar Account of Time Motion 'Metaphors': A View from Japanese," *Cognitive Linguistics* 20, 2009

村田　隆志（むらた・たかし）
大阪国際大学国際教養学部准教授／主要業績：『没後50年 松林桂月』（監修）神戸新聞社、2013年

Horitsu Bunka Sha

国際学入門
――言語・文化・地域から考える

2015年6月5日　初版第1刷発行

編　者　　佐島　隆・佐藤史郎
　　　　　岩崎真哉・村田隆志
発行者　　田靡純子
発行所　　株式会社 法律文化社

〒603-8053
京都市北区上賀茂岩ヶ垣内町71
電話 075(791)7131　FAX 075(721)8400
http://www.hou-bun.com/

＊乱丁など不良本がありましたら、ご連絡ください。
　お取り替えいたします。

印刷：中村印刷㈱／製本：㈱藤沢製本
装幀：奥野　章
ISBN 978-4-589-03685-8
Ⓒ2015　T. Sashima, S. Sato, S. Iwasaki,
T. Murata　Printed in Japan

JCOPY　〈(社)出版者著作権管理機構 委託出版物〉
本書の無断複写は著作権法上での例外を除き禁じられています。複写される場合は、そのつど事前に、(社)出版者著作権管理機構（電話 03-3513-6969、FAX 03-3513-6979、e-mail: info@jcopy.or.jp）の許諾を得てください。

池尾靖志・佐藤史郎・上野友也・松村博行著
はじめての政治学
Ａ５判・168頁・1800円

はじめて政治学を学ぶ人のためのコンパクトな入門書。政治にあまり関心のない人でも、自分たちの問題として政治を身近なものに感じられるように、叙述をやさしくし、イラスト・コラム・図表を用いるなどの工夫をこらした。

小林 誠・熊谷圭知・三浦 徹編
グローバル文化学
―文化を越えた協働―
Ａ５判・208頁・2300円

グローバル化と異文化共生について多角的・学際的、実践的に学ぶための入門書。地域研究や多文化交流・国際協力などの局面で、文化の違いをこえて協力・共存していく方法を探求する視座と思考を提示する。

初瀬龍平編著
国際関係論入門
―思考の作法―
Ａ５判・330頁・2700円

現代の国際関係を考える基本的視座や視点、概念を丁寧に解説した初学者むけのテキスト。国家の利益や安全保障ではなく人間の生命と安全を重視し、その実現のために必要な知識と〈思考の作法〉を細やかに提示する。

中村 都編著
国際関係論へのファーストステップ
Ａ５判・242頁・2500円

いまを生きる私たちが直面している環境と平和にかんするさまざまな課題を24のテーマにわけ、日常生活にも通底する課題や論点を学ぶ。関心のあるところから読み始めることができ、問題意識を育む初学者向けの入門書。

三上貴教編
映画で学ぶ国際関係 II
Ａ５判・220頁・2400円

映画を題材に国際関係論を学ぶユニークな入門書。国際関係の歴史・地域・争点における主要なテーマをカバーし、話題作を中心に50作品を厳選した。新しい試みとして好評を博した『映画で学ぶ国際関係』の第2弾。

――法律文化社――

表示価格は本体(税別)価格です